编委会

一流高职院校旅游大类创新型人才培养"十三五"规划教材

顾问

郑　焱　湖南师范大学教授、博士生导师
　　　　湖南省旅游首席专家团专家

许春晓　湖南省旅游研究院常务副院长
　　　　湖南师范大学旅游学院副院长，教授、博士生导师

总主编

江　波　湖南省职业教育与成人教育学会高职旅游类专业委员会秘书长，教授

编委　（排名不分先后）

陈　朝　　陈晓斌　　韩燕平　　刘韵琴　　李　蓉
皮　晖　　覃业银　　王志凡　　伍　欣　　肖　炜
叶　宏　　余　芳　　翟　丽

一流高职院校旅游大类创新型人才培养"十三五"规划教材

总主编 ⊙ 江 波

邮轮旅游概论

An Introduction to Cruise Tourism

主　编 ◎ 皮　晖　　常新利
副主编 ◎ 徐　眩　　牛　波　　谢羽萌
参　编 ◎ 郭　静　　刘　婧　　吴小呈

华中科技大学出版社
http://www.hustp.com
中国·武汉

内 容 提 要

本教材是高等职业院校邮轮乘务专业和旅游管理专业邮轮方向的系列教材之一。在编写上打破传统教材编写框架，设计了任务导入、任务解析、任务拓展和知识链接等相关栏目，知识和能力培养体系完善，体现了学生为主体、教学做一体化的项目教学理念和实施能力培养的体验式学习模式。

本教材内容丰富、逻辑缜密，并配以精美图片、网络链接等内容穿插其中，力求提高学生的学习兴趣。教材内容和形式的设置，遵循学生的学习规律，具有较强的科学性和创新性。

图书在版编目(CIP)数据

邮轮旅游概论/皮晖，常新利主编. —武汉：华中科技大学出版社，2019.6(2022.9重印)
一流高职院校旅游大类创新型人才培养"十三五"规划教材
ISBN 978-7-5680-5262-7

Ⅰ.①邮… Ⅱ.①皮… ②常… Ⅲ.①旅游船-旅游业-运营管理-高等职业教育-教材 Ⅳ.①F590.7

中国版本图书馆CIP数据核字(2019)第102055号

邮轮旅游概论　　　　　　　　　　　　　　　　　　　　　　皮　晖　常新利　主编
Youlun Lüyou Gailun

策划编辑：李家乐　周　婵
责任编辑：李家乐
封面设计：廖亚萍
责任校对：李　琴
责任监印：周治超
出版发行：华中科技大学出版社(中国·武汉)　　电话：(027)81321913
　　　　　武汉市东湖新技术开发区华工科技园　　邮编：430223
录　　排：华中科技大学出版社美编室
印　　刷：武汉市洪林印务有限公司
开　　本：787mm×1092mm　1/16
印　　张：14　插页：2
字　　数：357千字
版　　次：2022年9月第1版第3次印刷
定　　价：49.80元

本书若有印装质量问题，请向出版社营销中心调换
全国免费服务热线：400-6679-118　竭诚为您服务
版权所有　侵权必究

总 序

全域旅游时代,旅游业作为国民经济战略性支柱产业与改善民生的幸福产业,对拉动经济增长与满足人民美好生活需要起着重要作用。2016年,我国旅游业总收入达4.69万亿元,旅游业对国民经济综合贡献高达11%,对社会就业综合贡献超过10.26%,成为经济转型升级与全面建成小康社会的重要推动力。"十三五"期间,我国旅游业将迎来新一轮黄金发展期,旅游业消费大众化、需求品质化、竞争国际化、发展全域化、产业现代化等发展趋势将对旅游从业人员的数量与质量提出更高的要求。因此,如何培养更多适合行业发展需要的高素质旅游人才成为旅游职业教育亟待解决的问题。

2015年,国家旅游局联同教育部发布《加快发展现代旅游职业教育的指导意见》,提出要"加快构建现代旅游职业教育体系,培养适应旅游产业发展需求的高素质技术技能和管理服务人才",标志着我国旅游职业教育进入了重要战略机遇期。同年,教育部新一轮的职业教育目录调整,为全国旅游职业教育专业群发展提供了切实指引。高职院校专业群建设有利于优化专业结构、促进资源整合、形成育人特色。随着高职教学改革的逐渐深入,专业群建设已成为高职院校迈向"一流"的必经之路。教材建设是高职院校的一项基础性工作,也是衡量学校办学水平的重要标志。正是基于旅游大类职业教育变革转型的大背景以及高职院校"争创一流"时机,出版一套"一流高职院校旅游大类创新型人才培养'十三五'规划教材"成为当前旅游职业教育发展的现实需要。

为此,我们集中了一大批高水平的旅游职业院校的学科专业带头人和骨干教师以及资深业界专家等,共同编写了本套教材。

本套教材的编写力争适应性广、实用性强、有所创新和超越,具备以下几方面的特点。

一是定位精准、具备区域特色。教材定位在一流高职培养层次,依托高职旅游专业群,突出实用、适用、够用和创新的"三用一新"的特点。教材编写立足湖南实际,在编写中融入湖南地方特色,以服务于区域旅游大类专业的建设与发展。

二是教材建设系统化。本套教材计划分批推出30本,涵盖目前高等职业院校旅游大类开设的大部分专业课程和院校特色课程。

三是校企合作一体化。教材由各高职院校专业带头人、青年骨干教师、旅游业内专家组成编写团队,他们教学与实践经验丰富,保证了教材的品质。

四是配套资源立体化。本套教材强化纸质教材与数字化资源的有机结合,构建了配套的教学资源库,包括教学课件、案例库、习题集、视频库等教学资源。强调线上线下互为配套,打造独特的立体教材。

希望通过目这套以"一流高职院校旅游大类创新型人才培养"为目标的教材的编写与出版,为我国高职高专旅游大类教育的教材建设探索一套"能显点,又盖面;既见树木,又见森林"的教材编写和出版模式,并希望本套教材能成为具有时代性、规范性、示范性和指导性,优化配套的、具有专业针对性和学科应用性的一流高职院校旅游大类教育的教材体系。

湖南省职业教育与成人教育学会
高职旅游类专业委员会秘书长
湖南省教学名师
江波　教授
2017 年 11 月

前 言

随着邮轮旅游的蓬勃发展,行业对专业人才的需求日益迫切。"邮轮旅游概论"课程是本专业的一门专业基础课和必修课,对专业其他课程的设置与教学具有导向性作用。本教材以服务于邮轮产业为宗旨,以指导学生就业为导向,以"任务驱动"为途径,将邮轮领域的基本知识、最新知识全面立体地展现出来,结合学生职业技能培养要求,充分体现职业教育和行业特色的课程体系特点,以便培养适合市场需求的高素质劳动者和实用型技术人才。

本教材的编写力图体现以下特点。

1.以学生为中心,贯彻教育教学新理念

当代教育理念提出教学要"以学生为中心",发挥其作为学习主体的主观能动性。本教材以一个个项目任务展开,以学生为主体,以教师为主导,教师在教学的过程中主要起组织、协调、示范和引导的作用。学生可根据预先设定的项目任务要求,查找资料,钻研学习直到理解性掌握;教师可针对学生特点,做出相应的教学要求和指导评价。

2.以项目任务为驱动,构建教学做一体新模式

本教材的编写充分借鉴课堂教学的模式,积极构建"任务导入—任务解析—知识链接—测评反馈"的"教学做"模式。从邮轮乘务专业的基本理论知识和岗位认识及操作程序入手,首先通过提炼设定教学目标及任务,精心设计了九大项目任务。这些任务既包含学生的知识学习,也包含学生的操作能力,体现学生的态度。为了完成这些任务,学生不仅要参加活动,而且要学会调研搜集资料,发挥自身的主观能动性。其次是教师针对学生的任务完成情况,进行解析与进一步的知识梳理。最后是测评反馈。在项目任务完成后,通过项目任务完成情况和项目任务拓展测评来总结反馈,从而更有效地保障教学目标的实现和学生能力的培养。

3.突出信息化特色

从"用技术教"向运用信息技术开展"有效教学"转变是教育教学改革和发展的迫切需要。本教材充分运用现代信息化手段,内容形式多样,拓宽学生视野,吸引学生学习兴趣。

本教材由湖南民族职业学院皮晖、常新利担任主编,岳阳职业技术学院徐眩,湖南民族职业学院牛波、谢羽萌担任副主编。具体编写分工如下:项目一由湖南民族职业学院皮晖、常新利编写;项目二、项目三由岳阳职业技术学院徐眩和湖南民族职业学院常新利编写;项

目四由湖南民族职业学院皮晖和刘婧编写;项目五由湖南民族职业学院牛波编写;项目六由湖南民族职业学院皮晖、郭静编写;项目七由湖南民族职业学院谢羽萌编写;项目八、项目九由天津海运职业学院吴小呈和湖南民族职业学院常新利编写。全书由皮晖、常新利和徐眩进行审阅、修改和定稿。

本教材的编写参考和借鉴了国内外一些论著和教材资源,在调研和编写过程中也得到了武汉海鑫船舶有限公司的鼎力支持和三亚学院李昭、张颖超老师的热情指导。在此一并向他们表示最衷心的感谢。

由于时间仓促及编写队伍深入邮轮旅游行业一线岗位的实践经验有限,本书难免存在不足与疏漏之处,希望读者在使用过程中能提出宝贵意见。

目 录

项目一　邮轮旅游概述
　　工作任务一　邮轮的产生与发展　/2
　　工作任务二　邮轮旅游　/8

项目二　现代邮轮的构造及空间划分
　　工作任务一　现代邮轮的构造　/13
　　工作任务二　现代邮轮的空间划分　/24

项目三　邮轮公司及其品牌
　　工作任务一　国际邮轮公司的特点及空间分布　/33
　　工作任务二　全球著名的邮轮公司及其旗下邮轮　/39

项目四　邮轮旅游港口
　　工作任务一　了解世界港口分布及主要邮轮母港　/57
　　工作任务二　分析影响邮轮码头发展的主要因素　/97

项目五　邮轮旅游航线
　　工作任务一　分析影响邮轮旅游航线设置的因素　/106
　　工作任务二　认识全球主要的邮轮旅游航线　/117

项目六　邮轮旅游者
　　工作任务一　掌握邮轮旅游者的特征及需求动机　/144
　　工作任务二　邮轮旅游者的消费特征及产品购买障碍　/149

项目七　邮轮旅游产品及销售
　　工作任务一　邮轮旅游产品　/154
　　工作任务二　邮轮旅游产品销售　/165

项目八　了解邮轮旅游工作岗位及海乘人员招聘

工作任务一　了解邮轮工作岗位及职责　　/178

工作任务二　掌握邮轮海乘人员的招聘与面试　　/183

项目九　邮轮旅游相关立法及海事问题

工作任务一　邮轮相关海事问题及立法　　/197

工作任务二　邮轮海上旅游安全事故处理及防范　　/204

参考文献

项目一
邮轮旅游概述

◇ 知识目标

1. 了解邮轮的产生与发展历程。
2. 理解邮轮与旅游的关系。
3. 掌握邮轮旅游的概念及特点。
4. 理解邮轮旅游的影响。
5. 掌握邮轮旅游业的未来趋势。

◇ 能力目标

1. 能准确判断邮轮的发展方向。
2. 能讲述经典邮轮,如毛里塔尼亚号、泰坦尼克号、伊丽莎白王后号和挪威向阳号等邮轮的主要事迹。
3. 能归纳邮轮产生及发展的原因。
4. 能阐释邮轮旅游与其他形式旅游的优势,并针对邮轮旅游的特点进行营销。
5. 能分析预测未来邮轮旅游业的发展趋势。

◇ 素质目标

1. 培养对本专业学习的兴趣。
2. 培养分析问题和归纳问题的能力。

工作任务一　邮轮的产生与发展

任务导入

李雷正在一家国内邮轮旅游代理公司面试。面试官知道他是刚毕业的邮轮乘务专业的学生,没有实际工作经验,而需了解他的专业学习情况、对邮轮的爱好程度,故给他半个小时的准备时间,让其对邮轮的产生和发展历程做一个3分钟的演讲。

任务解析

1.邮轮的产生和发展历程是让听者从时间的角度来了解邮轮,可从它不同时间段的发展变化特点,归纳其发展的几个阶段,以及发展变化的主要原因和今后的发展趋势。

2.邮轮产生和发展的特点从两个角度进行考虑:邮轮的不同名称或船舶配置(动力),邮轮有如帆船、商船、客船或客轮等称呼;不同时段用木质风帆、蒸汽动力或蒸汽涡轮等带动前行。邮轮在不同时期的不同功用也可以作为邮轮发展演变的标志。如作为邮寄快递的运载工具,作为运输士兵和武器的运输船,作为移民或跨越大西洋的运载客轮,作为度假的休闲目的地等。

3.邮轮旅游在当今社会盛行,它已从贵族阶层的专属旅游转为中产阶级的大众旅游,从邮轮的发展历程可分析预测出邮轮今后的发展趋势。现在邮轮被称为是"移动的酒店"、"浮动的度假村",随着社会的发展及游客需求的变化,邮轮朝着更为巨型化、功能多样化和主题个性化方向发展的趋势将越来越明显。

任务拓展

1.假设你所在的邮轮旅游代理公司需要为门店进行室内设计,你作为门店店长,是否能根据所学知识,绘制邮轮的发展历程简图作为设计主题。

2.根据网络资料及其提供的相关信息,用3分钟时间介绍某一艘邮轮或某一个与邮轮相关的历史故事,能反映邮轮功能的转变或者邮轮的特色、功能等。

信息1:1405年7月11日(明永乐三年)一直到1433年(明宣德八年),郑和奉命出使7次下西洋的航海活动,他访问了在西太平洋和印度洋的国家和地区,加深了中国同东南亚、东非的联系。最后一次回程到古里附近时,最后因劳累过度去世,终年62岁。郑和下西洋是中国古代规模最大、船只最多、海员最多、时间最久的海上航行,比欧洲国家航海时间早半个多世纪,是明朝强盛的直接体现。

信息2:以蒸汽机为动力的船舶发明以后,人们便开始了海上探险的历程。连接美洲和欧洲的大西洋一直是探险家们征服的焦点。1818年,机动船Savannah号首次完成了以蒸汽机为动力,从美国穿越大西洋,最终抵达英国的尝试,但是由于蒸汽动力系统还不够完善,这艘蒸汽船仅依靠蒸汽机提供的动力航行了85个小时,其他航行动力均由船帆提供。

信息3:1906年11月16日,英国卡纳德轮船公司的毛里塔尼亚号邮轮进行处女航。作为一个开创性的尝试,毛里塔尼亚号和她的姊妹船卢西塔尼亚号首次使用蒸汽轮机代替往复式蒸汽机。1907年,毛里塔尼亚号以23.7节的平均航速,从姊妹船卢西塔尼亚号手里把蓝飘带奖接了过来,并且把横渡大西洋的速度纪录逐年提高,最终达到26.6节的高速。直到1929年,这个纪录才被德国的不莱梅号邮船打破。那个时候,毛里塔尼亚号不仅是大西洋上最快的船,而且也是最豪华的船。船上挂起了22英尺(约6.71米)长的蓝色飘带,象征它空前的曾经保持了22年的横渡大西洋速度记录。

信息4:邮轮受到各界关注,开始有广告投入宣传。由美国广播公司在1977年到1987年播放的电影《The love boat》,演示一艘游船上的故事。有几个乘客每集扮演不同的客人,是一场浪漫和幽默的冒险。

信息5:邮轮公司纷纷开启合并和收购热潮,嘉年华邮轮集团于1998年购买邱纳德公司,1999年购买西伯,2002年合并P&O公司和公主邮轮;皇家加勒比游轮公司与名人邮轮合并……更大、更豪华、更舒适的邮轮相继出现。

相关知识

当代社会,搭乘豪华邮轮在浩瀚的大海上旅行,已成为现代人最为惬意的一种旅行方式。面对着一望无垠的蓝色大海,呼吸着扑面而来的清新海风,悠闲自在地躺在甲板上沐浴温暖阳光……究竟什么是邮轮?邮轮有着怎样的产生和发展历程?邮轮与旅游有什么必然联系呢?

一 邮轮的定义

邮轮(Cruise Ship),也叫游轮或邮船。学者Gold(1989)将邮轮定义为拥有交通运输功能,航行于某一水域(如地中海),可载游客单程或来回旅游,让游客下船到某个地点游玩的船只。剑桥大辞典则将邮轮定义为有宾馆性质的大型客船,人们乘坐此种船只旅行休闲。

在我国,1995年国家旅游局(现已为中华人民共和国文化和旅游部)在《内河旅游船星级的划分与评定》标准中将邮轮定义为在江河水域中航行,有24小时以上(含24小时)连续航运能力,以经营接待旅游者为主,并为旅游者提供娱乐、食宿和导游服务的客船。暨南大学董观志教授(2006)认为在邮轮发展早期,邮轮特指航行于大洋的固定航线、定期航班的大型邮船、客船。当时,邮轮主要是邮政部门专用运输邮件的跨洋交通工具,并且同时运送旅客。现在,邮轮是专指主要航行于各大洋上固定或不固定航线、定期或不定期的豪华客船,是由旅游企业创办和经营管理的"流动的大酒店"、"浮动的度假村"、"海上移动城堡"等等。上海海事大学程爵浩教授(2004)则将邮轮统一为邮船,并提出了全球邮船旅游发展所经历的四个阶段。

虽然学术界、业界和大众对其概念在表述上不尽一致,但较为相近,实质性分歧不大。本书中的邮轮是指现代意义上的邮轮,是能够提供较为齐全的休闲、娱乐和生活设施,作为远洋航游的豪华轮船。

二 邮轮的产生及发展

(一)邮轮的历史事件

邮轮从最开始的木舟、帆船,在经历了几百甚至上千年的发展变化后,成为现代意义上的邮轮。表1-1列出了邮轮发展的重要时刻和事件。

表1-1 邮轮历史事件

年份(年)	事件
公元前3000年—公元前2000年	远古时期,人们发现木头和捆扎起来的芦苇能浮在水上随水流移动。公元前3000年,带帆的芦苇船出现,公元前2000年出现了有龙骨的木船。这两种船是地中海东部各族人当时进行沿海贸易的运输工具。还有靠桨来进行人力推进的桨船
19世纪之前	用风力推动的帆船取代了人力推动的桨船,公元866年出现了可以逆风行使的三角帆船。郑和下西洋、哥伦布发现新大陆等一般都用的是风帆动力。北欧"维京"海盗的长船是以桨和帆为混合动力的船
1801	"Charlotte Dundas"投入使用,成为第一艘蒸汽驱动的船舶
1818	载重424GRT的Savannah号承载8名乘客首次横渡大西洋,从纽约到利物浦,历时28天,完成黑球(Black Ball)航行
1838	山姆·邱纳德建造了第一艘横渡大西洋的蒸汽船西留斯号,以平均约6海里的时速航行了18天零10个小时,于4月22日抵达美国新泽西州的山迪岬
1843	伊桑巴德·金德布·鲁内尔(Isambard Kingdom Brunel)公司的大不列颠号(3270GRT)起航,这是第一艘铁制船体、螺旋桨推动的客船
1858	顾客花钱登上P&O的客轮Ceylon号,这次航行被认为是第一次邮轮旅游。1981年,Ceylon号重新整修,成为一艘专门的客船
1910	白星邮轮公司的奥林匹克号(46329GRT)起航,1912年4月12日,其公司旗下的泰坦尼克号撞冰山沉没
1911	维多利亚·路易斯号成为第一艘专门为邮轮旅游而建的船舶
1912	邱纳德公司的Laconia号和Franconia号起航,它们是为特定航线定制的邮轮
1920—1933	在美国禁酒令期间,来自美国口岸的Booze Cruises号允许乘客在到达古巴、百慕大、巴哈马等港口时喝酒和赌博
1929	P&O公司的Viceroy of India号起航,这是当时最令人印象深刻的邮轮,第一次使用涡轮电力,第一次在甲板上有冰池,这艘邮轮的目的地有两个(英国和印度),是一艘豪华邮轮

续表

年份(年)	事件
1939	二战爆发,玛丽王后号、伊丽莎白王后号等邮轮被用作运兵船
1958	首架横渡大西洋的商业喷气式飞机使用,这导致邮轮市场衰落,邮轮公司生意下降
1966	邮轮业复苏——主要集中在英国
1970s	新的邮轮公司成立——1‰的度假者选择邮轮,邮轮公司与航空公司紧密合作,开发新的产品——空海联航旅游
1980s	北美和欧洲的邮轮市场形成了系统的市场结构
1986	风之星号起航,这是一艘配备计算机的邮轮,也是一次富有浪漫和充满现代舒适气息的航行
1990s	联合和全球化:合并和收购浪潮,嘉年华邮轮先后合并收购了歌诗达、冠达……
1999	"鹰级"邮轮,如航海家号和大公主号起航,复杂程度更高,规模经济效益更好,邮轮是旅游目的地的观念开始出现
21世纪	2006年,全球邮轮旅客达到1200万人次,歌诗达邮轮爱兰歌娜号进入中国,并开通了第一条以中国大陆港口为母港的国际邮轮定班航线。邮轮公司及邮轮船队逐年发展。2003年,在与P&O邮轮公司合并后,嘉年华邮轮集团成为最大的邮轮经营商。截止到2016年,嘉年华邮轮集团旗下有近100艘邮轮;2007年丽星邮轮公司总部从马来西亚搬迁到香港,并于2009年更名为云顶香港有限公司;2009年、2010年皇家加勒比国际游轮旗下的第21、22艘游轮——海洋绿洲号(Oasis of the Seas)和海洋魅丽号(Allure of the Seas)先后投入运营。这两艘姐妹船的排水量均为22.5万吨……

来源:根据 Dickinson & Vladimir, Knote, Michaelides, Dawson, Cartwight & Braird, Day & McRae, Showker & Sehlinger, Ward 及 Philip Gibson 的文献资料和个人搜集资料汇总整理而来。

(二)邮轮的产生与发展阶段

1.产生时期(19世纪初以前)

据考证,早在古地中海时代,人类因移民、战争、探险、商务等需要,就乘船航游于大海。原始社会末期,社会分工和产品交换的出现,推动了人们离家远行的需要。这一时期,主要是木船和帆船。公元前3000年,海上民族腓尼基人开始在地中海和爱琴海进行商业旅行,其旅行范围西越直布罗陀海峡,北至波罗的海,东到波斯湾。由于当时技术落后,乘船航游区域十分有限,也十分危险。大约15、16世纪,依靠风帆动力的木制帆船,也达成了规模宏伟、名垂青史的远洋航行,如郑和下西洋访问亚非国家、哥伦布发现新大陆的探险之旅、麦哲伦的环球航行等,但那时乘船航游乘客少,主要目的是移民、战争、探险、商务等。

2.萌芽时期(19世纪初到19世纪末)

19世纪初期,在蒸汽机这一工业革命的推动下,轮船从风帆动力演进为蒸汽动力。19世纪中后期,木制帆船被钢铁构造的船舶取代,煤炭、石油作为燃料,轮船航行速度快,技术进步推动了船舶工业的发展,航运公司制造客船,大不列颠号、大东风号等大型客轮入市,人们为了探险、旅行、寻找新的生存地等,开展海洋旅行。1837年,英国铁行渣华公司(P&O)率先开办了海上客运兼邮件运输业务。"远洋邮轮"一词由此诞生。1840年,加拿大人塞缪尔·库纳德取得了英国皇家政府的支持,在朋友的帮助下成立了英国北美皇家邮件船务公司,并将其命名为"冠达邮轮",这也是世界上第一家专门的"邮轮"公司。

3.转型过渡期(19世纪末到20世纪初)

20世纪初,轮船开始使用蒸汽涡轮发动机,船体大型,设施豪华,速度更快,如毛里塔尼亚号和露西塔尼亚号问世。这一阶段乘客主要是移民。1901年冬季,维多利亚·路易斯公主号邮轮以避寒航行的方式航行于地中海地区,开启了邮轮航运史的新篇章。1912年4月,当时最大、最有声望的载人邮船泰坦尼克号沉没,让人们见识了海洋的可怕。尽管如此,人们对远洋邮轮的需求依然有增无减。冠达邮轮的卢克尼亚号客货两用邮轮在1922年率先完成了环游世界的壮举。海上邮轮的航线开始逐渐扩展到大西洋两岸海域、加勒比海域以及南太平洋海域等。远洋邮轮体积也越来越大,速度越来越快。同时,邮轮外表越来越雄伟壮观,舱位通常分为两到三个等级,一等是富人舱,二等是中等收入群体,三等为统舱,是大众舱。一般邮轮上,一等、二等舱与三等舱乘客的比例大约为1∶10,不同等级舱在住宿、就餐、饮食、娱乐等各方面差异明显。这时期俨然成了远洋邮轮的黄金岁月。

4.成长拓展期(20世纪初—20世纪60年代)

一战、二战期间,远洋邮轮的黄金时代被破坏性的战争打破。大部分远洋轮船被征用改装成军队运输船,并发挥了重要作用。战后新一代邮轮出现,客船更大、更豪华、更美观,特别是速度更快。大约20世纪30、40年代,Norway号、伊丽莎白王后号、诺曼底号、卡罗尼亚号邮轮陆续诞生,用途主要是中产阶级乘船旅行以及作为二战时军队运输等。

1920年,美国禁酒令颁布,公海成为美国人饮酒的唯一去处,众多美国人以饮酒为目的乘船出游,客轮的休闲娱乐功能开始显现。特别是1936年建造的玛丽女王号,成为30年代豪华和大型跨洋客轮的代表。这一时期客轮仍被看作一种以交通为主的工具,承担运输任务,但以休闲度假为目的的现代邮轮也正逐步成型。

1958年,喷气式飞机开辟飞越大西洋的商业服务,使横渡大西洋的耗时由几天缩短为几小时,旅行更为方便快捷。这使得以交通为目的的远洋客运陷入了不利的经营境地。于是,加勒比海等地区的一些邮轮公司开始谋求转型,逐渐转向开拓新业务,寻求新的商业模式。故20世纪60年代后,许多远洋客轮配置多种娱乐设施,提供丰富娱乐活动、美味可口的食物、优质完善的服务等。

5.繁荣成熟期(20世纪70年代至今)

20世纪70年代后,现代邮轮业拉开帷幕。进入80、90年代,邮轮被越来越多的游客青睐,已形成邮轮的"旅游目的地"、"海上移动酒店"、"海上移动度假村"等功能。美国皇家加勒比邮轮公司斥巨资打造的22万吨级姐妹船海洋绿洲号和海洋魅力号邮轮，引入空中花园和商业社区的概念，让昔日的邮轮望尘莫及。邮轮公司精心开辟设计的邮轮航线，让乘坐邮轮成为较有诱惑力的旅行方式之一。邮轮旅游蓬勃发展起来，成为世界旅游业发展最为活跃的一部分，是不可或缺的一部分。

三、邮轮发展与旅游的关系

由上可知，邮轮发展为旅游邮轮是社会发展的必然。首先，它是邮轮船舶自身发展的结果。科技发展进步，邮轮在动力及建造设计方面有了很大改变。邮轮动力装置由舟船、桨船、蒸汽机轮船到汽轮船，不是靠自然风力或依靠人力划桨，而是由蒸汽动力带动前行；邮轮建造也不是当初的木质材料，而是全钢铁制造；其设施不再是只满足于旅客行程中的一般日常生活，而是包含了住宿、餐饮、休闲娱乐、文化活动、健身、购物等内容。其次，它是社会大生产推动的产物。因飞机等其他快速高效交通工具的出现，邮轮作为跨洋运输功能的任务被替代。邮轮公司需要转变其只作为运载工具的功能，满足并吸引现代旅客的需求。故邮轮不再只是运载工具，而是发展为旅游邮轮，能够提供游客在邮轮上"吃住行游购娱"等所有活动需求，同时也能为其提供岸上靠港活动的相关需求，与一般的观光旅游基本相同。邮轮发展为旅游邮轮成为必然。

同时，随着社会的进一步发展、人们需求的不断变化和邮轮运营的要求，邮轮作为旅游邮轮朝着更加巨型化、功能多样化及主题个性化的方向发展趋势越来越明显。

（一）更加巨型化

从邮轮吨位来看，据统计，20世纪80年代建造的邮轮单船平均达2.6万总吨、有776个客位；90年代建造的邮轮单船平均为4.6万总吨、有1205个客位；2000年后建造的邮轮单船平均为7.66万总吨、有1815个客位。2010年以后，邮轮单船基本都达到12万吨以上。目前，皇家加勒比量子号系列邮轮之一的海洋和悦号达22.7万总吨位，载客数达6360人。

（二）功能多样化

邮轮在巨型化的同时，功能日趋多样。除了传统的酒吧、咖啡厅、免税商店、夜总会、健身中心、图书馆、会议中心、赌场、游泳池、青少年娱乐中心外，现代邮轮开始建设有高尔夫球场、保龄球馆、篮球馆、排球场、攀岩墙、滑冰场、网络咖啡吧等迎合现代需求的设施。

（三）主题个性化

为在市场日益激烈的竞争和邮轮旅游者需求多样的环境下获得更多的市场份额，主题鲜明且有个性的邮轮或邮轮产品越来越受青睐。如嘉年华公司推出"魅力海上读书"活动，邀请畅销书作者与游客同船旅游，共同讨论书中精彩情节。皇家加勒比邮轮公司在邮轮上推出运动型的项目，如高尔夫球爱好者可以打轻击球，热衷攀岩的人可以参加攀岩活动，喜爱游泳的人会参加游泳比赛等，为游客的旅行增添了许多乐趣。另外，一些邮轮公司针对旅游者的不同年龄涉及不同主题项目，如为儿童准备了各种游戏活动，为年轻人准备了舞会，为成年人提供水疗和市内运动项目等。邮轮主题个性化趋势明显。

工作任务二 邮轮旅游

任务导入

李雷是旅行社门店的咨询员。某日，一小伙走进旅行社咨询："有什么样的旅游线路适合带着爸妈旅游？"李雷向他推荐了邮轮旅游。小伙听后很感兴趣，但同时也提了一系列的问题：什么是邮轮旅游？就是坐邮轮吗？坐邮轮安全吗？会不会很贵？它与其他旅游方式比较，有什么优势？

李雷该怎样向小伙说明？

任务解析

1. 作为门店咨询员，李雷需要深度了解产品特点，了解顾客需求，帮顾客答疑解惑。
2. 邮轮旅游是旅游的一种新业态、新形式，它是旅游的一种，不能脱离旅游的基本特点。
3. 邮轮旅游要依托邮轮而存在，它不仅仅是交通工具，同时也是旅游目的地。
4. 邮轮旅游具有不同于一般旅游的突出特点。

任务拓展

通过搜索一些邮轮旅游的图片、视频和邮轮旅游的攻略、邮轮旅游者的体验，比较邮轮旅游与传统旅游的异同。

相关知识

一 邮轮旅游的概念

邮轮旅游是一个很新的概念，学者、业界等至今尚未有广泛认同的意见。目前主要有以下几种观点。

Douglas N.(2004)将邮轮旅游定义为一种特殊的海洋航行，起始点在同一港口，主要的航行目的是为其乘客提供休闲和放松的体验。然而这主要是针对早期的邮轮旅行而言，现在的邮轮航线已经有很多出发港和终点港不在同一港口。

Butler(2003)认为现代邮轮旅游的要义是邮轮本身已经成为移动的目的地，提供食宿和娱乐等接待功能，而非传统的客运工具。

Cartwright 和 Baird(1999)从游客动机的角度对比了 20 世纪远洋客运和现代邮轮旅游的区别，即前者主要是为了由地抵达地，海上的休闲活动只是为消遣无聊的旅途，后者的乘客的主要目的是享受假期的休闲旅行。

Wild P 和 Dearing(2000)认为邮轮旅游是一种以大型豪华游船为载体,以海上巡游为主要形式,以船上活动和岸上休闲旅游为主要内容的高端旅游活动。从旅游产业链角度来看,邮轮抵达之前、抵达、停靠、离开邮轮码头所引发的一系列产品与服务的交易,即通常所指的邮轮旅游业,是一种介于运输业、观光与休闲业、旅行业之间的边缘产业。

程爵浩(2004)认为邮轮旅游是在传统远洋客轮的基础上逐渐发展起来的,以海上大型旅游客船为旅游工具和主要目的地,以沿线港口为陆上目的地和中转地的一种旅游方式。

结合学者研究,大都认为邮轮旅游的概念有两个基本要点:一是邮轮旅游是旅游的一种新形态,它的游客动机是为了休闲和旅行,而不是为了赚钱去经商或工作,通过邮轮将其送到另一目的地;二是邮轮本身是旅游目的地,它集合交通、娱乐休闲、餐饮、住宿、养生等多种功能于一体。本书从两个不同角度定义邮轮旅游。一是从邮轮旅游业角度来定义,即以邮轮为运作平台,以邮轮母港为依托,以航线和节点为运行支撑,以提供海陆结合式的休闲旅游产品和高品质的船上服务为其主要收益的一种高端旅游活动。二是从旅游者的角度定义,即旅游者不以营利为目的,纯粹为了享乐,以邮轮作为交通运载工具、旅馆住宿、餐饮供应以及休闲娱乐场所等多种功能的工具,结合岸上旅游目的地的观光游览活动而进行的旅游新形式。

二 邮轮旅游的特点

与通常的旅游相比,邮轮旅游以邮轮为基地和交通工具,游客不用每到一地都重新确定住所、处理行李以及换乘各种交通工具,免去很多烦恼。因此,很多人将邮轮旅游称作是"带着旅馆去旅行",突出了邮轮旅游的舒适与便捷优势。据研究,邮轮旅游特点可概括为以下几点。

(一)邮轮旅游是一种多目的地型的度假

首先,邮轮本身是旅游目的地,它已经由当初纯粹的交通运输工具发展成为一个汇集了旅馆、餐厅、娱乐休闲和养生场所等功能于一体的浓缩版旅游目的地。其次,邮轮旅游至少巡航停靠各地的港湾一处以上甚至环航地球一周,根据航线的长短通常会包含若干个陆上港口城市,岸上停靠港也是其主要目的地。

(二)邮轮旅游是一种性价比高、自由度大的旅游

相比其他旅游,邮轮旅游不用舟车劳顿,不用频繁地更换酒店,更不用统一时间集合、用餐、赶路,最大限度地增加了游客的实际旅游休闲时间。它集吃、住、行、游、购、娱于一体,一张船卡解决邮轮上的所有消费。有人将邮轮和类似等级的陆地旅游进行过价格对比,它的花费只占陆地旅游的50%左右。

(三)邮轮旅游是一种安全度高的旅游

泰坦尼克号海难令世界震惊,这引起了政府、企业及相关者对邮轮安全的进一步考虑。1913年在伦敦举行了第一届国际海上生命安全会议,要求加强安全及救护措施。此后,邮轮的安全性能不断提高,现代豪华邮轮在精确导航、海上避碰、海上救生以及减免晕船等硬件设施的要求上,都有了严格的国际化规范标准。

三、邮轮旅游的影响

经历了 40 余年快速发展,邮轮旅游已经成为全球旅游与接待业中较具成长性、经济效益较可观的业务之一。1990—2015 年邮轮乘客数量以年均 7% 以上的速度增长,2015 年达到 2300 余万人(CLIA,2016)。邮轮经济的辐射范围广泛,涵盖运输、航运、海洋、港口和旅游等经济形态。2015 年,全球邮轮业的总产出接近 1200 亿美元(CLIA,2016),整体经济效益显著,成为推动港口经济发展、沿海城市转型与区域经济合作的新动力(孙晓东等,2012)。

随着全球邮轮旅游活动的日益增多,邮轮旅游对经济、社会文化、政治和环境的影响越来越显著,以下主要谈谈邮轮旅游对经济、社会文化和环境的影响。

(一)经济影响

在经济效益方面,邮轮旅游对目的地经济的影响显而易见,主要体现在邮轮及其乘客的直接、间接以及相关的诱发支出。据国际邮轮协会(CLIA)的统计数据表明,2014 年邮轮旅游业为全球带来 1000 亿美元的总产出、330 亿美元的工资福利和 77.5 万个就业岗位,其中相当一部分经济效益来源于邮轮制造与维修、邮轮运营和邮轮船供等高附加值的产业环节。在对目的地经济的影响方面以正面为主,如美国的迈阿密、佛罗里达的卡纳维拉尔、哥斯达黎加、夏威夷和加勒比海地区等。如加勒比海地区平均每位邮轮乘客在每个停靠港的花费为 98.01 美元,船员为 74.56 美元;邮轮旅游对佛罗里达卡纳维拉尔港所在地的布里瓦德县的总经济影响达 182 百万美元,其中邮轮的贡献占 89%,旅客占 7%,船员占 4%。但在个别地区对经济增长的影响并不显著。

(二)社会文化影响

邮轮旅游跟一般旅游一样,它对社会文化的影响是广泛的。邮轮本身就是一种社交场所,旅客们组成短期的社交群体进行交流。同时,邮轮旅游者与中途停留地居民之间进行文化交流。比如向当地居民提供获取知识、了解世界、探索新世界的机会。但也会对目的地带来一定的文化冲突。如在美国佛罗里达基韦斯特地区,当地居民普遍担心邮轮乘客大量涌入会淹没城市的古朴和狭窄的街道,最终失去城市原本的特色。

(三)环境影响

邮轮旅游对环境的影响多以负面为主,只是影响的程度各地不一。主要涉及基础设施建设引起的影响、海岸沉积环境的改变、对海洋的污染、对生物界的干扰等。据研究,一艘 8 万吨左右的邮轮每抛锚一天,将摧毁 3150 平方米的原始珊瑚礁,这种损害估计需要 50 年以上时间才能恢复。南极地区旅游号称是"最后机会之旅",当地邮轮旅游者每人每天的温室气体排放量约为普通国际旅游者的 8 倍。同时,邮轮排放的废弃物、污水以及油类泄漏污染了海域,游客采集和践踏对植被和土壤造成不利影响等。

四、邮轮旅游业的发展趋势

展望未来全球邮轮旅游市场,邮轮旅游产业仍然呈现乐观的发展态势。邮轮旅游提供的独特产品及其综合性强的特点,未来仍将是一个年轻而且具有吸引力的国际化产业。

(一)邮轮巨型化和邮轮产品多样化

邮轮在向大型化方向发展的同时,也在向舒适、豪华方向发展。大多数新投入营运的邮轮,造价昂贵,拥有先进的导航设备和强大的推进力,其豪华程度足以与五星级宾馆相媲美,并且针对不同背景游客开始提供针对性服务,逐渐吸引大批旅游爱好者。

(二)邮轮旅游市场增长速度快,前景广阔

据 CLIA 资料显示,自 1980 年以来,邮轮旅游一直以年均 8.6% 的速度增长,远远高于国际旅游业 4% 的整体发展速度,邮轮消费者主要集中在北美地区。据国际邮轮协会预测,2020 年,全球邮轮乘客将达到 3000 万人次的规模。

(三)市场垄断格局继续

由于邮轮造价高昂,资产专用性强,运营成本高,因此国际上经营邮轮旅游业务的公司较少。目前,全球排名前 3 位的邮轮运营企业分别是嘉年华集团、皇家加勒比集团及云顶香港邮轮集团,掌控了邮轮市场 80% 左右的份额,呈现出明显的寡头垄断特征。同时,邮轮公司的前期投资巨大,邮轮旅游市场的进入门槛非常高,邮轮公司一旦进入,竞争将异常激烈。

(四)区域发展不平衡,亚太地区成为新锐市场

自邮轮旅游产生以来,北美地区一直占据绝对的市场优势。随着北美市场的饱和,以及欧洲、亚太邮轮旅游市场的崛起,北美地区的市场份额有所下降,但仍然是世界邮轮旅游产业的中心,这一现状在一定时期内继续保持。但同时由于亚太地区拥有邮轮旅游产业的基本环境,海域广阔,旅游资源丰富,文化多元性明显等特点,邮轮旅游市场向亚太地区转移,成为邮轮公司开辟的新锐市场。

(五)邮轮旅游者年轻化趋势明显

近年来,世界邮轮乘客的平均年龄为 45～49 岁,40～49 岁的邮轮乘客占总乘客量的 36%,是世界邮轮客源市场的重要组成部分。但随着豪华邮轮和新型邮轮的出现,邮轮公司推出丰富多彩的娱乐活动与方便快捷的服务措施,吸引了越来越多的年轻人加入邮轮旅游的行列中来。特别是主题化的邮轮巡游,如蜜月游、探险游等旅游需求旺盛,世界邮轮旅游客源市场将表现出年轻化趋势。

项目实训

一、选择题

1.郑和下西洋发生在(　　)皇帝在位时期?
A 明太祖朱元璋　　　　　　B 明惠帝朱允炆
C 明成祖朱棣　　　　　　　D 明仁宗朱高炽

2.大航海时代的开山鼻祖是( )。
A 麦哲伦　　　　　　　　　B 亨利王子
C 达伽马　　　　　　　　　D 迪亚士

3.好望角的发现者是( )。
A 麦哲伦　　　　　　　　　B 哥伦布
C 达伽马　　　　　　　　　D 迪亚士

二、思考题

1.请简要分析邮轮旅游业为什么被誉为"漂浮在黄金水道上的黄金产业"？

2.世界上较为著名的船级社有哪些？

3.什么是"蓝飘带奖"？

4.简要介绍世界邮轮的产生和发展历程是怎样的？你能谈一谈未来世界邮轮旅游业的发展趋势吗？

项目二
现代邮轮的构造及空间划分

◇ **知识目标**

1. 了解现代邮轮的衡量指标和等级评定标准。
2. 熟悉现代邮轮的空间划分。

◇ **能力目标**

1. 能为参加邮轮旅游的客人介绍邮轮的构造。
2. 能为参加邮轮旅游的客人详细介绍邮轮的空间划分。

◇ **素质目标**

1. 培养学生的信息收集能力。
2. 培养学生良好的职业道德。

工作任务一　现代邮轮的构造

 任务导入

2016年6月,中国青年旅行社在北京某酒店举办"海洋量子号邮轮新品推介会",此次推介会主推明星产品——海洋量子号5晚6日豪华日韩之旅。如果你是旅行社工作人员李雷,你将从哪些方面给到场的客人作介绍。

任务解析

首先，要介绍邮轮的基本指标，包括主尺寸、吨位、容量、空间比率等。可通过与其他邮轮相同的指标作对比，让客人有更直观的认识。海洋量子号邮轮是皇家加勒比邮轮公司旗下的量子系列邮轮，总吨位为16.8万吨，宽41米，长348米，拥有船舱2014间，可接待4800多名游客。

其次，介绍邮轮的独特之处。海洋量子号邮轮不是一艘简单意义上的新船，Quantum（量子）系列邮轮是全球邮轮史上的又一次重大飞跃，它已经超越了人类的想象。海洋量子号是高科技与奢华的创新结合：升于海面之上的北极星让游客将大海和量子之景一览无遗；甲板跳伞让游客体验"飞翔"的感觉；机器人调酒师；极度震撼观景厅；海上碰碰车和海上复式套房等，都让游客叹为观止。

任务拓展

如果你是丽星邮轮公司处女星号邮轮的销售人员，你将从哪些方面突出处女星号邮轮的优势？

相关知识

现代邮轮就像是流动型的大酒店，船上娱乐设施应有尽有，很多游客把邮轮当作旅游目的地。而邮轮规格的大小会影响到设施设备的配备，规格较大的邮轮拥有宽敞的住宿空间、多样的就餐环境和丰富的娱乐活动项目，而规格较小的邮轮则可以集中精力为游客提供优质的服务和独特的航行体验。尽管规格大小不一样，但是，现代邮轮的主要结构大同小异，业界也常用一些衡量指标来衡量邮轮的等级和规格。

一、现代邮轮的衡量指标

（一）邮轮的主尺寸（Main dimension）

现代邮轮的规格大小可以用长度、宽度、水面高度和吃水深度等主尺寸来进行衡量。船越大，船上能提供的设施就越多，就越能适合不同年龄层次游客的娱乐、餐饮需求。而小船通常能提供更加私密、友善、易于沟通、不嘈杂的空间，而且小船能够到达的港口也更多。

1. 邮轮长度（Length）

表示邮轮从首端到尾端的最大水平距离。如目前世界最大、最豪华的邮轮海洋绿洲号（Oasis of the Seas）长1180英尺（约合361.8米），至少有3个足球场那么长，要比泰坦尼克号大3倍多。而海洋绿洲号邮轮的姐妹船海洋魅力号的长度也达到了361米。

2.邮轮宽度(Width)

表示邮轮的型宽,通常是邮轮最宽地方的尺寸。如海洋绿洲号邮轮最宽处是63.4米,海洋魅力号邮轮最宽处达到了66米。

3.水面高度(Height)

表示邮轮顶部至船体与水面相连处的垂直距离。如海洋魅力号邮轮水面高度达72米,相当于20几层楼的高度。

4.吃水深度(Draught)

表示邮轮底部至船体与水面相连处的垂直距离。吃水深度用来衡量邮轮在水中的位置,同时间接反映邮轮在行驶过程中所受到的浮力。邮轮的吃水深度越大,表明船体载重能力越大。

吨数大的船吃水深度较深,在航行中较不受风浪影响,反之吨数轻的船则容易受风浪影响而摇摆;吃水深度深,在靠岸的停泊点选择上却较为不易,因为停靠点除具观光价值外,亦需港口大、深度够,才能让邮轮泊岸。

(二)邮轮吨位(Tonnage)

吨位属于船舶工程中船舶丈量,是核定船舶容积的单位。

1.总吨位(Gross tonnage)

船体在上甲板下(或者船舱所谓围蔽空间)的实际载货容积,按每100立方英尺(约2.83立方米)计算,吨位本身不是涉及重量的术语。总吨位是计算港口费、系缆费、码头停泊费等的依据。如海洋绿洲号邮轮吨位达22.5万吨,其吨位是泰坦尼克号的5倍多。

2.总注册吨位(Gross register tonnage,GRT)

其是指船舶按照其登记证书所能载货的容积。它是邮轮最常用的衡量指标,也是业界划分邮轮大小的重要依据。

按照邮轮的总注册吨位,现代邮轮分为微型(Very small)、小型(Small)、中型(Medium)、大型(Large)、超大型(Megaship)五种类型。但随着目前科技的影响,邮轮的吨位数越来越大。五种类型的总注册吨位数也会相应改变。表2-1所示为全球十大高级豪华邮轮的吨位列表。

表2-1 全球十大高级豪华邮轮的吨位列表

排 名	邮轮名称	所属公司	吨 位
1	挪威飞鸟号 (Norwegian Breakaway)	挪威邮轮公司	144017吨
2	珍爱号 (MSC Preziosa)	地中海邮轮公司	137936吨

续表

排名	邮轮名称	所属公司	吨位
3	海洋量子号 (Quantum of the seas)	皇家加勒比国际邮轮公司	167800吨
4	挪威爱彼号 (Norwegian Epic)	挪威邮轮公司	153000吨
5	皇家公主号 (Royal Princess)	公主邮轮公司	141000吨
6	海洋绿洲号 (Oasis of the seas)	皇家加勒比国际邮轮公司	225282吨
7	伊丽莎白女王号 (Queen Elizabeth)	冠达邮轮公司	90000吨
8	玛丽女王2号 (Queen Mary 2)	冠达邮轮公司	151400吨
9	明星号 (Celebrity Reflection)	精致邮轮公司	126000吨
10	太平洋宝石号 (Pacific Jewel)	澳大利亚P&O邮轮公司	63524吨

(资料来源:http://www.360doc.com/content/16/0928/10/3188771_594330308.shtml.)

3.注册吨位(Register tonnage)

在船舶登记证书上输入的总吨位及/或净吨位。1注册吨位为100立方英尺。

4.净吨位(Net tonnage)

总吨位减去为船员居住区、船舱、燃料舱、机舱、驾驶台、物料房和压舱等所保留空间的立方英尺数额。它是计算引航费、海关吨税等的依据。

5.DCC载重吨位(Deadweight cargo capacity)

一般指一艘船舶可以运送20个CWT(百磅/英担)吨位的数量。在承租租约中,船舶的载重吨位,一般会扣除燃料、淡水以及"船舶常数",例如船上厨房供应品、漆料、润滑油、油、锅炉冷却水等等。后来确定船舶实际载运货物容量。

6.净载重吨(Deadweight tonnage)

一般指船舶实际运载货物的容量,如果船舶装满货物,船体陷入水中会使水淹到船体的吃水标。它等于船舶满载时的排水量吨位减去在空船时的排水量吨位的吨数。

7.排水量吨位(Displacement tonnage)

常用于军舰中的术语,用于衡量船舶在装载满船员、燃料、货物及设备、武器后船舶排出水的重量。

20世纪70年代建造的多为中型邮轮,排水量在16000到23000吨之间,80和90年代建造的很多邮轮排水量在45000到85000吨之间,90年代后期以及21世纪,100000吨级以上的超级大邮轮诞生了。年轻人更适合在大邮轮上,因为在那里有大量的设施和节目。

邮轮吨位所代表的意义,包括邮轮的重量、载客量与吃水深度,是否能平稳航行,另外还得视航行海域与航行季节而定。

邮轮越大,航行相对就越平稳,乘客可以获得的活动空间也就越大,选择自由度也更高,诸如大型歌剧院等场所非大船无法容纳。但是,大船有时可能因为空间太大,各娱乐设施及各种活动散布在各楼层,若船上标示不明确或线路规划过于复杂,可能容易迷路,游客会将许多时间耗费在寻找目的地上,这一点在小邮轮上比较不易发生。而且,吨位大必然意味着能容纳的人数多,如想享受宁静的环境和较优质的服务,中等吨位的邮轮可能更适合。与大型邮轮相比起来,中小邮轮具有以下优势:能航行到更小的地方、登船离船更加方便、乘客更容易了解轮船设施和船上的其他乘客等。

(三)邮轮的容量(Capacity)

一般情况下,邮轮的容量包括载客量和客舱数等指标。

1.载客量

载客量是指邮轮所能容纳的不包括船员和服务人员在内的游客人数。按照载客量的大小,可以将其划分为微型、小型、中型、大型和巨型邮轮,如表2-2所示。

表2-2 根据总注册吨位和载客人数划分邮轮

邮 轮 类 型	总注册吨位(GRT)	载客量(Pax)
微型	10000GRT 以下	200Pax 以下
小型	10000～20000GRT	200～500Pax
中型	20000～50000GRT	500～1200Pax
大型	50000～70000GRT	1200～2000Pax
巨型	70000GRT 或以上	2000Pax 或以上

通常吨数大的船载客量也大,吨数小的船载客数则较少。载客量的多寡并没有绝对的优缺点,必须视船上的设施及空间来评估:乘客多会让邮轮显得热闹,但同时也可能会造成拥挤、需要排队的情况,尤其是乘客用餐和邮轮靠岸乘客上下船时。

2.舱房的数量

除了载客量的大小,业界还会根据邮轮所拥有的舱房数量来衡量邮轮接待能力的大小。一般情况下,大邮轮的舱房数量比较多,中小邮轮次之。

(四)空间比率(Space ratio)

很多人认为吨位越大,船体越大的邮轮更舒适,这种看法其实是不准确的,因为邮轮的空间比率才是体现邮轮真正价值的重要标尺。邮轮的空间比率表示的是邮轮上人均享有的自由伸展空间,也是衡量邮轮舒适度的重要指标。这好比一辆加长林肯汽车,一个司机,一个乘坐者,当然非常舒适,可你往车里塞进100个人,加长的林肯车也变得不舒适了。邮轮的空间比率是指邮轮的注册吨位数与邮轮的载客数量之比,计算方法如下:

$$空间比率=注册总吨位/标准载客量$$

例如,一艘邮轮总注册吨位是12万吨,标准载客量是2000人,其空间比率就是$120000\div2000=60$。

大多数邮轮的空间比率为20~40,最低值为8,最高值约为70。要注意的是,空间比率不一定与邮轮的大小互为正关联,空间比率也不是唯一传达邮轮宽敞度的指数。一般情况下,空间比率的数值越大,邮轮的宽敞和舒适度就越高,船上的娱乐休闲场地也就越多,服务也就越丰富。国际豪华邮轮的最突出特点是空间比率较高,一艘国际豪华邮轮的空间比率的数值一般在30以上。

(五)邮轮船龄(Vessel age)

与一瓶好酒不同,邮轮不会随着船龄的增长而变得愈发迷人。除非好好地维护并且不断地改进,否则不用多久,船就会落伍。所以,很多邮轮公司都在不断地新建和翻新自己的船队,以便满足人们不断提高的需求。

1.新船和旧船

现役邮轮的服役时间跨度很长,其中有一些邮轮下水时间已经接近半个世纪。业界常把1970年作为新船和旧船的分界线。1970年之前下水的邮轮称为旧船,1970年以后下水的邮轮称为新船。

早期的邮轮由于造船技术比较落后,在建材以及结构设计上有很多的限制,无法和现代造船新技术相比。旧船的仪器设备功能有限,而且操作上既花费金钱又耗费人力,效率却不见得好,因而运营成本高。旧船使用较密实、较重的金属材料制造,因此,与同样规模大小的新船相比,载重吨位却要大很多,吃水深度也较深,进出港口不容易。但是其最大的优点是在遇上大风浪时,其平稳度却比新船要高很多。

2.船龄

船龄是邮轮自建造完毕时计算的使用年限,它在某种程度上表明邮轮的现有状况,因此,在有关船舶和海上运输的交易中是一个重要的考虑因素。根据交通运输部颁布的《老旧运输船舶管理规定》,老旧船报废年限如下:根据中华人民共和国交通运输部发布的《海船船龄标准》条令(见表2-3),国内运营邮轮的船龄应该小于30年。

表2-3 海船船龄标准

船舶类别	具 体 类 型	购置、光租外国籍船船龄	特别定期检验船龄	强制报废船龄
一类船舶	高速客船	10年以下	18年以上	25年以上
二类船舶	客滚船、客货船、客渡船、客货渡船(包括旅客列车轮渡)、旅游船、客船	10年以下	24年以上	30年以上

续表

船舶类别	具体类型	购置、光租外国籍船船龄	特别定期检验船龄	强制报废船龄
三类船舶	油船（包括沥青船）、散装化学品船、液化气船	12年以下	26年以上	31年以上
四类船舶	散货船、矿砂船	18年以下	28年以上	33年以上
五类船舶	货滚船、散装水泥船、冷藏船、杂货船、多用途船、集装箱船、木材船、拖轮、推轮、驳船等	20年以下	29年以上	34年以上

（资料来源：中华人民共和国交通运输部令部2017年第16号。）

在邮轮发展史上，有很多著名邮轮的运营时间将近半个世纪，如冠达邮轮的伊丽莎白女王2号邮轮（见图2-1），是世界上商业运营时间最长的古典豪华邮轮。它建造于20世纪60年代末，从英国南安普顿到美国纽约处女航之后，运营至今已近五十多年。2008年底退役后由迪拜世界子公司以1亿美元收购，并计划将其改造成豪华海上酒店，作为迪拜世界重要的观光景点之一。但受金融危机的严重影响，自从2008年以6400万英镑卖给迪拜投资后，这艘享誉全球的前英国丘纳德公司邮轮就一直停靠在迪拜的拉希德港。直到2012年香港海岭集团击败多家欧美公司，租下了伊丽莎白2号，并将其进行改造工程。

图2-1 Queen Mary 2 英国三大女王邮轮首次齐聚

但是，目前邮轮市场上邮轮公司向市场投入的邮轮大多船龄比较年轻，船龄高于20年的邮轮不及邮轮总量的三分之一，且载客量相对较少，邮轮船队正呈现年轻化的扩张趋势。

（六）服务质量（Service quality）

邮轮旅游的大部分活动在船上进行，因此，船上服务的优劣对于整个假期有极大的影响。在邮轮日益平民化的现代，邮轮上的乘客一律被奉为上宾，没有阶级上的差别；若欲判断邮轮的服务质量,不妨从乘客与服务人员比例、服务人员的素质、宣传手册是否详实及其他细节来评估。

1.乘客和服务人员比例

由于一般邮轮讲究高质量的服务,服务人员与乘客比例将是一个很重要的参考依据,有些特别讲究精致取向的邮轮,服务人员与乘客比例可达1∶2,亦即1位工作人员平均可以服务2位旅客;另外一些中级邮轮的服务人员与乘客比例则为1∶3～1∶5。

2.服务人员素质

邮轮的载客量大、航行时间长,故而对于航行时安全问题的掌握一点也不能马虎,一艘船的关键人物——船长及其他船员的航行经验及应变能力很重要,必须能够应付各种航行中的突发状况。一般服务人员的服务态度和专业素养也是评估服务质量的重要指标。

3.多语言版本的数据手册

参加邮轮行程的旅客可能来自世界各地,注意邮轮上的广播及倡导手册或其他提供给乘客的数据,是否备有各种语言的版本,内容是否详尽、简单易懂以方便所有乘客了解,这一点对于旅程也有一定程度的影响。

(七)娱乐设施(Recreational facilities)

邮轮行程中,游客待在船上的时间较长,因此邮轮上必须能提供充足的食物、足够的活动空间及娱乐设备,并满足不同层次游客的娱乐喜好,适时安排一些特别活动,让乘客能度过一个充满欢乐气氛的假期,邮轮上良好休闲空间的必要性不言而喻,所以邮轮评比时便不能忽略掉邮轮上的公共活动空间及娱乐设施,能满足乘客需求的邮轮,就是好邮轮。

在邮轮上的娱乐设施必须多元化,才能同时满足各种乘客的喜爱,不管是游泳池、桑拿、健身房、电影院、图书馆、表演秀场、购物精品店、美容沙龙、礼服出租等,皆应俱全并符合现代人的需要。

(八)舱房选择(Cabin choice)

有些客人对标准内舱双人房、高级内舱双人房、标准海景双人房、标准海景家庭房、高级阳台双人房、标准阳台家庭房、标准套房等十几种房型的选择犯难。其实简单来说,几乎每艘邮轮舱房房型就是四大类:内舱房、海景房、阳台房、套房。至于标准、高级、超高级,大部分也只是在于楼层或面积的区别。

1.舱房等级

一般的饭店有房间等级的划分,邮轮的舱房也是如此。舱房的宽敞度、设施设备和物品的完善程度、拥有海景阳台房的数量等等都成为评判舱房等级的重要依据。如果一艘邮轮上高等级的舱房数量越多,表示该邮轮的等级越高。

2.舱房的位置

位于第几层甲板？是内舱还是海景舱？是否有阳台？这是邮轮游客选择邮轮着重考虑的问题。舱房的位置影响到居住的舒适度，一般而言，舱房楼层越高，视野越佳，因此房间等级也较高。而内舱由于无海景可欣赏，因此不如海景舱等级高。

3.舱房的选择

因为不同的乘客会有不同的假期需求，因此邮轮的舱房设计应能涵盖所有乘客的需要，例如情侣可能选择有海景且气氛情调浪漫的房间，而一个家庭会希望住于一室，彼此能互相照料。舱房的选择性高，邮轮的评价才会高。

二 邮轮的等级评定

现代邮轮就是一个漂流的酒店或度假村，除了市场份额较小的探险市场，现代的邮轮业，更多是为休闲度假服务的。很多对邮轮业还比较陌生的朋友也许会问，邮轮业和酒店业一样有等级评级吗？也许很多人通过搜索，会得出很多邮轮的评星。但是，邮轮和酒店不同，目前没有一个统一的等级评定标准。比如，皇家加勒比邮轮公司旗下的邮轮因为系列和使用时间的不同在评定结果上就有比较大的不同。即便如此，很多长期从事邮轮业的行家和爱好者还是对各个邮轮有自己的认识，也就衍生了非正式的邮轮评定。

（一）奢华型邮轮

奢华型邮轮通常采用"六星级"标榜其顶级的娱乐设施与服务水准。它的吨位和载客量不一定很大，但是以精致、品味、雅致的品牌标准及个性定制的服务作为邮轮形象。如被称之为世界最豪华邮轮的七海探索者号（Seven Seas Explorer）于2015年10月30日出坞。七海探索者号为丽晶七海邮轮旗下的最新产品，号称史上最豪华、面积最大的邮轮，主打舱房最昂贵的中型顶级邮轮，重量达到54000吨左右，载客量750人左右。

还有意大利银海邮轮公司是世界唯一六星级全套房邮轮公司，现有6艘顶级邮轮服务于地中海，北欧，东南亚，非洲，阿拉斯加，加勒比及南美洲。银海邮轮一贯坚持服务人员与乘客比例为1∶1.4，从而创造出最私密奢华的旅行享受，备受世界豪门皇室及明星推崇。它所巡游的线路独具匠心，由于属于小型邮轮，它可直接驶入大型邮轮不能直接停靠需要接驳的港口，并且可以停靠大多数大型邮轮不经过的港口，银海邮轮所经过的每一个港口城镇都各具特色，即使航行在同一区域，线路也基本不重复，让游客的邮轮旅行充满了新鲜感。它旗下的银神号（Silver Spirit）邮轮、银影号（Silver Shadow）邮轮和银啸号（Silver Whisper）邮轮被誉为"世界最佳顶级中小型豪华邮轮"，是奢华邮轮的典型代表。其奢华不仅仅在于开阔雅致的"全套房"住宿空间，更在于无微不至的私人定制化服务。

在俄罗斯圣彼得堡庆祝建市三百周年时，银海邮轮旗下的银影号被包下作为参与领袖峰会的布什的专用邮轮，各国国家元首以及各国要人也曾是银海邮轮的尊贵客人（见图2-2）。现在，乘坐银海邮轮不仅成为一种奢华的时尚，更是一种身份和地位的象征。

图 2-2　银海邮轮:"奢华"其实是一种"恰如其分"

(图片来源:http://www.cntraveler.com.cn/news/news_183595e34ec7e0fa.html.)

(二)高级型邮轮

高级型邮轮的设施设备稍逊于奢华型邮轮,但是也比较高档、豪华。此类邮轮空间比率相对较高,有很多带有阳台的外侧客房,通过提供各种各样的娱乐活动,对儿童、年轻人、老年人等各个年龄段的顾客群形成多样化的吸引。高级型邮轮为游客提供相对高端的服务,游客有很多机会在正式晚宴上盛装打扮。如伊丽莎白女王号邮轮,它是英国丘纳德公司(Cunard)建造的一艘豪华邮轮。同时也是伊丽莎白女王2号退役一年后最新的一艘"女王"号系列邮轮,于2010年10月始航。

伊丽莎白女王号堪称是一艘极尽奢华的"海上宫殿",它总长964英尺(约合284米),可以容纳超过2000名乘客,穹顶大厅、楼梯和水晶装饰灯、艺术装饰与20世纪30年代最早一艘"女王"号系列邮轮伊丽莎白女王号都存在诸多相似之处,每年还提供35.2万瓶葡萄酒和香槟。

伊丽莎白女王号船上的六个套房将根据曾被英国王室授予爵士头衔的丘纳德公司六位船长的名字命名,其中包括亚瑟·罗斯特伦(Arthur Rostron)爵士,他是卡帕西亚号船长,在泰坦尼克号1912年撞上冰山沉没后,"卡帕西亚"号赶往出事地点营救了幸存者。伊丽莎白女王号相比丘纳德公司过去建造的几艘邮轮也有一些不同之处,其中,"女王套房"(Queen's Room)让丘纳德传统舞厅面貌一新,套房摆设描写英国王宫景观的艺术作品及伊丽莎白女王和英国王室的照片。

(三)现代型邮轮

现代型邮轮好比一座移动的海上城市,游客可以在邮轮上尽享现代化的设施设备,邮轮规模从中型到巨型不等。

如海洋魅力号(Allure of the Seas)邮轮,该邮轮长361米、宽66米,水面高72米,排水量22.5万总吨,可以搭载游客6360名。这艘巨型邮轮模仿纽约中央公园修建的绿色植物区、家庭户外娱乐区、4处风格不同的游泳区域,海洋魅力号有旋转木马、2座攀岩壁、1个篮球场,还有数十家酒吧和餐厅。设计者将陆地上的"社区"概念移植到这艘豪华邮轮上,将邮轮划分为中央公园、欢乐城、皇家大道、游泳池和运动区、海上水疗和健身中心、娱乐世界及青少年活动区7个主题区域,以满足不同年龄、不同类型游客的度假需求。海洋魅力号邮轮仿佛是一座移动的海上城市,游客在船上生活、休闲、运动和娱乐需排放大量废物垃圾,为此设计者专门采用最先进的污水垃圾处理技术,尽量降低对大气和海水的污染。图2-3所示为海洋魅力号邮轮顶层甲板。

图 2-3　海洋魅力号邮轮顶层甲板

（四）专业型邮轮

专业型邮轮为某一特定的邮轮旅游目的地和专项独特的邮轮旅游产品。这类邮轮公司在文化诠释、探险考察等领域有着丰富的经验,部分邮轮航线遍及南极、北极此类人迹罕至的地方,其目标市场是经验丰富的邮轮旅游者。

如海钻石号（Ocean Diamond）邮轮（见图2-4）是全球最具南极探险传统、最先进的极地破冰船,也是前往南极的高级邮轮,它安全、环保、舒适。船体结合了独特的设计和无畏的探险适航性。邮轮能容纳旅客189人,船身长度124米,宽度16米,排水量8300吨,动力为双Wichmann发动机,可达7375匹马力,航速约29公里/小时……能大幅缩短穿越南极西风带德雷克海峡的航行时间,降低了旅客晕船的可能性,并让旅客有更多的时间在南极海域登陆游览。船上配备登陆用的Zodiac充气橡皮艇,及最新的卫星导航、数字式自动操控系统、新式的测冰测深雷达和海水淡化系统等设施。还有多名专业欧洲厨师、工作人员、工程师和专业极地探险家为客人提供服务。

（五）经济型邮轮

邮轮通常为中等规模,经过翻新且运营时间较长,一般采用自助式用餐,员工较少,装饰设计经典,定价较为经济,此类邮轮容易吸引邮轮旅游经验少的人。

图 2-4　海钻石号邮轮

工作任务二　现代邮轮的空间划分

任务导入

1.有一对临时决定参加歌诗达邮轮旅游的老年夫妻不知道该如何选择理想的客舱,于是想请邮轮前台接待李雷帮助推荐合适的客舱,李雷该怎样向客人推荐?

2.在皇家加勒比邮轮公司工作的李雷明天将为一批参加"上海—济州—福冈—上海"4晚5天旅程的中国游客介绍皇家航行者号邮轮,李雷需从哪些方面向客人介绍?

任务解析

1.因为客人是临时决定参加邮轮旅游的,所以首先要了解客人的消费习惯和经济状况。如果客人对住宿条件要求不是特别高且经济能力有限,可以向客人推介内舱房,内舱房最大的优势就是价格比较实惠;如果客人对住宿条件要求比较高的话可以推介海景房、阳台房,甚至豪华套房。海景房通过窗户可以看到大海,阳台房有一个阳台面向大海,而豪华套房的设施设备都非常齐全、豪华。

2.李雷要向客人介绍邮轮的基本情况、吃、住、娱乐、购物等情况,要突出各方面的特色。具体如下。

(1)邮轮基本情况。

皇家航行者号作为皇家加勒比国际邮轮的明星船,该船吨位达13.8万吨,载客超过3000人,船员1500人。它设计新颖,设施齐全且富有创意,是亚洲最大的豪华邮轮。

(2)舒适的客房。

从精致时尚客房到尊贵皇家套房,配套设施完善,不同风格与格局,满足多样化需求。皇家加勒比国际邮轮关注每一个小环节,让客人的入住更舒适更愉快。

(3)精心设计的美食餐厅。

海洋航行者号邮轮拥有尊尼火箭餐厅、泉日式餐厅、吉瓦尼餐厅、牛排馆餐厅、帆船自助餐厅、皇家大道咖啡馆等餐厅,让客人能够享受饕餮美食。

(4)高水准的娱乐设施。

船上拥有甲板冲浪、健身中心、攀岩墙、真冰溜冰场、九洞高尔夫、泳池、篮球场、星空影院、慢跑道等高水准的娱乐设施。

(5)美轮美奂的船上演出。

皇家加勒比国际邮轮每天都是别具一格的狂欢节,带客人尽情享乐。无论是美不胜收的冰上演出、激情四射的百老汇歌舞,还是热闹非凡的梦工厂明星大巡演,都是精彩的感官享受。豪华剧院是富丽堂皇的双层大剧院,拥有多功能舞台布景设施,足以满足专业级别的演出需求。炫目的伦敦西区风格的舞台音乐剧、现代音乐剧、梦幻魔术表演、高难度的杂技表演轮番上场,还有美国百老汇专业演员表演的百老汇舞台剧、音乐演出和特别表演等,每晚风格各异,绝对不容错过。

(6)琳琅满目的免税商品。

来自世界各地的免税商品可以让您足不出户,享受购物的乐趣。

任务拓展

请你为参加丽星邮轮处女星号"上海—冲绳宫古岛—上海"4天3晚行程的客人介绍邮轮的参观路线图。

 相关知识

一 现代邮轮的基本功能

邮轮原为运输货物或运载旅客的交通工具。直至20世纪初,一些邮轮开始为旅客提供有限的基本设施,如客房及餐厅服务。20世纪中期是航空旅游的兴盛时期,为增加竞争力,邮轮公司遂兴起邮轮假期。

邮轮假期在20世纪80年代渐趋蓬勃,不少邮轮公司加入,并投资建造设施更豪华、节目更丰富、排水量更多的邮轮,使邮轮变成一个豪华的海上度假村。邮轮被称为"无目的地的目的地"、"海上流动度假村"。随着邮轮慢慢成为当今世界旅游休闲产业不可或缺的一部分,其功能也发生着改变。

(一)旅游交通运输功能

邮轮担负着将游客从一个点运送到另一个点,或在目的地间往返航行,以完成娱乐观光和休闲度假的旅游交通运输功能。该功能由邮轮的驾驶部、轮机部和甲板部共同完成。

(二)游览、休闲、度假功能

邮轮为游客提供满足其旅游观光、休闲度假等需求的服务,包括旅游活动的组织、产品线路的设计、景点导游讲解,提供游客休闲娱乐的场所和康乐健身设施,包括阳光甲板、康乐中心、舞厅、理容中心、娱乐场所等。

(三)前台功能

邮轮必须为游客提供集散出入和作为邮轮信息中心的前厅,包括总台、行李服务、商务中心等;供游客住宿的客舱及服务;供游客餐饮娱乐的餐厅(含厨房)、多功能厅等。

(四)后台功能

为保证邮轮的正常运行和游客休闲度假的舒适性,邮轮还有专门供水、电、冷暖气的功能的配电房、锅炉房、冷暖机房、洗衣房等。

现代邮轮不仅具有水上运输的功能,同时还具有酒店、旅行社等旅游企业为游客提供食、住、行、游、购、娱等旅游服务的功能。

二 现代邮轮的空间划分

现代邮轮的设计与建造通常需要考虑到如何在合理利用空间的基础上更好地完善游客的活动设施。不仅在外观上为游客所接受,而且应符合其品牌价值和各项安全要求,在有限的船舶空间里,既能搭载更多的游客,又能使游客获得更高的舒适度和满意度。

(一)邮轮的空间划分

邮轮上的空间通常被划分为三大区域:客舱区域、公共空间和非公共空间。

1.客舱区域

邮轮其实就是一座移动的豪华酒店,客舱和酒店客房一样设备齐全。邮轮的客舱通常比较小巧,是"微缩的饭店客房"。如歌诗达·维多利亚号邮轮上最大套房的面积为44平方米,最小的内舱房仅11平方米。而长江三峡邮轮通常客房的标准大小是8~16平方米(不包括卫生间)。一般邮轮的客舱有内舱房、海景房、阳台房、豪华套房等。

1)内舱房(又叫内侧客房)

内舱房(见图2-5)在邮轮内部,通常没有窗户,但经常运用镜子、柔和的淡色、明亮的灯光,甚至假窗帘来使空间显得更加开阔些。很多游客偏爱内侧客房,因为相对外侧客房价格更便宜。

图 2-5 内舱房

内舱房也会根据邮轮的不同而不同,如皇家加勒比邮轮公司旗下的皇家赞礼号邮轮全新设计的内舱房,拥有 19～21 平方米空间,提供前所未有的海上高科技体验——虚拟阳台,其自下而上的落地高清屏幕将为游客呈现即时海景和目的地景色。

2)海景房

远洋邮轮的海景房(见图 2-6)位于邮轮的外侧,房间类似商务酒店的标准间,由于可以向外观看,海景房会感觉视觉更开阔。对于那些担心拥挤的游客而言再理想不过了。传统的邮轮有窗户,现代邮轮的窗户则更大。一些客房甚至有一整面墙大的玻璃推拉门,并通向阳台。有些邮轮的海景房安装了全景舷窗、座位、躺椅,让游客足不出户便可体验梦幻般的观景享受,在茫茫大海上似家一样的舒适和精致。

图 2-6 海景房

3)阳台房

阳台房(见图 2-7)有朝海的阳台,房间类似星级酒店的标准间,一般为一张大床,可以给孩子加床。有些大的邮轮,还有朝向步行街的阳台房。

图 2-7　阳台房

4) 豪华套房

豪华套房(见图 2-8)是指船上最昂贵的房间,一般在船头,有多个房间,有些豪华套房甚至还有自己的温泉池。豪华套房的面积比标准间大很多,房间内的设施更齐全,有电器产品、家具,甚至还有厨房,房间位置也能更好地欣赏到海景。一般的套房都有独立的起居室、卧房、卫生间等等。

套房会根据豪华程度和功能再进行区分,如家庭豪华套房、水疗豪华套房、行政豪华套房等,各个邮轮也不同。

图 2-8　豪华套房

2.邮轮的公共空间

1) 前台接待处

和陆地上的酒店相似,邮轮设有前台接待处,帮客人办入住、退房结账等服务。大酒店还有外币兑换服务,帮助接听订房电话,帮客人预订房间等等,是邮轮的神经中枢。邮轮的前台接待处规模比酒店前台规模略小,但同样承担着游客接待、咨询与协调服务,是邮轮对客服务尤其是客舱服务的中枢机构。邮轮前台旁边通常设有旅游问讯处，游客可以咨询港口观光活动的相关事宜，也可以进行预订。

2）邮轮的餐厅及其他就餐区域

美食是邮轮的一大亮点，很多邮轮的典型特征就是拥有若干个主题餐厅。甚至是每层都有餐厅。此外大型邮轮还有非正式的、自助类餐厅以及比萨饼店或特色主题餐厅。客人可以在室内就餐。天气好时还可以在室外（该区域被称作露天餐厅）进行。图2-9所示为丽星邮轮处女星号餐厅。

图2-9 丽星邮轮处女星号餐厅

3）剧院

邮轮上设有剧院，根据邮轮的规模大小不同，剧院通常用来进行游客聚会、文艺演出或举办其他专项活动，每晚都有不同的安排，是邮轮之旅中最具有吸引力的场所。剧院还会播放流行的电影新片，一些邮轮还会安排手工制作、化装舞会、厨艺表演等节目。

4）赌场

有些邮轮会设置赌场，邮轮赌场内设有严格的监控装置，工作人员在不为客人服务时，要求手心向上放置，不要随便捡起地上的东西。赌场内不允许拍照，相机通常在进入赌场内时要求关闭。

5）游泳甲板

大多数邮轮设有一个或多个游泳池，一般位于顶层甲板，有的还设有供儿童嬉戏的浅水区，还有一些游泳池会有玻璃天窗全部遮盖，随气温不同随时开启。

6）运城甲板

邮轮上的运城甲板是为游客提供的锻炼场地，配有增氧健身区、慢跑跑道、网球场和其他运动方面的设施。

7）商店

邮轮上的商店深受游客欢迎，游客可在此挑选一些自己喜欢的东西，享受购物的乐趣，留下纪念品。邮轮在国际海域航行，一般不用付税。商店包括珠宝店、男女时装店、礼品店及一些普通商店等。为了营造旅游氛围,有的邮轮还会设立一批由各色礼品组成的商业街供游客消遣。

8)医务室

海事法规定,乘客人数超过100人的任何船只都要配备内科医生,并常常由护士作助手,要配备相应的医疗设施。

除此之外,公共空间还有很多其他公共设施,诸如婴儿玩耍区、上网区、特色酒吧、自动洗衣店、图书馆、小型教堂、攀岩壁等等。有些在中国运营的邮轮上还有中国特色的麻将房、纸牌房等。

3.现代邮轮的非公共区域

邮轮的非公共区域主要是船上员工的工作和生活区域,包括邮轮员工用房、员工餐厅、员工娱乐场所和驾驶室(邮轮控制室)、邮轮厨房和邮轮机舱等空间,一般不向邮轮上的游客开放。但是,一些邮轮为了让游客有更深刻的邮轮旅游体验,经常会为游客安排一些非公共区域的参观活动。

1)邮轮的驾驶台

邮轮驾驶台是船长指挥邮轮安全航行的总指挥台,不管邮轮是在航行或是在停泊过程中,任何人未经过船长或值班驾驶员的许可不可随意进入。

2)邮轮轮机舱

邮轮轮机舱是装载邮轮动力装置,如柴油机、燃气轮机以及附属设备的舱室。邮轮轮机舱等机械设备区域也都明令"游客止步"。

3)厨房

厨房类似于酒店常规的厨房,其主要功能是为了有效地满足邮轮上所有游客对食品的需求,即安全、高效、持续地制作大批量、高水准的食物。此外,由于邮轮不是每天都能靠港,所以需要非常大的储存空间才能满足冷藏或存放食物原材料的需要。

4)员工活动区域

现代邮轮需要大量的服务和管理人员才能满足服务的需要,为了满足员工的生活需求,邮轮上员工活动区域的设施设备也非常齐全。几乎所有的大型邮轮上都设有员工宿舍、员工餐厅、员工娱乐活动室等。

(二)船舱透视图

为了让游客更加直观地了解现代邮轮的构造与布局,邮轮公司会向游客提供邮轮的三维船舱示意图,示意图能够显示出邮轮的布局上所有设施设备的方位、主要特征等,如图2-10所示。还有一些邮轮的网站,提供虚拟邮轮的360度全景图,让游客体验趣味盎然的邮轮之旅。

(三)甲板分布图

游客除了通过船舱透视图了解邮轮外,还可以通过甲板分布图来熟悉邮轮上客舱或其他设施的具体位置。游客上邮轮的第一件事情就是要进行求生演习,而了解甲板分布图就是首先要做的事情,而且游客还可以通过甲板分布图选择自己喜欢的房间,邮轮宣传册中的色彩标记通常会使甲板分布情况以及各类客房情况一目了然。如图2-11所示为皇家赞礼号甲板示意图。

项目二 现代邮轮的构造及空间划分 31

图 2-10 船舱透视图

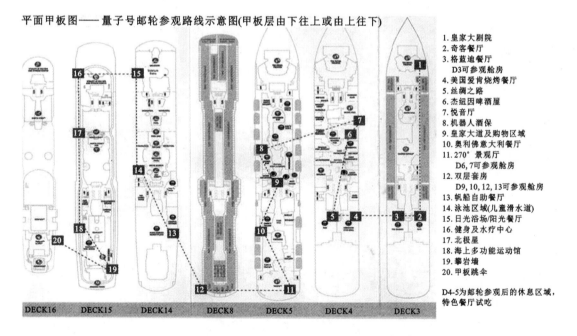

图 2-11 皇家赞礼号甲板示意图

项目实训

一、选择题

1.目前皇家加勒比邮轮公司的海洋绿洲号邮轮吨位达到22.5万吨,按注册总吨位划分,它属于(　　)。
　　A 小型邮轮　　　　　　　　B 中型邮轮
　　C 大型邮轮　　　　　　　　D 超大型邮轮

2.以下不属于邮轮上公共空间的是(　　)。
　　A 前台接待处　　　　　　　B 酒吧
　　C 运动甲板　　　　　　　　D 驾驶台

3.假设某邮轮注册总吨位为20万吨,标准载客量是4200人,它的空间比率是(　　)。
　　A 21.5　　　　　　　　　　B 36.5
　　C 47.6　　　　　　　　　　D 48.6

二、思考题

1.邮轮等级评定中分为哪些基本类型?各有何特点?
2.邮轮的非公共空间都有哪些?

项目三
邮轮公司及其品牌

◇ 知识目标

1. 了解国际邮轮公司的特点及空间分布。
2. 熟悉世界著名邮轮公司及其旗下的邮轮。

◇ 能力目标

1. 能归纳国际邮轮公司的特点及空间分布。
2. 能详细介绍世界著名邮轮公司及其旗下邮轮。

◇ 素质目标

1. 培养学生的信息收集能力。
2. 培养学生的文字表达能力。

工作任务一　国际邮轮公司的特点及空间分布

 任务导入

与丽星邮轮公司合作的某旅游代理商 A 公司为了满足游客日益变化的旅游需求,想与多家大型邮轮公司合作来拓宽自己的销售渠道,该公司市场开发部的员工李雷需要从哪些方面来了解相关的内容。

📧 任务解析

1. 该代理商要了解客户的需求再确定自己的合作目标。
2. 该旅行社市场开发部的员工如果想与多家大型邮轮公司合作，要了解如皇家加勒比邮轮公司、嘉年华邮轮公司等各大型邮轮公司的经营特点、主要经营的旅游线路、最热门的旅游线路等。

🔍 任务拓展

旅游代理商A公司经过层层筛选，最后选定皇家加勒比和嘉年华两家邮轮公司作为自己的合作对象，如果你是市场开发部经理李雷，请你介绍两家公司的经营特点。

🔗 相关知识

作为邮轮旅游、邮轮产业发展最基本的载体，邮轮伴随着邮轮产业的快速发展，也逐渐增多，全世界的邮轮公司目前已近百家。邮轮公司良好的经营运作对于促进邮轮旅游业发展具有十分重要的意义，一个地区邮轮公司的布局情况、效益高低更是直接反映并影响着当地邮轮旅游业的发展。

一、邮轮公司的定义

邮轮公司是依托邮轮及海上旅游资源，为旅游者提供愉悦的邮轮旅行经历，从事相关经营活动，具有营利性及相对独立的经济实体。

邮轮公司以邮轮作为载体和平台，以邮轮母港作为基地，以航线和停靠港作为运营支撑，以组合式邮轮旅游产品的销售和高质量的邮轮服务作为收益的主要来源。邮轮公司主导邮轮旅游市场，拥有或出租豪华邮轮，设计邮轮旅游航线，开发邮轮旅游产品，目的是瞄准特定的邮轮旅游细分市场，从而获取高额的经营利润。

二、邮轮公司经营特点及发展趋势

（一）邮轮公司经营特点

1. 高进入退出壁垒

邮轮产业具有全球化网络的节点经济、聚集性、规模经济、寡头垄断等特征，这些产业特征构成了邮轮公司运营的特殊性，即具有很高的前期投入成本、较高的进入退出壁垒，这是邮轮公司区别于其他企业最为重要的特征。邮轮公司在建立之前需要投入大量的人力、采购、管理等初期成本，一旦进入，需要极大的运转资金，进入退出的壁垒高，这也是现在大多数邮轮企业采取集团化战略，以此来规避单一企业成长风险，获取规模经济，增强整体竞争力的原因。

2.国际化运作模式

邮轮公司的国际化运作模式主要体现在邮轮从业人员、邮轮航线设置上。邮轮管理者大都来自欧美邮轮管理经验丰富的国家,基层员工则大都来自世界各地,且主要来自人力成本较低的国家,在降低投入成本的同时满足邮轮游客的不同需求,提高邮轮的综合服务水平。邮轮公司需要在全球范围内开设邮轮航线、部署邮轮,为邮轮旅游者提供从登船前游览、停靠港岸上游玩等一整套完善的邮轮旅游服务,因而需要其具备较高的国际化运作能力。

3."代理商+"营销模式

旅游代理商是目前邮轮公司最为重要的营销渠道,是"邮轮市场的向导和顾问"。邮轮公司通过与邮轮及目的地港口地区的旅游代理商合作,采购所需的旅游产品及服务等,并与自身邮轮产品相结合组成深度邮轮旅游产品销售给邮轮旅游者,以满足其不同的需求,赢得较高的顾客满意度。邮轮公司也会通过公司本身销售船票,但占比较少,目前全球邮轮客舱销售的95%是通过旅行社这一旅游代理商来实现的。此外,邮轮公司也在不断加大网络营销力度,与OTA合作,争取多种销售途径,提升邮轮客舱销售率。

4."船票+"盈利模式

邮轮上的消费包括船票、岸上旅游费及小费、签证、港务费、保险费等在内的综合费用。邮轮公司的盈利收入主要分为两大部分:船票收入及额外增值服务收入。其中船票收入是邮轮总收入的基本来源,也是影响潜在邮轮游客出行选择的主要因素,占邮轮总收入的80%,一般包括客舱住宿费、船上娱乐、活动设施及基本饮食的费用。邮轮上的增值服务收入包括邮轮上的购物、酒水类、自费特色餐厅、水疗、免税店等游客自愿购买的甲板消费和公司向第三方收取的特许经营权收入,占邮轮总收入的20%。在全球邮轮市场竞争不断加剧,而邮轮运营投入成本居高不下的状况下,邮轮公司为了开拓客源市场,开始采取价格渗透的方式,不断降低船票价格,加大促销力度,以提高邮轮客舱销售率,同时不断完善邮轮上的特色娱乐设施,如海洋量子号的模拟跳伞装置、丽星邮轮上的博彩收入等,以此提高邮轮产品的差异化,吸引游客消费。这使得邮轮公司的盈利模式较最初有所转变,船票收入所占的收入比重有所下降,甲板增值收入所占比重上升,邮轮公司的利润弹性主要依赖于额外增值收入。

(二)邮轮公司发展趋势

随着科学技术的飞速发展,邮轮制造技术取得很大的进步,邮轮企业规模越来越大,邮轮港口的承接能力也变得更强,国际邮轮公司的发展呈现以下趋势。

1.企业更加注重自身内在的发展

各邮轮公司为了吸引更多的客户,一方面加强品牌宣传,塑造企业形象,提升公司的"软"实力,另外,在产品方面,通过技术升级,推出全球高速Wi-Fi,打造智能邮轮。如地中海邮轮(MSC)发布了一款预订引擎——MSCBook,旨在简化预订程序。代理预订时仅需四步:选择邮轮和客舱—寻找航班和酒店—增加预付服务(如SPA、岸上短途旅行等)—退房。

2017年3月,MSC地中海邮轮在柏林旅游国际博览会(ITB Berlin)上宣布推出一项智能邮轮计划——"我的MSC"(MSC for Me)。该整体计划耗时三年,由地中海邮轮与11个全球领先的数字、技术与行为科学专业机构(包括德勤数字化服务、惠普和三星)携手打造,从游客需求出发,涵盖邮轮开发、设计和建造的每一个环节。按照公司设想,该计划将首先应用于公司投资90亿欧元打造的11艘新一代超大型邮轮,并逐步推广至12艘现有邮轮。

为满足宾客对实时灵活性越来越高的需求,"我的MSC"计划设计了相应的创新功能,具体如下。

导航(Navigation):这一导航系统可在船上为宾客提供建议、指导和最新活动信息。此功能类似于智能地图,可在300多米长的邮轮上为宾客精确导航,误差在5米之内。如有需要,宾客也可以用该系统来定位自己的孩子。

礼宾(Concierge):宾客可随时轻松预订服务、餐厅及岸上游览等活动。

收获(Capture):宾客可通过虚拟现实技术预览岸上观光项目,通过配有互动屏幕的数字图库回顾自己的旅程并实时分享。

规划(Organizer):在登船前或旅途中,宾客均可通过移动设备登记入住、预订行程、演出座位或用餐席位。

定制(TailorMade):这款数字化、个性化的旅行顾问可以根据宾客的喜好提供定制化建议。利用智能面部识别技术,可让员工为宾客提供更加个性化的服务。宾客还可用互动手环轻松享受邮轮服务,并通过3050个蓝牙信标获取基于位置的建议。

"我的MSC"计划将首先应用于地中海邮轮的新一代邮轮上,并在每一艘新邮轮投入运营时得到进一步的优化和丰富。该计划的关键功能还将逐步推广到现有船队的全部12艘邮轮。

2.主题邮轮产品兴起

根据各公司紧跟时代潮流趋势,打造各种主题类邮轮产品,紧抓吸睛点。如歌诗达维多利亚号2017年9月的邮轮主题是"爸妈嗨起来"的中老年人才艺展示,本次邮轮的主题是将传统的太极拳文化与邮轮意式风情相融合,让所有的游客做到旅行与健身两不误。

3.邮轮公司开始进军更大的邮轮市场

许多邮轮公司不再单单满足于收购所在区域的公司,而开始进军更大的邮轮市场,将邮轮品牌输出到诸如亚太、南美等世界其他地区。如嘉年华邮轮集团的歌诗达邮轮品牌最早进入中国,如今已成为国内最具吸引力的邮轮品牌,皇家加勒比也将海洋水手号等邮轮投放中国,赢得了众多国内邮轮的信赖,这些邮轮公司通过先行投放邮轮的做法迅速打开了亚太地区的市场,市场腹地进一步扩大。

4.注重多元化经营的业务结构模式

近几年来,世界邮轮旅游业发展迅猛,我国各港口接待的游客量也在持续增长。国际邮轮公司纷纷将新船和大船部署在中国,例如皇家量子号国际邮轮将战略重点转移到了中国市场。同时,本土邮轮也杀入市场,如天海邮轮的首航,也标志着中国邮轮业的崛起。邮轮市场上以品牌特色为主导的趋势越发清晰,产品的多样化得到进一步体现。

尽管近年邮轮市场持续增长,但有很多经营邮轮的批发商却亏损严重,出现供大于求的现象,市面上也经常会看到一些低价甩卖的邮轮产品,可见邮轮市场并非如预期的那样理想。中国邮轮市场空间巨大,解决当前问题需要邮轮公司和代理商的共同努力。在供应量持续增加的情况下,需要更快的市场布局工作,多元化营销、多渠道销售、产品从单一向多元化创新。

因此,许多邮轮公司通过 PC、App、微信等多渠道的销售,针对不同人群创新不同的"邮轮+"产品。此外,一些大型的邮轮公司除了经营原有的业务之外,还会选择向其他业务领域渗透,开始多元化经营,寻找新的盈利点。如皇家加勒比邮轮公司开辟自己的旅游目的地或者邮轮港口。

5.采用集团化与战略合作、联盟模式并存的组织结构

许多大型邮轮公司为了适应公司生产规模的扩大、产业多元化经营等问题,一般会选择集团公司模式,集团下设邮轮集团子公司,各子公司作为独立的事业部进行自主经营并与当地旅游经销商进行战略合作,子公司负责邮轮的投放、航线的设定和经营管理等工作,旅游经销商主要承担销售船票的工作,这样一方面保证了邮轮公司的品牌质量,另一方面也避免了过度集团化所带来的机构庞杂、成员冗杂、成本增高等弊端。

6.由洲际成长向全球化方向发展

现代邮轮港口遍布世界各地、邮轮航线覆盖全球,甚至深入南北极地区,邮轮公司的经营事业部(办事处)更是覆盖各个角落,邮轮公司的发展由上一阶段的洲际成长开始向全球化发展,全世界都被列入其经营领域当中来。

三 国际邮轮公司的空间布局

据研究,1980 年之前,即在邮轮旅游产业进入快速发展阶段之前,总部位于欧美地区的企业占了绝大多数,且欧洲地区多于北美地区,这与欧美地区得天独厚的自然海域条件、较高的经济技术水准等密切相关。此后,随着邮轮产业的触角伸向世界各地,总部位于世界其他地区的邮轮公司渐增,主要位于东南亚地区。

从空间分布上看,主要分布在北美地区、欧洲地区及世界其他地区。其中北美的加勒比以及欧洲的地中海地区目前为全世界邮轮港口以及航线最多的地区,其所对应的美国以及欧洲市场也是全球邮轮游客最多、发展最为成熟的市场,两者所接待客流占据目前全球近60%的市场份额。处于北美加勒比海地区的美国佛罗里达州是全美乃至全世界邮轮产业最为发达的地区,其主要城市迈阿密驻扎着包括三大邮轮公司在内的 15 家国际邮轮公司总部,具体如下。

(一)北美地区分布情况

北美地区是世界邮轮产业发展较为成熟的地区之一,该地区一直在全球邮轮市场中占有绝对的主导地位。近年来,由于邮轮公司纷纷开拓新兴市场及邮轮公司竞争的加剧,北美市场份额有所下降,增速放缓,但总体仍是世界邮轮业的核心区域。据世界上较有影响力、知名度较高、竞争力较强的邮轮企业如荷美邮轮公司、公主邮轮公司、皇家加勒比邮轮公司、嘉年华邮轮公司等均分布于北美市场,可见北美市场在邮轮产业发展中的重要地位。

（二）欧洲地区

欧洲地区位列第一梯队的邮轮公司为歌诗达邮轮（Costa Crociere）和地中海邮轮（MSC Crociere），其次为在英国市场运营的半岛东方邮轮公司（P&O Cruise）和冠达邮轮公司（Cunard Cruise）以及在德国市场运营的艾达邮轮公司（AIDA Cruise）三大邮轮品牌，这些公司都属于在欧洲地区具有较强市场影响力和号召力的邮轮品牌。西班牙、德国和法国邮轮市场是欧洲邮轮公司主要的服务市场。2014年，全球邮轮游客的地区分布中，欧洲游客人数为650万人，占比30%。其中，英国的游客人数为173万人，占比最高为27%，其次为德国（26%）、意大利（14%）、法国（8%）。与北美市场的邮轮公司相比，欧洲市场上进入公司的总数多于北美地区，这主要与拥有众多诸如地中海区域、波罗的海区域、欧洲西海岸及爱尔兰地区等众多地理条件优越、旅游文化资源丰富的目的地，更易于开展丰富多样的邮轮航线，满足更多需求层次的游客需求有关，但欧洲地区的邮轮公司大都规模小，拥有的船只数量少，且航线大多局限于特定的区域。

（三）其他地区分布情况

亚太地区是世界邮轮旅游市场中较年轻的，也是发展最快的一个分区。凭借其丰富的旅游资源和近些年不断兴建的邮轮专业港口，亚太地区不仅渐渐成为全球主要的邮轮旅游目的地之一，该地区的邮轮旅游客源市场规模也在不断扩大。国际邮轮公司为了迎合邮轮旅游消费者对新目的地的需求以及自身开拓新的客源市场的需要，将其运力向欧洲和亚洲扩张和转移已经成为新世纪国际邮轮市场发展的趋势。

2014年，世界其他市场的游客人数总计309万人，占比15%。其中，巴西市场游客人数最多，为73.2万人，占比24%，中国游客人数72.7万人，仅次于巴西，占比23%。此外日本、新加坡也以5%、3%的占比位列其后。可见，亚太市场游客人数占比50%以上，潜力巨大。目前，丽星邮轮公司（云顶香港有限公司前称）为亚洲最大的邮轮公司，作为亚洲邮轮业的先驱，致力于将亚太地区发展成为国际邮轮航线目的地，是继嘉年华邮轮公司、皇家加勒比邮轮公司之后的世界第三大邮轮公司，该公司经营的邮轮航线可抵达全球200多个目的地。表3-1所示为世界十大远洋邮轮船队。

表3-1　世界十大远洋邮轮船队

序号	船队名称	邮轮艘数	载客量（人）
1	皇家加勒比国际邮轮公司（Royal Caribbean International）	23	74384
2	嘉年华邮轮公司（Carnival Cruise）	25	66340
3	公主邮轮公司（Princess Cruises）	17	44834
4	挪威邮轮公司（Norwegian Cruise Line）	15	42614
5	地中海邮轮公司（MSC）	14	40400
6	歌诗达邮轮公司（Costa Crociere S.P.A）	15	36446
7	阿依达邮轮公司（AIDA Cruises）	12	24950
8	荷美邮轮公司（Holland America Line）	14	23543

续表

序　号	船 队 名 称	邮轮艘数	载客量(人)
9	菁英邮轮公司(Celebrity Cruises)	10	23100
10	胜景邮轮公司(P&O Cruises)	8	18173

（注：暂时只更新了前五名远洋船队截止到2018年年底的数据，后五名远洋船队数据陆续更新）

歌诗达邮轮公司由于2015年至2018年这四年内没有新邮轮加入船队，排名从2015年第四位下跌到第六位，2019年和2020年连续两年各有两艘新邮轮加入后，排名才会上升。

菁英邮轮公司由于2012年10月至2018年秋这几年内没有新邮轮加入船队，排名从前一年第七位下跌到第九位，两年内排名暂不会重回第七位。

随着2015年至2017年这三年内新邮轮将陆续加入各船队，以及船队卖出邮轮，或将邮轮调整出船队，截止到2017年年底，世界十大远洋邮轮船队的座次将按上述次序排定。船队以单个公司统计，并不以集团形式统计。以载客量作为排序的标准，世界十大远洋邮轮船队均为载客量超过万人的船队。载客量的统计口径按地中海邮轮港口协会（www.medcruise.com）的统计方法，以标准床位计，即不按邮轮包括客舱第三、第四加铺统计在内的最大载客量统计。

工作任务二　全球著名的邮轮公司及其旗下邮轮

任务导入

北京市某旅行社接待了一个想乘坐豪华邮轮旅游的团队，他们通过网络、朋友、电视等渠道了解到了一些邮轮旅游的基本情况，并且其中一部分人就曾经有过乘坐邮轮旅游的经历，希望销售人员李雷为其推荐一艘全球知名邮轮公司旗下的邮轮。如果你是李雷，你将为客人推荐哪些全球知名邮轮公司旗下的邮轮？

任务解析

1.李雷首先要了解客人的需求情况，比如客人旅游的天数、具体的时间、有意向的航线、价位等。

2.因为客人已经对邮轮旅游有了大致的了解，并且还有客人已经有了邮轮旅游的经历，所以，可以给客人介绍世界顶级的邮轮公司，如美国的嘉年华邮轮和皇家加勒比邮轮、我国香港的丽星邮轮等。

3.给客人介绍世界顶级邮轮的优势。例如，嘉年华的优势在于它新颖的装潢、宽敞的客舱和多元化的休闲设施；美国的皇家加勒比邮轮的优势在于该邮轮公司拥有多种其他公司无可比拟的功能和设施；丽星邮轮是亚太区邮轮业的先驱。由此可以向客人介绍一个全新的邮轮旅游概念。

任务拓展

利用网络查找资料,分析世界三大邮轮巨头旗下著名邮轮的航线。

相关知识

在当今国际邮轮业发展中,美国嘉年华邮轮集团、皇家加勒比海邮轮集团和云顶香港有限公司占有十分重要的地位。目前,三大邮轮集团拥有的邮轮数量约占全球邮轮总数的50%以上。

一 美国嘉年华集团(Carnival Corporation & plc)

(一)集团简介

嘉年华邮轮集团是全球最大的休闲旅游公司。由嘉年华公司和嘉年华有限公司组成,是一家英美共同所有的邮轮公司,其全球总部位于美国迈阿密郊区的多拉和英国的南开普顿,是世界上最大的邮轮运营商(见图 3-1),也是唯一一家列入 S&P500 和 TSE100 目录的公司,代码为 CCL。目前旗下全资拥有十大邮轮品牌,分别为嘉年华邮轮(Carnival Cruise Lines)、爱达邮轮(AIDA Cruises)、歌诗达邮轮(Costa Cruises)、冠达邮轮(Cunard Line)、荷美邮轮(Holland America Line)、半岛东方邮轮(P&O Cruises)、澳半岛东方邮轮(P&O Cruises Australia)、公主邮轮(Princess Cruises)、世鹏邮轮(Seabourn Cruises)和伊比罗邮轮(Ibero Cruises)。所有邮轮品牌经营着共 100 多艘邮轮,到访全球 700 多个港口,为全球范围内的游客提供物超所值的非凡度假体验。嘉年华集团拥有超过 12 万名来自全球 60 多个国家的员工,每年吸引超过 1150 万名游客,占全球邮轮市场约一半的份额。2003 年 4 月,嘉年华邮轮集团宣布同世界第三大邮轮公司——P&O 公主邮轮合并,成为全世界最为庞大的邮轮船队。

图 3-1 美国嘉年华集团品牌标志

该集团的邮轮航线遍布欧洲、加勒比海、地中海、墨西哥、阿拉斯加、夏威夷、巴拿马运河、加拿大海域等地,是业界当之无愧的"邮轮之王"。

嘉年华邮轮以"Fun Ship"(快乐邮轮)作为主要的产品诉求来区别于丽星邮轮等竞争对手,现在已经发展成为全球第一的超级豪华邮轮公司,拥有 28000 名船员和 5000 名员工,被业界誉为"邮轮之王"。作为美国上市公司(代码 CCL),嘉年华邮轮集团为世界各地的游客提供最好的服务。表 3-2 展示了目前嘉年华旗下邮轮船队(品牌)和在建新船。

表 3-2　嘉年华邮轮船队(品牌)和在建新船(截至 2016 年年底数据)

序号	邮 轮 船 队	运营船(艘)	在建新船(艘)	目 标 市 场
1	嘉年华邮轮(Carnical Cruises)	25	4	时尚——北美
2	歌诗达邮轮(Costa Cruises)	15	4	时尚——意法德
3	公主邮轮(Princess Cruises)	17	4	尊贵——北美
4	爱达邮轮(AIDA Cruises)	11	2	时尚——德澳亚
5	荷美邮轮(Holland America Line)	19	2	尊贵——北美
6	世鹏邮轮(Seabourn Cruises)	6	1	豪华——北美
7	P&O 英国(P&O Cruises)	8	1	欧澳
8	P&O 半岛东方邮轮(P&O Cruises Australia)	5	1	澳
9	冠达邮轮(Cunard Cruises)	3	0	豪华——英、北美
10	伊比罗(Ibero Cruises)	4	0	西班牙、南美

(二)嘉年华邮轮集团旗下著名的邮轮品牌

1.嘉年华邮轮

嘉年华是邮轮业的一颗新星,没有冗长的历史,却能依靠创新和资本运作将自己打造成当今邮轮世界第一大邮轮集团。在这里,需要区分嘉年华邮轮和嘉年华集团。嘉年华邮轮是嘉年华集团的原始公司,成立于 1972 年,创始人泰德·阿丽森(Ted Arison),在迈阿密接手了轮船加拿大帝后(Empress of Canada)并更名为狂欢节(Mardi Gras),嘉年华由此而诞生。但是,嘉年华的第一艘邮轮并不顺利,在迈阿密港口一出发就碰上了暗沙。1975 年,嘉年华购买了不列颠帝后(Empress of Britain),改名嘉年华(Carnivale),扩充了船队,以佛罗里达为根据地,给游客提供加勒比海上度假。20 世纪 70 年代作为嘉年华的出生阶段,公司依靠短小的邮轮路线,配以拉斯维加斯风格的装修和情调,并且以低廉的超低价格,迅速站稳了脚跟。1978 年,嘉年华购买了曾经的瓦尔(Vaal)号,更名为节日号(Festivale),在经过三千万美元的重新装修和配置之后,成为从迈阿密出发前往加勒比的最大、最快的邮轮。

嘉年华邮轮的宣传语:Fun for all! All for fun! 以"玩乐嗨皮"著称,甚至推出了"假期保证"的办法,船客不满意可以随时下船,游船公司会按剩余天数退回相应数额的船费。不过,至今为止,从来没有因不满意而选择中途下船的客人。表 3-3 所示为嘉年华邮轮船队。

表 3-3　嘉年华邮轮船队

系 列	邮 轮 名 称	投入时间(年)	建 造 地
梦想系列	微风号(Carnival Breeze)	2012	意大利
	魔力号(Carnival Magic)	2011	意大利
	梦想号(Carnival Dream)	2009	意大利
光辉系列	光辉号(Carnival Splendor)	2008	意大利

续表

系 列	邮轮名称	投入时间(年)	建 造 地
征服系列	自由号(Carnival Freedom)	2007	意大利
	自主号(Carnival Liberty)	2005	意大利
	英勇号(Carnival Valor)	2004	意大利
	光荣号(Carnival Glory)	2003	意大利
	征服号(Carnival Conquest)	2002	意大利
精神系列	奇迹号(Carnival Miracle)	2004	芬兰
	传奇号(Carnival Legend)	2002	芬兰
	自豪号(Carnival Pride)	2001	芬兰
	精神号(Carnival Spirit)	2001	芬兰
佳运系列	胜利号(Carnival Victory)	2000	意大利
	凯旋号(Carnival Triumph)	1999	意大利
	佳运号(Carnival Destiny)	1996	意大利
梦幻系列	乐园号(Carnival Paradise)	1998	芬兰
	兴奋号(Carnival Elation)	1998	芬兰
	灵感号(Carnival Inspiration)	1996	芬兰
	创意号(Carnival Imagination)	1996	芬兰
	神逸号(Carnival Fascination)	1994	芬兰
	迷情号(Carnival Sensation)	1993	芬兰
	狂欢号(Carnival Ecstasy)	1991	芬兰
	梦幻号(Carnival Fantasy)	1990	芬兰

2.歌诗达邮轮

歌诗达邮轮起源于1860年的Costa家族,名字源自创始人贾西莫。以意大利风情(Cruising Italian Style)为品牌定位的意大利歌诗达邮轮公司是欧洲地区最大的邮轮公司。

歌诗达的豪华邮轮无论是外观还是内部装潢,都弥漫着一股意大利式的浪漫气息,尤其在蔚蓝的欧洲海域,歌诗达船队以艳黄明亮色调的烟囱,搭配象征企业识别标志的英文字母C,航行所到之处均能引来人们惊艳的目光,成为欧洲海域最为璀璨耀眼的船队。之所以选择歌诗达品牌率先进入中国市场,是因为该品牌为嘉年华旗下所有邮轮品牌中最国际化的一个。在进入中国之前,歌诗达邮轮的足迹遍布除亚洲以外的几乎任何一个地区,而如今来到中国,可以称得上是填补了全球版图上的最后一块空白。表3-4所示为歌诗达邮轮船队。

表 3-4　歌诗达邮轮船队

邮 轮 名 称	建造年份(年)	吨位(吨)	载客量(人)
钻石皇冠号(Costa Diadema)	2014	132500	4947
迷人号(Costa Fascinosa)	2012	114500	3700
辉宏号(Costa Favolosa)	2011	114500	3000
唯美号(Costa Deliziosa)	2010	92700	2260
炫目号(Costa Luminosa)	2009	92600	2260
太平洋号(Costa Pacifica)	2009	114500	3780
赛琳娜号(Costa Serena)	2007	114500	3000
命运女神号(Costa Magica)	2004	102000	2720
幸运号(Costa Fortuna)	2003	102000	2720
地中海号(Costa Mediterranea)	2003	85000	2680
大西洋号(Costa Atlantica)	2000	85000	2114
维多利亚号(Costa Victoria)	1996	75000	1928
新浪漫号(Costa neoRomantica)	1993	57100	1697
经典号(Costa Classica)	1991	52926	1680
新里维埃拉号(Costa neoRiviera)	1999	48200	1244

3.公主邮轮

公主邮轮隶属于全球最大邮轮集团——美国嘉年华邮轮集团公司 Carnival Corporation & PLC,成立于1965年,公司总部设于美国洛杉矶。目前船队拥有17艘世界级邮轮,其中9艘邮轮超过10万吨,世界七大船队排名前三名(2017年数据)。公主邮轮提供100多款由7天至72天不等的行程选择,航程遍及七大洲,造访270多个港口的行程供您选择。表3-5所示为公主邮轮船队。

表 3-5　公主邮轮船队

邮 轮 名 称	吨位(吨)	载客数(人)	首航时间(年)
星辰公主号(Star Princess)	109000	2600	2002
皇冠公主号(Crown Princess)	113000	3080	2006
红宝石公主号(Ruby Princess)	113000	3080	2008
黄金公主号(Golden Princess)	109000	2600	2001
至尊公主号(Grand Princess)	109000	2600	1998
翡翠公主号(Emerald Princess)	116000	3100	2007
加勒比公主号(Caribbean Princess)	116000	3100	2004
珊瑚公主号(Coral Princess)	92000	1970	2003

续表

船只名称	吨位(吨)	载客数(人)	首航时间(年)
海岛公主号(Island Princess)	92000	1970	2003
钻石公主号(Diamond Princess)	109000	2670	2004
皇家公主号(Royal Princess)	141000	1780	2013
蓝宝石公主号(Sapphire Princess)	113000	2670	2004
太阳公主号(Sun Princess)	77000	1950	1995
黎明公主号(Dawn Princess)	77000	1950	1997
碧海公主号(Sea Princess)	77000	1950	1998
大溪地公主号(Tahitian Princess)	30277	680	2002
太平洋公主号(Pacific Princess)	30277	680	2003

在1977年，美国一套长篇电视剧《爱之船》以太平洋公主号邮轮作为拍摄场地，当时吸引过百万美国人收看，并掀起海上旅游这个旅游新概念，而公主邮轮的名字及其女神标志更从此深入民心。每当新成员面世之时，公主邮轮都会举行盛大的庆典。按照航海传统，公主邮轮会为每艘新船精心选择命名大使为其命名，以昭示邮轮的正式启航。在公主邮轮命名大使的史册上，多位卓有成就的知名人物赫然在列。公主邮轮历任命名大使和教母的优雅、魅力与精神使他们成为公主邮轮完美的代言人。如英国前首相玛格丽特·撒切尔(Margaret Thatcher)、威尔士王妃戴安娜(Diana, Princess of Wales)、奥黛丽·赫本(Audrey Hepburn)、意大利的国宝级影星索菲亚·罗兰(Sophie Loren)、英国剑桥公爵夫人殿下凯特王妃、姚明叶莉夫妇等都是公主邮轮的邮轮教母和代言人。

公主邮轮提供150多条不同的航线，遍布六大洲，停靠全球360多个港口和目的地。航线目的地包括加勒比海、阿拉斯加、巴拿马运河、欧洲、墨西哥、南美洲、澳大利亚/新西兰、南太平洋、夏威夷、塔希提岛(大溪地)/法属波利尼西亚、亚洲、印度、非洲、加拿大/新英格兰地区和环球航线。此外，全球各地的系列岸上观光游览活动将进一步丰富宾客们的邮轮体验，而公主邮轮的陆地行程往往能让宾客畅享海上美妙航程的同时饱览陆上风光。

4.爱达邮轮(AIDA Cruises)

爱达邮轮原是德国品牌，成立于1960年。2000年，爱达邮轮被P&O公主邮轮收购。2003年，嘉年华邮轮和P&O公主邮轮合并成嘉年华集团，爱达邮轮归属于歌诗达邮轮旗下。

2016年8月9日，隶属于嘉年华国际邮轮集团(Carnival Cruise Lines)旗下的爱达邮轮(AIDA Cruises)品牌发布会在上海举行，2017年4月起爱达邮轮将首次部署旗下AIDAbella号以上海为母港，开启在中国市场的全年运营。爱达邮轮在定位上比歌诗达邮轮略高端。

AIDAbella号是加入歌诗达亚洲舰队的第五艘邮轮，于2008年4月23日正式下水。自2006年歌诗达亚洲进入中国市场以来，包括爱达邮轮，歌诗达旗下共有5艘邮轮——爱达邮轮、维多利亚号、大西洋号、赛琳娜号及幸运号服务于中国及亚洲市场，旗下新浪漫号于2017年加入亚洲船队。歌诗达邮轮为中国市场量身定购的两艘新船也将于2019年与2020年来到中国，两艘新船的载客量均为4200名乘客，主打"海上意大利"风情。

歌诗达邮轮集团首席执行官汤沐表示："此次爱达邮轮的引进及部署是我们在中国多品牌战略的一部分，多品牌细分的策略也有利于我们在中国的发展。"

据了解，AIDAbella号邮轮吨位约为7万吨，拥有13层甲板，可载客2566人，主打"纯正德式邮轮体验"。秉承"纯正德式邮轮体验"的理念，AIDAbella号吸收东方文化底蕴，承载了中国乘客对创新生活方式的畅想。AIDAbella号将为中国乘客度身提供优质多样化的饕餮美食，设有丰富美味的五星级自助餐厅和精致豪华的高端点餐餐厅，不论是原汁原味的纯正德式啤酒餐厅、完美融合巴伐利亚特色以及现代东方餐饮理念的环亚风情自助餐厅，还是热辣一锅火锅餐厅，乘客都可以尽情享用充满创新的美味珍馐。享誉世界的德国啤酒节也将原汁原味呈现于AIDAbella号，带给热爱纯酿啤酒的乘客纯正的德式节庆氛围。AIDAbella号恢宏巨制的中厅剧场，贯穿三层甲板并嵌置巨型玻璃幕墙，将为观众带来澎湃震撼的视听盛宴。船上还设有时下最前沿的创新科技体验设备，例如索尼VR游戏机和3D真人打印等，让乘客尽情体验科技魅力。此外，AIDAbella号上的爱达星光购物街云集了Rimowa、Fissler、Hugo Boss等著名德国品牌以及众多欧洲流行品牌，以来自德国的高品质免税产品静候中国乘客的选购。

5.冠达邮轮（Cunard Line）

冠达邮轮船队始创于1839年，以纯粹英伦风格提供高水准服务为品牌诉求，与P&O同属历史较悠久的老牌船队，总部在英国，从属于美国嘉年华公司和PLC公司。2017年5月至12月，CUNARD邮轮旗下三艘邮轮——玛丽皇后2号、维多利亚女王号和伊丽莎白女王号前往32个国家的93个目的地，总航程超过20万海里。作为全球唯一一艘真正的远洋邮轮——玛丽皇后2号还将以上海为母港，开启为期7晚的中国母港航线，带领宾客前往日本和韩国众多精彩目的地，这也是冠达邮轮首次开辟中国母港航线。

冠达邮轮公司的船舶不见得是最大或是最快的，但他们赢得了声誉，被认为是最可靠和最安全的邮轮公司。业绩蒸蒸日上的冠达公司，最终并购了加拿大北方轮船公司和冠达公司的主要竞争对手——白星邮轮（White Star Line）。白星邮轮是著名铁达尼号（或译作"泰坦尼克号"）和不列颠尼克号（HMHS Britannic）的东家。

过去一个半世纪以来，冠达邮轮公司主导了跨大西洋的客运服务，并成为当时世界上重要的大企业，其船队中大部分的船舶都是在苏格兰的约翰布朗造船厂（John Brown's Shipyard，Clydebank，Scotland）建造的。冠达邮轮公司的船队在世界经济的发展中发挥了重要的作用，也参与了英国大大小小的海外战役，从克里米亚（Crimea）到马尔维纳斯群岛战争中都担负起补给的重要任务。

然而，从20世纪50年代开始，快捷的航空旅行逐渐盛行，取代了船舶运输乘客和邮件横渡大西洋的主要业务。受到航空公司的冲击，冠达邮轮公司的生意开始明显衰退，冠达公司进行多方面的尝试，以期解决这一困境。其中一个方案是1962年与英国海外航空公司

(British Overseas Airways Corporation)合组 BOAC-Cunard 公司经营北美、加勒比海和南美地区的定期航班服务。很可惜,这家公司在 1966 年被解散。1971 年,冠达邮轮公司被英国航运及特拉法工业集团(British Shipping and Industrial Conglomerate Trafalgar House)收购,并在 1996 年被挪威克瓦纳集团公司(Kvaerner)接手。最后,在 1998 年并入嘉年华(Carnival)邮轮集团。

6. 荷美邮轮(Holland America Line)

荷美邮轮始建于 1871 年,总部位于荷兰的鹿特丹,后将总部迁至西雅图。该公司最初主要业务为客货运,将成千上万的移民从荷兰运往北美。在跨大西洋客轮被飞机取代之后,逐渐转型为度假式邮轮。20 世纪 80 年代,与 Westours、Windstar Cruises 和 Home Lines 三家邮轮公司合并经营,1989 年,被嘉年华收购。目前该公司拥有 19 艘邮轮,与嘉年华的定位完全不同,主攻达官显贵和政界商要为主的市场,邮轮满载浓郁的欧洲文化艺术氛围,古典豪华。

7. 半岛东方(英)(P&O Cruises UK)

起源于 19 世纪的 the Peninsular and Oriental Steam Navigation Company,是世界上最古老的邮轮公司,经营了世界上第一艘客轮,总部位于英国南开普顿。2000 年,P&O Cruises 脱离其总公司 P&O Group,加入 P&O Princess Cruises。目前拥有 8 艘邮轮,占全球邮轮市场份额的 5%,载客量 14970 人。

8. 半岛东方(澳)(P&O Cruises Australia)

半岛东方澳大利亚公司总部位于澳大利亚的悉尼,目前运营 3 艘邮轮,航行于澳大利亚和新西兰的各港口。

9. 世鹏邮轮(Seabourn Cruise Line)

世鹏邮轮公司建于 1986 年,总部位于美国西雅图,主要经营小型豪华邮轮。1998 年,世鹏与冠达合并为冠达邮轮公司,2001 年,嘉年华全资拥有世鹏邮轮公司。2002 年,世鹏邮轮公司从冠达公司中分离出来,作为嘉年华的一个独立品牌开始运营。目前公司共有 6 艘邮轮,提供一价全包的船票体系。

10. 伊比罗邮轮(Ibero Cruceros)

伊比罗隶属于嘉年华集团,是一家新晋的邮轮公司,在 2007 年才成立。伊比罗的前身是西班牙的东方集团(Orizonia Corporación)。面临着海运业的急速转变和邮轮业的迅猛发展,东方集团决定联合世界最大的邮轮集团公司嘉年华,一起开发还在成长中的西班牙邮轮市场,而嘉年华面对着世界第二大邮轮集团皇家加勒比国际的西班牙市场布局,在东方集团的投资鼓动下,合资成立了伊比罗邮轮。图 3-2 所示为嘉年华邮轮集团品牌构成图。

图 3-2　嘉年华邮轮集团品牌构成图

（二）皇家加勒比邮轮有限公司（Royal Caribbean Cruises Ltd.）

（一）公司简介

皇家加勒比邮轮有限公司（见图 3-3）是全球领先的邮轮度假集团，总部位于美国迈阿密，在全球范围内经营邮轮度假产品，旗下拥有皇家加勒比国际邮轮（Royal Caribbean International）、精致邮轮（Celebrity Cruises）、精钻邮轮（Azamara Club Cruises）、普尔曼邮轮（Pullmantur）和 CDF（Croisieres de France）及与 TUI AG 合资的 TUI Cruises 等六大著名邮轮品牌。皇家加勒比邮轮有限公司已于纽约证券交易所与奥斯陆证券交易所上市，代码为 RCL。

图 3-3　皇家加勒比邮轮有限公司品牌标志

（二）皇家加勒比邮轮有限公司旗下著名邮轮品牌

1. 皇家加勒比国际邮轮（Royal Caribbean International）

皇家加勒比邮轮有限公司旗下的皇家加勒比国际邮轮（Royal Caribbean International）是全球著名的邮轮品牌，开创了诸多行业先河，以新型的船舶、较大的吨位、合适的价位、多样化的设施作为其品牌要求。其中海洋绿洲号（Oasis of the Seas）和海洋魅丽号（Allure of the Seas），这两艘姐妹船的总吨位均为 22.5 万吨，是世界最大、最具创意的邮轮。皇家加勒比国际邮轮品牌旗下的邮轮船队拥有多种其他公司无可比拟的功能和设施，包括百老汇式娱乐表演、娱乐项目。皇家加勒比国际邮轮连续十一年在 Travel Weekly 读者投票中蝉联"最佳邮轮公司"大奖。共有量子、绿洲、自由、航行者、灿烂、梦幻、君主 7 个船系的 27 艘大型现代邮轮,每年提供 200 多条精彩纷呈的度假航线,畅游全球近 300 个旅游目的地,遍及加勒比海、阿拉斯加、加拿大、欧洲、中东、亚洲、澳大利亚及新西兰等 70 多个国家和地区。图 3-4 展示了目前皇家加勒比国际邮轮旗下邮轮。

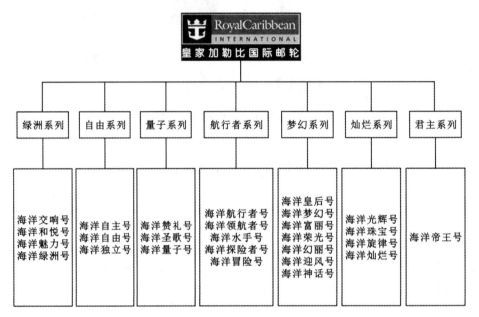

图 3-4 皇家加勒比国际邮轮品牌旗下邮轮

1)海洋绿洲号(Oasis of the Seas)

世界最大、最豪华的邮轮——海洋绿洲号(Oasis of the Seas)于 2009 年 10 月 28 日在芬兰的图尔库港口举行了盛大的交接仪式,并定于 12 月 1 日首航。海洋绿洲号由美国皇家加勒比邮轮公司订购,总部设在挪威奥斯陆的造船业巨头 STX 造船公司建造,斥资 8 亿英镑建造(约 9 亿欧元),是目前世界上最大的邮轮。海洋绿洲号长 1180 英尺(约合 360 米)、宽 154 英尺(约合 47 米),高出吃水线 213 英尺(约合 65 米),排水量达到 225280 吨。全船共有 16 层甲板,每层甲板上都建有客舱,客房更是多达 2700 间,可搭载 6360 名乘客及 2160 名船员。从各项数据来看,海洋绿洲号刷新了多项邮轮业界的纪录,可谓当之无愧的"海上巨无霸"。

海洋绿洲号邮轮拥有 7 个主题"社区":中央公园、步行街、百老汇、游泳及运动中心、海上疗养和健身中心、娱乐中心、青少年活动中心。每个"社区"又包含不同寻常的元素,比如海上第一个公园,纵贯 9 层的滑降装置,纯手工制作的旋转木马,28 个具有落地窗的多层包厢。

海洋绿洲号主要为迎合有孩子、有活力的年轻夫妇而设计,并专门针对他们提供了一系列优质服务,包括 21 个游泳池、一个水上公园、一个旋转木马和一个科学实验室。

2)海洋魅力号(Allure of the Seas)

海洋魅力号(见图 3-5)邮轮是世界上最大邮轮——海洋绿洲号的姐妹船,它是在"创世纪计划"中设计出来的。它于 2006 年 2 月订购,2008 年 2 月在芬兰图尔库 STX 欧洲造船厂开始正式建造。2008 年 5 月在进行竞选后命名为——海洋魅力号。

海洋魅力号邮轮的龙骨在2008年12月2日铺设完成。这艘堪称海上奇观的豪华邮轮长361米、宽66米,水面高72米,排水量达22.5万吨,共有16层甲板和2704个客舱,可搭载6360名游客和2100名船员。这艘巨型邮轮共十几层,载客量比著名的泰坦尼克多出近5成,海洋魅力号于2010年10月28日完工,2010年12月进行首航。

海洋魅力号邮轮模仿纽约中央公园修建的绿色植物区、家庭户外娱乐区、4处风格不同的游泳区域海洋魅力号邮轮欢乐城的旋转木马、2座攀岩壁、1个篮球场,还有数十家酒吧和餐厅。设计者将陆地上的"社区"概念移植到这艘豪华邮轮上,将邮轮划分为中央公园、欢乐城、皇家大道、游泳池和运动区、海上水疗和健身中心、娱乐世界及青少年活动区7个主题区域,以满足不同年龄、不同类型游客的度假需求。与陆地上的城市一样,邮轮上商店、餐馆、游乐场、剧场、高尔夫球场等生活娱乐设施一应俱全,在邮轮8层的露天中央公园内甚至栽植有各类树木和花卉,生机盎然。

海洋魅力号邮轮仿佛是一座移动的海上城市,游客在船上生活、休闲、运动和娱乐需排放大量废物垃圾,为此设计者专门采用最先进的污水垃圾处理技术,尽量降低对大气和海水的污染。

2010年11月1日,海洋魅力号于芬兰图尔库船厂完工,10月28日交付皇家加勒比邮轮有限公司,并定于2010年12月进行首航。尚未经受大风大浪考验的海洋魅力号在从造船厂前往美国佛罗里达州的过程中顺利通过了丹麦一座距离船顶仅4厘米的大桥。

图3-5 海洋魅力号

3)海洋航行者号(Voyager of the Seas)

海洋航行者号排水量高达13.8万吨,其吨位相当于3个泰坦尼克号大小。这艘世界级巨轮长达311米,相当于17节运货火车的长度。如果将海洋航行者号置于机场跑道,它将比4架波音747飞机还长。海洋航行者号拥有1557间客房,最大载客量是3840人,而船上现有的船员则是1250余人,平均下来,每3位乘客就能够拥有1名船员为他们提供专职服务。

海洋航行者号邮轮上的超大空间睥睨世界其他所有邮轮。超大的空间使创新更容易,舱房种类选择也更多样化。此外,海洋航行者号邮轮上更有前所未见的最大的个人单位空间比例。华丽壮观并横跨三层甲板的主餐厅和多个特色餐厅,超过千人容量的大剧院,每晚都将上演精彩纷呈、风格各异的歌舞表演。极具震撼的是海洋航行者号拥有诸多突破传统的创意邮轮设施,船上一条挑空四层的亚洲最大海上免税购物街——皇家大道,纵贯于整个五层甲板、长达130多米、两侧各式琳琅满目的精品店和免税店品牌齐全,令人目不暇接,让人仿佛置身异国小镇,也是邮轮史上第一条购物大街。跨越2至3层楼处,真冰打造的海上溜冰场,也堪称亚洲独一无二。船上有亚洲唯一的海上标准篮球场。另外值得一提的是,邮轮顶层甲板上还拥有亚洲第一座海上教堂。

海洋航行者号航行区域主要在南美航区和日韩航区航行,是皇家加勒比邮轮公司打开亚洲市场的先锋。于2012年6月19日正式在中国上海首航。

4) 海洋量子号(Quantum of the Seas)

海洋量子号邮轮拥有诸多前所未有的突破性设施,北极星以360度摇臂支撑在距海平面近100米的高空,让游客将巨大船体和广阔海景尽收眼底。海洋量子号作为量子系列中的第一艘邮轮,重约16.8万吨,可容纳4180名乘客。主要设施有首次在海上出现的Ripcord by iFly跳伞体验,游客可在安全、可控和模拟的环境下享受到垂直降落的刺激和跳伞的快感;利用一个宝石形的玻璃舱将游客送往一个全新高度的North Star(北极星),游客可在游轮两侧离海面300英尺(约91.44米)以上的高空中享受到360度的壮观视野;Quantum系列上最为标志性的场所Two 270°,以其壮丽的270度,全视野海景而得名;一个独具特色且又灵活多变的运动和娱乐场所Sea Plex,游客们可以观看带有空中飞人的马戏表演,或在标准篮球场内打篮球;此外如海上攀岩墙、Flow Rider冲浪模拟器、屡获殊荣的海上历奇青少年活动中心、Royal Babies and Tots托儿所,以及汇聚了怪物史瑞克、功夫熊猫及马达加斯加等动画明星的梦工厂主题娱乐活动等等。

2. 精致邮轮(Celebrity Cruises)

精致邮轮公司自1989年成立以来一直秉承其运营宗旨"经典、优雅并保持创新"与当下生活方式同步发展。1997年,精致邮轮整个船系被皇家加勒比邮轮公司兼并,成为皇家旗下一颗耀眼的明星。多年来,精致邮轮连续当选为世界顶级邮轮。

精致邮轮为邮轮旅游设定了一个新的国际性标准,并具有最佳的质量、庄重的风格、周到的服务、宽敞的住房和精良的食材。精致邮轮公司相信餐饮体验是一个优质邮轮度假产品中不可或缺的,精致邮轮的厨房定制可以制作海上最好的美食,一切工序中的材料,都是最好的,最新鲜的。精致邮轮所不同于其他邮轮休假产品的是其始终致力于提供超出客人预期的邮轮体验。这项出色的表现水准已成为精英邮轮的定义,并为今天的邮轮巡游设定了国际化标准。自成立以来,精致邮轮履行的最初的承诺:经典中的精华,优雅的巡航和与时俱进。因为精致邮轮品牌定位是引领现代奢华的典范,所以,精致邮轮极致系列被国际室内设计协会誉为"邮轮设计的新基准"。这一系列包括精致极致号、精致季候号、精致新月号、精致嘉印号和精致倒影号,五艘气势恢宏的邮轮共同组成了这一屡获殊荣嘉誉、令人叹为观止的壮观船系。该品牌形象标志中的"X"是"现代奢华"的标志。表3-6所示为精致邮轮公司船队。

表3-6 精致邮轮公司船队

中 文	英 文	中 文	英 文
精致新月号	Celebrity Eclipse	精致季候号	Celebrity Equinox
精致剪影号	Celebrity Silhouette	精致极致号	Celebrity Solstice

续表

中　文	英　文	中　文	英　文
精致映像号	Celebrity Reflection	精致星座号	Celebrity Constellation
精致无极号	Celebrity Infinity	精致千禧号	Celebrity Millennium
精致尖峰号	Celebrity Summit	精致世纪号	Celebrity Century
精致远征号	Celebrity Expedition		

3.精钻邮轮（Azamara Club Cruises）

Azamara是罗曼语中的一个词语，其中包括蓝（az）和海（mar）。这个名字的灵感也来自一颗星：Acamar。在古时代，Acamar是可以从希腊纬度看到的最南方的一颗璀璨的星。精钻邮轮公司认为精钻邮轮（Azamara Cruises）就是蓝色大海上的一颗星，这个名字可以让人联想起世界各地的美丽旅程。

精钻邮轮（Azamara Club Cruises）是为渴望新颖豪华的独特远海巡游的高品位乘客量身打造的，游船具有无与伦比的设施和服务。精钻邮轮所提供的独特旅游产品是无法比拟的：每一个客舱都可以提供管家服务，其岸上游览（该公司将其称为岸上的沉浸），旨在让客人成为生活中每个事物的一部分，而不仅仅是一个观察人员；丰富多彩的节目，从烹饪到摄影探索，异彩纷呈；两个特色餐厅提供海上最美味的菜肴；夜晚可以观赏现场表演；所提供的服务水平是无与伦比的。

精钻邮轮的装饰及布置均以瑰丽豪华见称，任何级别客房的客人，均可享有私人管家服务。此外，每间客房均选用最优质的欧洲寝具、埃及棉质毛巾、Elemis沐浴用品及平面电视，也有无线网装置，客人也可于登船当天获赠迎宾果篮及Evian（依云）矿泉水，相当体贴。

精钻邮轮拥有两艘邮轮，精钻旅行号（Azamara Journey）和精钻探索号（Azamara Quest）。每一艘邮轮都可以携带694名幸运的乘客去发现隐藏在世界角落里的美景，而那些地方是大型游船根本无法到达的。除了提供更加个性化的经验，精钻游轮邮轮投资1750万美金更换船上的设施，包括全新的欧洲床上用品、纺织品、平板电视、新的阳台装饰和家具，并在所有客舱和公共区铺设无线互联网。此外，93％的客舱拥有海景，68％的客舱拥有私人阳台。

三 云顶香港有限公司

（一）公司简介

云顶香港有限公司（Genting Hong Kong Ltd.）前身为丽星邮轮有限公司，2009年11月16日丽星邮轮有限公司宣布公司名称已于2009年11月10日起更改为"云顶香港有限公司"。

云顶香港有限公司是全球休闲、娱乐和旅游及酒店服务业的领导企业，隶属于云顶旅行社（上海）有限公司——云顶香港的全资附属公司，是世界第三大邮轮公司。目前旗下拥有丽星邮轮（Star Cruises）、挪威邮轮（Norwegian Cruise Line）、挪威邮轮美国（NCL America）、东方邮轮（Orient Lines）及邮轮客运（Cruise Ferries）几大品牌，公司正营运及将交付的邮轮共22艘、超过35000人的总载客量。航线遍及亚太区、南北美洲、加勒比海、阿拉斯加、欧洲、地中海、百慕大及南极。目标客源市场主要为亚洲游客以及对亚洲目的地感兴趣的北美、欧洲及澳大利亚游客。

（二）丽星邮轮公司旗下著名邮轮品牌

1.丽星邮轮（Star Cruises）

丽星邮轮（见图3-6）总部位于中国香港，主攻亚洲市场，公司目前拥有6艘以星座命名的邮轮，分别为处女星号、双子星号、天秤星号、双鱼星号、白羊巨星号及金牛巨星号。

图3-6　丽星邮轮品牌标志

1）处女星号（Superstar Virgo）

处女星号邮轮是丽星邮轮公司家族中最为耀眼的邮轮明星，是五星级的豪华海上欢乐城，拥有超过25个餐厅、酒吧、娱乐和活动场所，总排水量76800吨，载客人数1804人，总共13层，展现了亚洲人的好客热情。此外，处女星号邮轮是全球第一艘设有印度餐厅的豪华邮轮，提供官方认定的饮食。

2）双子星号（Superstar Gemini）

邮轮命名为双子星号是希望可以如古希腊神话传说一样，由双子星保护海上航行者以及让他们手中的竖琴为人们带来欢乐。双子星号排水量为50764吨，长230米，宽29米。船上设施包括餐厅、露天烧烤、表演场地、卡拉OK、水疗及健康中心、美容及发型中心、儿童天地及泳池等，以满足客人的饮食及娱乐的需要。

2.诺唯真邮轮（Norwegian Cruise Line）

诺唯真邮轮原名挪威邮轮，2016年正式更名（简称NCL），NCL邮轮隶属于世界第三大邮轮集团丽星邮轮公司，总部设于美国迈阿密，自1966年开始营运至今已成为北美邮轮业知名的品牌之一。NCL邮轮独有的Haven豪华客房区位于邮轮顶部，用私人房卡才可以进入，并享受24小时的管家服务，另外用餐时间不用分批入座，而且没有任何服装要求，致力于给每位旅客带来充分的自由和灵活旅行时间。

诺唯真邮轮旗下拥有诺唯喜悦号、诺唯爱彼号、诺唯遁逸号、诺唯畅意号、诺唯逍遥号、诺唯翡翠号等15艘五星级豪华邮轮，158条航线遍及阿拉斯加、加勒比等地。NCL邮轮几乎有一半的阳台客舱，让游客始终能欣赏到无敌海景。

四 其他邮轮公司

(一)地中海邮轮

地中海邮轮(MSC Cruise)总部位于瑞士日内瓦,并在意大利其他主要城市如米兰、威尼斯、热那亚、罗马、巴勒莫、巴里,亚洲区如日本、中国香港以及全球36个国家和地区开设办事处。地中海邮轮为旅客提供最佳的意大利风格邮轮假期,推出的产品由于具备现代国际标准设施以及独树一帜的特色而得到更多支持。极具竞争力的现代化邮轮为旅客提供多种路线及产品选择,并可享受高水平的最具意大利特色的热情服务,被公认为最主要的意大利邮轮公司。

地中海邮轮经过近几年的快速发展,已经成为地中海、南非及巴西邮轮产业的领军者。邮轮全年航行于地中海,并季节性航行于北欧、大西洋、加勒比海、法国安的列斯群岛、南美、西南非,以及红海。

地中海邮轮的标志(见图3-7)把MSC三个字母镶嵌在指南针图案中间,代表在MSC邮轮的世界里,顾客永远是中心。指南针本身象征着公司邮轮将驶向各个方向,从而达到公司的长远目标。表3-7所示为地中海邮轮船队。

图3-7 地中海邮轮品牌标志

表3-7 地中海邮轮船队

系 列	邮轮名称	投入时间
梦幻系列	珍爱号(MSC Preziosa)	2013年
	神曲号(MSC Divina)	2012年
	辉煌号(MSC Splendida)	2009年
	幻想曲号(Fantasia)	2008年
音乐系列	华丽号(MSC Magnifica)	2010年
	诗歌号(MSC Poesia)	2008年
	管乐号(MSC Orchestra)	2007年
	音乐号(MSC Musica)	2006年
抒情系列	序曲号(MSC Sinfonia)	2002年
	和谐号(MSC Armonia)	2001年
	歌剧号(MSC Opera)	2004年
	抒情号(MSC Lirica)	2003年

续表

系　　列	邮轮名称	投入时间
抒情系列	海岸线号（MSC Seaside）	2017年
	传奇号（MSC Meraviglia）	2017年
	海平线号（MSC Seaview）	2018年

2019年16万吨级的MSC Bellissima荣耀号和MSC Grandiosa地图号将下水起航

（二）银海邮轮

意大利人对每样东西都有极大的热情，他们喜欢追求生活的品质。在这种传统的影响下，罗马Lefebvre家族成立了一个具有创新性意义的公司银海邮轮（Silversea），它为客人提供了一种私人的卓越环球航海旅行。它的成功可以归纳为以下几个因素：私人定制化、互补，以及迎合每一个客人独一无二的需求。

银海邮轮（见图3-8）为世界唯一六星级全套房邮轮公司，目前现有9艘顶级邮轮服务于地中海、北欧、东南亚、非洲、阿拉斯加、加勒比及南美洲。分别是银海探索号（Silver Explorer）、银啸号（Silver Whisper）、银云号（Silver Cloud）、银风号（Silver Wind）、银影号（Silver Shadow）、银神号（Silver Spirit）、银海发现号（Silver Discoverer）、银海女神号（Silver Muse）及银海加拉帕戈号（Silver Galapagos），全部洋溢欢乐悠闲典雅气氛。

图3-8 银海邮轮品牌标志

（三）丽晶七海邮轮

丽晶七海邮轮（Regent Seven Seas Cruises），前身是雷迪森七海邮轮，是由1990年成立的雷迪森邮轮（Radisson Cruises）和七海邮轮（Seven Seas Cruises）在1992年合并成立的联合体，属于邮轮业的后起之秀。丽晶七海邮轮定位于奢华市场，主要面向北美市场，提供高雅无顾虑的全包度假体验。主要邮轮有雷迪森钻石号（Radisson Diamond，2005年退役）、花之歌（Song of Flower，2003年退役）、保尔-高军号（Paul Gauguin）、七海航游号（Seven Seas Navigator）、七海水手号（Seven Seas Mariner）、七海巡游号（Seven Seas Voyager）等。

（四）迪士尼邮轮

迪士尼邮轮公司（Disney Cruise Line）是华特迪士尼公司旗下的一家邮轮公司，成立于1995年，在美国佛罗里达以及英国伦敦设有总部。迪士尼邮轮海上巡游线是迪士尼公司自主营运的豪华邮轮游览服务，开始于1998年，提供往返于美国东海岸的佛罗里达，包括巴哈马海域、加勒比海、美国西海岸至墨西哥蔚蓝海岸和地中海地区的多日航海度假产品。依靠迪士尼的品牌优势和对主题公园管理的经验,迪士尼邮轮主要针对带小孩的家庭旅游者,提供短期的海上度假体验。

目前迪士尼邮轮旗下主要有迪士尼魔法号(Disney Magic)、迪士尼奇妙号(Disney Wonder)、迪士尼梦想号(Disney Dream)、迪士尼幻想号(Disney Fantasy)4艘邮轮。

项目实训

一、选择题

1.以"快乐邮轮(Fun Ship)"作为品牌诉求的邮轮品牌是(　　)。
A 嘉年华邮轮　　　　　　　　B 歌诗达邮轮
C 阿依达邮轮　　　　　　　　D 加勒比邮轮

2.世界上第一家在中国进行本土化业务的国际邮轮公司是(　　)。
A 嘉年华邮轮　　　　　　　　B 歌诗达邮轮
C 阿依达邮轮　　　　　　　　D 加勒比邮轮

3.以下不属于丽星邮轮公司旗下邮轮的是(　　)。
A 双鱼星号　　　　　　　　　B 天秤星号
C 海王星号　　　　　　　　　D 宝瓶星号

二、思考题

1.目前国际邮轮主要分布在哪些地方？有何特点？
2.嘉年华邮轮集团和皇家加勒比邮轮旗下分别都有哪些品牌？

项目四
邮轮旅游港口

◇ 知识目标

1. 掌握世界著名邮轮港口分布情况。
2. 了解世界主要邮轮母港及目的地状况。
3. 学会分析应用影响邮轮码头发展的主要因素。
4. 了解中国邮轮旅游实验区建设情况。

◇ 能力目标

1. 能够简单地分析和归纳影响邮轮码头发展的诸多因素。
2. 能够在地图上找出世界主要的邮轮母港的具体位置,并对母港所在地的旅游资源进行简单介绍。
3. 能够在中国地图上找出我国主要的邮轮母港,并对母港所在地的发展情况进行简单分析。

◇ 素质目标

1. 培养学生对本专业学习的浓厚兴趣。
2. 培养学生分析和归纳问题的能力。
3. 培养学生丰富与合理的思维想象力。

工作任务一　了解世界港口分布及主要邮轮母港

任务导入

李雷是旅行社产品研发部的一名员工,随着旅行社国内旅游业务的逐渐成熟,公司高层决定成立"邮轮旅游项目组"进一步拓展海外旅游市场。为了能顺利选拔出适合该项目组的成员,产品研发部举行了一个"世界邮轮港口分布绘图大赛"。如果你是李雷,为了能顺利进入"邮轮旅游项目组",请制作一幅世界邮轮港口分布手绘图。

任务解析

1. 公司试图通过绘图大赛选拔出业务精、能力强且适合该工作的项目组的成员。

2. 绘制世界邮轮港口分布图需要具备较丰富的地理知识,员工除了必须知道邮轮港口的名称,还必须能够准确地在地图上找到相应的位置,制作出的手绘图要尽量美观,达到宣传的效果。

3. 为了能加强分布图的美观性及实用性,员工最好对世界主要邮轮母港做重点突出。

任务拓展

在世界主要邮轮母港中选择一个你最感兴趣的港口,制作一个邮轮港口的介绍PPT,并做五分钟的阐述,要求能对该港口的概况、地理位置、旅游资源、邮轮配套设施等做较详细的介绍。

相关知识

近年来,邮轮市场已经成为国际旅游市场上增长速度最快、发展潜力大的高端旅游市场。中国邮轮旅游规模迅速增长,年增长速度平均达30%以上。预计到2020年,中国邮轮旅游将达500万人次,2030年将达850万～1000万人次,远远超过国际旅游业的整体增长速度。邮轮旅游还可以带动相关产业发展,形成多产业共同发展的邮轮经济。随着邮轮经济近十年来的持续快速增长,许多国家和地区邮轮经济的发展逐步深入,目前世界版图内的邮轮港口已形成基于地理区域分布特征的较为稳定的全球布局形态。

一　邮轮港口

(一)邮轮港口的定义

邮轮港口,又称邮轮码头,位于江、河、湖、海沿岸,是具有一定面积的水域、陆域和相应设施,供船舶靠泊、装卸货物、上下旅客及取得给养的场所。邮轮码头通常是跨境运输,所以设立出入境海关。

(二)邮轮港口的分类

目前,按照港口是否有专用设施、固定航线,以及游客流量大小和是否设有公司总部,行业内通常将邮轮港口分为三种类型:母港(Home Port)、停靠港(Port of Call)和小码头(Jetty)。

1.邮轮母港

邮轮母港码头是指具备多艘大型邮轮停靠及其进出所需的综合服务设施设备条件,能够为邮轮经济发展提供全程、综合的服务及其配套。它是邮轮的基地,邮轮在此可长期停泊,也可在母港进行补给、废物处理、维护与修理,邮轮公司在母港所在地设立地区总部或公司总部。

邮轮航线一般在母港起止,游客在该港聚集或中转,促进了港口所在地的旅游消费。因此,邮轮母港对所在区域的经济具有较强的推动力,母港的经济收益一般是停靠港的10~14倍。

2.邮轮停靠港

邮轮停靠港是邮轮网络的延伸点、邮轮定期在航线中途停靠的港口,拥有专用泊位和配套设施,邮轮在停靠港的停靠时间较长,一般停靠4~8小时,也可停靠1~2天,停靠港需为邮轮提供维护及食品物料的供给、补充和废物处置。

3.小码头

小码头是指能够停泊邮轮但并未设专用泊位及可为非专用泊位,仅供乘客上岸观光,作较短的停靠的港口,时间一般少于4小时,基本上不提供补给,也很少有乘客辞别邮轮或新增加乘客。

(三)邮轮港口的服务内容

根据国家旅游局2011年发布的《国际邮轮口岸旅游服务规范》行业标准,将国际邮轮口岸服务主体大致分为四类:提供邮轮旅游服务的承运人、港口经营人、口岸查验监管人和邮轮口岸旅游经营人。根据邮轮运输实际情况及港口发展现状,一般将邮轮公司视为提供邮轮旅游服务的承运人,所停靠港口的政府和码头公司视为港口经营人,海关、边检、边防视为口岸查验监管人,旅行社则视为邮轮口岸旅游经营人。

邮轮港口的服务内容主要分为对邮轮和游客两方面的服务内容,具体内容如下。

(1)对邮轮的服务主要包括由承运人和港口经营人提供的靠泊服务、物资补给、维修保养和垃圾处理等服务。

(2)对旅客的服务主要包括由港口经营人、口岸查验经营人、邮轮公司和邮轮口岸旅游经营人提供的通关服务、行李托运、登离船服务、交通和旅游服务。

邮轮港口的服务内容具体可描述如图4-1所示。

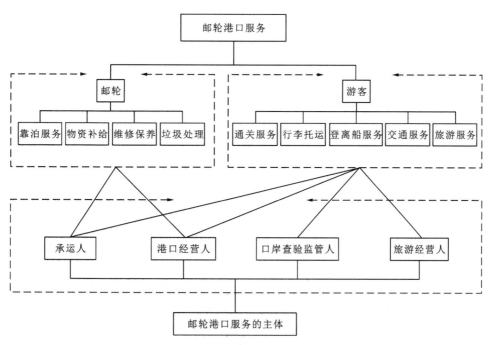

图 4-1　邮轮港口的服务内容

二 世界主要邮轮港口分布及其旅游资源

随着邮轮经济近十年来的持续快速增长,许多国家和地区邮轮经济的发展逐步深入,目前世界版图内的邮轮港口已形成基于地理区域分布特征的较为稳定的全球布局形态。

(一)北美地区

北美地区是目前世界上邮轮港口较为集中的区域之一,按照地理区域可分为东北地区、东南地区、西北地区和西南地区。

1.东北部主要港口及旅游资源

1)北美东北地区主要邮轮港口概况

北美东北地区北起加拿大的纽芬兰省,南抵美国弗吉尼亚州的诺福克港,处在美国和加拿大的东部海岸,邮轮游客可以尽情领略历史悠久、独具风格的城市风光。该地区常见的登船港口有魁北克(Quebec)、蒙特利尔(Montreal)、波士顿(Boston)、纽约(New York)、费城(Philadelphia)、巴尔的摩(Baltimore)、查尔斯顿(Charleston)和诺福克(Norfolk)等,具体如表 4-1 所示。

表 4-1　北美东北地区主要邮轮港口概况

港　　口	基　本　情　况
巴尔的摩 (Baltimore)	处于帕塔普斯哥河岸,美国东海岸较繁忙的港口之一。巴尔的摩邮轮码头距市中心仅 4 千米,设于高速公路 I-95 右边 180 米处

续表

港　　口	基　本　情　况
波士顿 （Boston）	波士顿邮轮码头建于波士顿南部滨水地区，为北美地区较受欢迎的码头之一，在国际上排名第11。2002年邮轮停泊次数93艘次，接待游客量200000人次。码头有通往各大邮轮目的地的航线，且被多数邮轮评为航线上最值得停靠的邮轮码头
布鲁克林 （Brooklyn）	纽约布鲁克林邮轮码头位于红钩地区，于2006年开始接待邮轮旅游，总面积有17700平方米，可接待游客4000人，布鲁克林地区附近旅游景点丰富，如纽约水族馆、布鲁克林植物园，或稍远一点的中央公园
新泽西自由岬港 （Cape Liberty （NJ））	新泽西自由岬港邮轮码头位于新泽西的Bayonne的14号码头，距曼哈顿11公里，曾经以军事码头而著称，如今它是皇家加勒比邮轮公司、Aamara邮轮公司、精英邮轮公司的专属邮轮码头。平均每天有5、6艘邮轮靠泊
曼哈顿 （Manhattan）	20世纪30年代起就作为客运码头的曼哈顿邮轮码头如今是美国第4大邮轮码头，2004年接待邮轮游客845778人次。曼哈顿邮轮码头是欧洲跨大西洋旅行的主要邮轮母港，嘉年华邮轮、挪威邮轮、公主邮轮等著名邮轮公司均在此设立母港。邮轮码头分别设在88、90、92号泊位。因毗邻曼哈顿中心街区，港口周围酒店、餐馆、娱乐设施、购物场所丰富
纽约 （New york）	美国最大的海港，世界较大海港之一。位于美国东北部哈得孙河河口，东临大西洋。1980年吞吐量达1.6亿吨，多年来都在1亿吨以上，每年平均有4000多艘船舶进出。纽约港有水域700多平方公里和陆地1000多平方公里。全港有16个主要港区：纽约市一侧10个，新泽西州一侧6个。全港深水码头线总长近70公里，有水深9.14、12.80米的远洋船泊位400多个
蒙特利尔 （Montreal）	位于圣劳伦斯河边的蒙特利尔邮轮码头一向以干净和安全著称，以北美游客为服务对象。邮轮码头周围辅助设施完善，餐馆、服饰店、购物商场、历史建筑、剧场等应有尽有。老港区的Iberville码头是专门的客运码头，每年接待成千上万的旅游者
诺福克 （Norfolk）	诺福克邮轮港位于重建的市中心的半月邮轮中心，是皇家加勒比邮轮、嘉年华邮轮和荷美邮轮公司的母港，离诺福克国际机场仅有20分钟车程，近些年该港已经成为前往百慕大、巴哈马和加勒比地区的门户，是发展较为迅速的美国邮轮港之一。从邮轮港出发只要步行就可以去码头附近的商业购物中心、餐馆以及其他艺术商店
魁北克 （Quebec）	位于圣罗伦斯河旁的魁北克港，有两个专用邮轮泊位，长度共为530米，进出魁北克邮轮港的乘客目前接近10万人次。游客乘邮轮沿着美丽的河流可领略冰河峡湾的壮丽风景，每年5月初到11月中旬，是当地观赏鲸鱼的最佳时机

2）东北区主要旅游资源

(1)巴尔的摩。美国马里兰州的最大城市，美国大西洋沿岸重要海港城市，也是美国国歌的诞生地。在美国历史上这里是糖和铁的大型运输港口，如今已成为当地人休闲娱乐的场所,可参观顶部成玻璃金字塔状的新奇建筑,巴市第一名胜国家水族馆,美国国歌诞生地的麦克亨利堡和美国唯一的一个保存着各种火车头的历史博物馆等等。

(2)波士顿。波士顿位于美国东北部大西洋沿岸,是美国马萨诸塞州的首府和最大城市,也是美国较古老、较具文化价值的城市之一。可游览美国独立史上最著名的一个古战场邦克山(见图 4-2),建于 1723 年的波士顿最古老的教堂老北教堂,藏有 1770 年的"波士顿大屠杀"的殉难者及富兰克林双亲、历任市长的墓地葛兰奈莱墓地和有美国第三大华人聚集区之称的波士顿唐人街(见图 4-3)等。

图 4-2　邦克山

图 4-3　唐人街

(3)蒙特利尔。蒙特利尔是加拿大商业金融中心以及全国第二大城市。独特的法国文化底蕴,使蒙特利尔成为世界上仅次于法国巴黎的第二大发育城市以及加拿大最富有浪漫气息的城市,素有"北美巴黎"之称。蒙特利尔又有"尖塔之城"的美称,每跨一两个街区便可看到一个哥特式建筑的教堂,教堂之多甚至超过了古城罗马。图 4-4、图 4-5 所示分别为圣约瑟大教堂和诺特丹圣母大教堂。

图 4-4　圣约瑟大教堂

图 4-5　诺特丹圣母大教堂

（4）诺福克。诺福克位于伊丽莎白河畔，扼切萨皮克湾咽喉，是美国弗吉尼亚州的第二大城市和港口。现主要工业有造船、船舶修理、食品肉类加工、汽车装配、木材、纸张、化工、建筑材料等。与朴次茅斯、纽波特纽斯等组成汉普顿罗兹港。名胜有圣保罗教堂、植物园、弗吉尼亚海滩以及文化和会议中心等。每年举办国际杜鹃花节。设有老道明大学和诺福克州立学院。

2.东南部主要港口及旅游资源

1）东南部主要港口

北美东南区北起美国南卡罗来纳州，南抵加勒比海诸国，是世界邮轮旅游的心脏地带。佛罗里达的港口城市带中，邮轮母港高度集聚，它囊括了北美东南部三大重要的母港即迈阿密、劳德代尔堡和卡纳维拉尔邮轮港，具体如表 4-2 所示。

表 4-2　东南部主要港口

港　　口	主　要　情　况
查尔斯顿 (Charleston)	查尔斯顿邮轮码头依托于以商业著称且美国历史上有名的查尔斯顿市,而今又以邮轮业而繁荣起来。步行即可到达市内各著名景区,查尔斯顿邮轮旅游地理位置优越
劳德代尔堡 (Fort Lauderdale)	码头的地理位置条件良好,距市中心和机场仅十几分钟车程,为世界上第二大繁忙的邮轮港口。430 多公里的沿岸线,共有 12 个邮轮泊位为各大邮轮服务,每年接待 300 万邮轮游客。如 1 号泊位,码头面积达 434 平方米,主要为 New Sea Escape 邮轮使用
杰克逊维尔 (Jacksonville)	位于佛罗里达州的杰克逊维尔邮轮码头依托于风景美丽的杰克逊维尔,邮轮码头设施齐全,美丽的沙滩、秀丽的自然风光、世界级的高尔夫球场、顶级的台球设施为其增添光彩,另外还定期举办节事庆典。杰克逊维尔邮轮泊位长 390 米,水深 11.6 米,后配置一个近 6000 平方米的现代客运中心
迈阿密 (Miami)	享有"世界邮轮之都"美称的迈阿密拥有邮轮码头 12 个,泊位岸线长度达 2 公里,有近 20 艘邮轮以其作为母港,港口的邮轮年靠泊周转量位居世界第一,拥有完备的码头配套设施,邮轮码头离机场仅 15 分钟车程,附近有大型购物中心、宾馆、餐饮区,进关边检程序便捷。20 世纪 90 年代起,迈阿密便与邮轮公司合作开始建设新码头,如今邮轮码头众多且符合人流、物流个性化的需求
莫比尔 (Mobile)	美国新兴的邮轮母港 Mobile 码头地处市区,拥有一个两层的 6100 平方米的客运中心,以及完善的旅客设施,码头处于交通结点,具有良好的通达性。周边配套设施亦较完善,有大量的旅馆、餐馆及景点。嘉年华邮轮的一条全年性航线即是以此为始发母港
新奥尔良 (New Orleans)	以新奥尔良港为挂靠港的邮轮航线,可以使不同的游览风情集于一体。新奥尔良码头周边的景点丰富多彩,如密西西比河、法国风情地、世界一流餐馆。2004 年有超过 1100 万邮轮游客抵达,新奥尔良港共有 2 个邮轮码头、3 个邮轮泊位,其计划再建设一个新的邮轮码头
卡纳维拉尔 (Port Canaveral)	Canaveral 邮轮码头是热带地区的门户,亦是奥兰多旅游风景区的必经之地。码头交通位置便利,无论是距离奥兰多国际机场还是距离主题公园、地区酒店都在 50 分钟车程范围内。另外港口的引航条件也是世界一流
圣胡安 (San Juan)	圣胡安(西班牙语:San Juan)位于加勒比海大安的列斯群岛东部,是美国自治领地波多黎各的首府和最大城市,是美国管辖的第 42 大城市。该港是加勒比海地区较繁忙的邮轮码头之一,也是西半球第二大邮轮码头,如今每年 16 家公司的 700 多艘次邮轮到港,拥有 140 万人次邮轮乘客的接待量

港　　口	主　要　情　况
坦帕 （Tampa）	多年以前，坦帕便开始建设邮轮港口，现在坦帕有 3 个紧紧相连的邮轮泊位。码头附近酒店、餐馆等设施齐全，并且码头与周边风景区相距甚近，如佛罗里达水族馆即设在坦帕邮轮码头 2 号与 3 号泊位之间，另外附近还有 Busch 公园、艺术博物馆、IMAX 剧院等娱乐公共设施

2）东南区主要旅游资源

（1）拉巴第（海地）。海地是拉丁美洲和加勒比地区第一个独立的国家，建立了世界上第一个独立的黑人共和国，成为拉美大陆最先获得独立的国家。旅游业收入是外汇主要来源之一。75%的人生活在赤贫状态下。拉巴第岛（见图 4-6）除了服务人员外不能登岛，来往的也仅是乘坐皇家加勒比邮轮的游客，是邮轮公司包下来的岛屿，岛上只有邮轮上的客人，游客在这里可以享受不被干扰的乐趣和贵宾般的礼遇。邮轮一来，这个岛就活了，邮轮一走，岛就休眠了。

图 4-6　海地

（2）法尔茅斯（牙买加）。法尔茅斯是世界著名的帆船停泊港之一，海水清澈，小溪静僻，气候温和。小镇的购物街滨水而立，由开放的小街连接，欣赏美丽的海景之外可享受购物的乐趣。还可参观哥伦布纪念公园（见图 4-7），那里象征性地修了一个哥伦布驾驶的船头。1494 年哥伦布来到此地，1509 年这里沦为西班牙殖民地。1503 年，哥伦布在他第 4 次的航行途中，由于船只遭受虫蛀，在等待救援时，无奈在牙买加居住长达 1 年，这也是哥伦布在历次航行记录中，待在同一地点最长的一次。

图 4-7　哥伦布纪念公园

(3)科兹梅尔岛(墨西哥)。科兹梅尔岛是墨西哥加勒比地区的岛屿,大约在2000年前,科兹梅尔居住着玛雅印第安人,世界古老文明之一的玛雅文化遗迹完整地保存在岛上。可参观1988年被联合国教科文组织列入世界文化遗产名录的卡斯蒂略金字塔(见图4-8)。这座金字塔高30米,呈长方形,上下共9层,最上层为一神庙。金字塔的台阶总数加上一个顶层正好是365,代表着一年的天数。金字塔的功能上主要用以举行各种宗教仪式,据说只有少量玛雅金字塔是陵墓。虽然面积不大,科兹梅尔却是西半球珊瑚礁系统中第一的地点,整个岛屿由40多个潜水景点、热带鱼和万花筒般的彩色珊瑚礁所组成。这里既可尽情享受加勒比海的阳光与沙滩,又可领略古老的玛雅文化。

图4-8 卡斯蒂略金字塔

(4)拿骚(巴哈马)。拿骚位于新普罗维登斯岛,毗邻天堂岛,距美国的迈阿密城只有290公里。它是巴哈马的首都和第一大城市,同时也是商业和文化中心。市中心有一条最富有历史感的街道——港湾街。英国乔治王时代的浅色建筑和造型奇特的木制办公公寓及店铺,错落有致的分布在街道两旁。市内还有庞贝博物馆,陈列的艺术品、文献和画卷也在述说着巴哈马数百年来的历史。拿骚的历史地标建筑有基督大教堂、英国殖民酒店等。位于拿骚的亚特兰蒂斯天堂岛(见图4-9)与迪拜的亚特兰蒂斯的棕榈岛为姐妹酒店,是拿骚重要的地标,也是世界上昂贵的酒店之一。

图4-9 亚特兰蒂斯天堂岛

(5)夏洛特阿马利亚(圣托马斯)。圣托马斯岛(见图4-10)是美属维尔京群岛的大门,历来以自由港著称,各国的邮轮都在这里停泊。除了带来繁华的商人,据说当年这里也是许多海盗的聚集地。这里的免税区,有各种相机、手表、珠宝、香水、酒类,琳琅满目,充斥了整条大街小巷。

图 4-10 圣托马斯岛

(6)基韦斯特。基韦斯特位于美国本土的南端,是一个与世隔绝的安宁小岛。岛上流传着海明威、六趾猫与海盗们的故事与传说,这里距离古巴比距离美国本土还要近。跨越著名的七英里(约 11.27 千米)跨海大桥,施瓦辛格主演的《真实的谎言》在此取景。可参观海明威故居,漫步 Mallory 广场等。

(7)巴斯特尔(圣基茨和尼维斯)。市区沿港湾而建,蓝色的海水,高耸的椰林,使这个城市充满了热带风光。一些街道的安全岛、人行道上用各种颜色的石头铺成与国旗一样的图案。在历史上英法两国殖民者不断争夺这块战略要地,城内留下了许多古老建筑,如工艺精巧的圣乔治教堂,人们登上教堂的高处,可以鸟瞰全城风光,饱览远处水天一色的美景。市内还有著名的热带植物园,它建于 1899 年,收集了美洲大陆的名贵植物,四季飘香的花草如同仙境。

(8)可可湾(巴哈马)。可可湾是皇家加勒比邮轮公司的专属岛屿,只有搭乘皇家加勒比国际邮轮公司船的旅客才能登上此美丽岛屿,是巴哈马群岛中一颗耀眼的明珠,是让人和自然能够融为一体的世外佳境。

(9)奥兰多(港口城市佛罗里达州卡纳维拉尔角)。可参观肯尼迪航空中心,它是美国国家航空航天局 NASA 进行载人与无人航天器测试、准备和实施发射的重要的场所;还有奥特莱斯 Orlando International Premium Outlets 折扣中心、环球影城度假区、奥兰多主题乐园等参观游览景点。

(10)菲利普斯堡(荷属圣马丁)。每年大约有一百万人次前往该岛旅游和购物,圣马丁仅次于圣托马斯,被评为第二受欢迎的邮轮目的地免税购物天堂。菲利普斯堡是荷兰王国的自治国圣马丁的首府所在地,也是圣马丁岛的行政中心及商业中心。菲利普斯堡陆地行程丰富多彩,浮浅、海滩骑马、在柔软细腻的白色沙滩漫步,或者到岛上中心观光购物。

(11)圣胡安(波多黎各)。历史上的圣胡安,只不过是一些鹅卵石小道和一些西班牙的建筑,现代的圣胡安却是在宏大的历史建筑阴影中发展而来。咖啡馆、摩登画廊和奢侈品的精品店随处可见。现代圣胡安和古老的圣胡安完美地重合在一起。

3.西北部邮轮港口及旅游资源

1)西北部主要邮轮港口

西北部主要邮轮港口如表 4-3 所示。

表 4-3　西北部主要邮轮港口

港　　口	主　要　情　况
安克雷奇 (Anchorage)	位于 Kenai 半岛 Resurrection 海峡的安克雷奇港,每年接待至少 90 艘次的邮轮停靠。安克雷奇港是阿拉斯加著名的邮轮港口,苏厄德半岛距其 200 公里,是风景如画的旅游胜地,被称作"Kenai 海峡国家公园的大门"
火奴鲁鲁 (Honolulu)	夏威夷群岛的瓦胡岛上的火奴鲁鲁邮轮码头是夏威夷地区最著名的邮轮码头,邮轮码头旅游胜地聚集,分别有 Waikiki(威基基)海滩、珍珠港以及 Punchbow 火山。港口内有座塔楼市场,经营夏威夷土特产,如今已是标志性建筑之一
旧金山 (San Francisco)	旧金山港是著名旅游目的地城市中的世界级的邮轮港口,每年约有 20 艘邮轮停靠其超过 45 次,并带来 80000 人次的游客量。邮轮码头附近配套设施齐全,博物馆、剧场、歌剧院、商场、风景区等应有尽有。此外旧金山邮轮城内聚集了约 30 家顶级餐馆以打造其餐饮基地
西雅图 (Seattle)	北美大陆桥桥头堡之一的西雅图港有两个邮轮码头,贝尔大街邮轮码头、30 号邮轮码头。贝尔大街邮轮码头有 5200 平方米的双层停靠码头,南北长 488 米,东西长 122 米;30 号邮轮码头长 610 米,有 2 个邮轮泊位。挪威邮轮、加勒比邮轮、精英邮轮以贝尔大街邮轮码头为始发码头;荷美邮轮、公主邮轮以 30 号邮轮码头为始发码头。两码头的交通都十分便捷。2007 年访问西雅图港共有邮轮 190 艘次,邮轮游客 781143 人次
温哥华 (Vancouver)	温哥华邮轮港口是世界著名的邮轮港口之一,是温哥华至阿拉斯加航线的邮轮母港,每年接待邮轮 300 艘次,接待游客 100 万人次。温哥华邮轮港口也是提供阿拉斯加之旅邮轮航线最多的港口,其有 2 个邮轮码头,距机场仅有 30 分钟车程

2)西北部主要旅游资源

(1)西雅图。西雅图是美国太平洋西北区最大的城市,又称"翡翠之城(the Emerald City)"。邮轮靠岸半日可游览麦迪纳小镇、华盛顿大学,游览始建于 1907 年,如今已发展成旅游胜地的派克市场(见图 4-11)、星巴克第一家店(见图 4-12)和西雅图的标志性建筑,以及 1962 年世界博览会的留念产物太空针塔(见图 4-13)。

(2)朱诺。朱诺是阿拉斯加的首府,一个依山面海的美丽海港城市。朱诺号称是美国唯一一个无法开车达到的首府,只能乘坐飞机或者轮船前往。景点有阿拉斯加州南部最大的门登霍尔(Mendenhall)冰川公园和当年发现金矿的罗伯特山区,体验淘金者的艰辛。

图 4-11 派克市场

图 4-12 星巴克第一家店

图 4-13 太空针塔

(3)史凯威。可乘坐史凯威街车游览城市,感受 1898 年克朗岱克淘金潮。今日,热闹的主要街道百老汇街上,重现百年前拓荒光景,复刻版的老建筑、酒吧、手工艺品与贩售黄金珠宝的精品店并列街道。史凯威的码头设计非常特别,每一个邮轮泊位旁边都有火车轨道,可以搭乘复古车厢的火车一路上山来到海拔三千多米的山顶,体验当年淘金者的道路,沿途的风景美不胜收。

(4)凯奇坎。凯奇坎(见图 4-14)是阿拉斯加最东南的城市,是邮轮进入阿拉斯加的第一站,被誉为"阿拉斯加之门"。凯奇坎在印第安语里是"展翅之鹰"的意思,小城的两大产业是旅游业和三文鱼。凯奇坎也是阿拉斯加东南部本土文化中心,在凯奇坎大约有 20% 人口是当地的部落族,分别为特林吉特族(Tlingit)、海达族(Haida)、钦西安族(Tsimshian)三个主要地区部落族。

图 4-14　凯奇坎

（5）维多利亚。维多利亚是加拿大不列颠哥伦比亚省的省会，被认为是全加拿大最"英式"的城市，这里有很多维多利亚时期和爱德华时期的宅邸，以及令人印象深刻的英式风格建筑地标。同时，市内和近郊多公园，素有"花园城市"之称，是深海渔船基地和著名的游览胜地。可参观拥有迷人的罗斯喷泉、玫瑰园、日本庭园与意大利花园等素有加拿大最著名的花园之称的宝翠花园（见图 4-15）和以典雅的建筑外形、奢华的室内装潢和精美的花园而突出的海特利古堡（见图 4-16）等景点。

图 4-15　宝翠花园

图 4-16 海特利古堡

4.西南部主要邮轮港口及旅游资源

1)北美西南地区主要邮轮港口分布

北美西南区北起加州的旧金山,南抵巴拿马运河,区域内主要包含了美国西海岸的圣地亚哥、洛杉矶以及檀香山等邮轮港口,具体如表4-4所示。

表 4-4 北美西南地区主要邮轮港口

港　　口	主　要　情　况
加尔韦斯顿 (Galveston)	加尔韦斯顿港位于得克萨斯州加尔韦斯顿海峡的峡口处,距海30分钟船程。加尔韦斯顿邮轮码头为嘉年华邮轮 Ecstasy 号(狂欢号)和 Conquest 号(征服号)的常年性母港。此外,其他邮轮公司也皆有航线中途挂靠此港
长滩 (Long Beach)	长滩港是全美第二繁忙港口,曾经是美国太平洋舰队的母港,而今是嘉年华邮轮公司的邮轮母港,其中一些邮轮抵达和离开都在此;而其他一些邮轮则停靠在世界邮轮中心洛杉矶的圣佩德罗湾
洛杉矶 (Los Angeles)	洛杉矶邮轮中心坐落于圣佩德罗湾,距市中心约2公里,为世界上较繁忙、较大的沿海港口之一。邮轮码头有70公里的海岸线,3个泊位分别是91、92、93A/B号泊位,翻新计划将会使其有能力接待超过3000客位的邮轮船只。洛杉矶港附近供娱乐设施,有如水族馆、海洋博物馆,另外还有迪士尼乐园、好莱坞、植物农场等
圣地亚哥 (San Diego)	圣地亚哥邮轮码头位于市中心,附近景点颇多。每年接待超过140艘次的邮轮,荷美邮轮、精英邮轮以此为邮轮母港,另外公主邮轮、挪威邮轮、水晶邮轮等也将此作为挂靠港。邮轮加勒比航线、墨西哥航线、夏威夷航线、塔希提航线都以圣地亚哥邮轮码头为结点

2)北美西南地区主要旅游资源概况

(1)洛杉矶。洛杉矶坐落于美国西海岸加利福尼亚州南部,是仅次于纽约的美国第二大城市,集繁华与宁静于一身,是美国西海岸边一座风景秀丽、璀璨夺目的海滨城市。到那可参观游览的有:格里菲斯公园(Griffith Park)、迪士尼乐园(Disney Land Park)(见图 4-17)、好莱坞环球影城(Universal Studio)(见图 4-18)、六旗魔术山主题公园(Six Flags Magic Mountain)、圣塔莫妮卡海滩(Santa Monica Beach)、日落大道(Sunset Blvd)、好莱坞星光大道(Hollywood Walk of Fame)、柯达剧院/杜比剧院(Kodak/Dolby Theater)、杜莎夫人蜡像馆(Madame Tussauds Hollywood)等等。

图 4-17 迪士尼乐园

图 4-18 好莱坞环球影城

(2)长滩。一座位于美国西岸加州南部的城市,按照人口排名,是洛杉矶地区的第二大城,长滩港是全世界十大吞吐量最高的港口。拥有 11 公里的沙滩、98 个公园、5 个高尔夫球场和美国第一大的邮轮码头。同时拥有丰富的历史古迹,如洛斯阿拉密托斯历史农场花园(Rancho Los Alamitos)、长滩博物馆、加利福尼亚的帆船和历史悠久的玛丽皇后酒店。

(3)圣地亚哥。圣地亚哥又称圣迭戈,是美国重要的港口之一,也是美国西海岸最大造船商——美国通用动力国家钢铁造船公司的总部所在地。自然景观享有盛名,可以看到风格迥异的海滩、森林和沙漠。这里有 60 多个高尔夫球场,许多国家公园以及科来晤兰德国家森林,如巴尔博亚公园(见图 4-19)、卡波里奥国家公园(见图 4-20)等。

图 4-19　巴尔博亚公园

图 4-20　卡波里奥国家公园

(4)加尔维斯顿。1983年,加尔维斯顿是得克萨斯共和国最大的城市,称为"南部的纽约"。得克萨斯州的很多第一,包括第一份报纸、第一座医学院、第一个邮局、第一个海军基地、第一个教会学校、第一家保险公司、第一家歌剧院、第一座孤儿院、第一条电话线和第一盏电灯等都在加尔维斯顿诞生。现主要景点有为铁路大亨 Walter Gresham 一家而建,耗时五年修建而成维多利亚式建筑主教城堡宫殿(见图 4-21)、海港博物馆和世界上最古老的仍在运作的帆船苏格兰高桅横帆船(见图 4-22)等等。

图 4-21 主教城堡宫殿

图 4-22 苏格兰高桅横帆船

(二)欧洲地区

1.欧洲地区主要邮轮港口概况

欧洲在邮轮旅游发展史上扮演着举足轻重的角色,现今仍然是全球较为发达的邮轮旅游目的地之一,主要港口如表4-5所示。

表4-5 欧洲地区主要邮轮港口概况

港 口	主要情况
阿姆斯特丹 (Amsterdam)	阿姆斯特丹港是荷兰的最大城市和第二大海港,阿姆斯特丹港是较受游客欢迎的邮轮港口之一,平均每季接待100000名海洋邮轮游客和60000名内河游船游客。邮轮码头位于汉德尔斯卡德港区,邮轮码头海域面积6900平方米,陆域面积35000平方米,岸线长600米,深10.5米,可以同时进行3艘邮轮的进出港服务,可允许330米长邮轮的自由调转,游客接待室提供完备的餐饮、快速通关等服务
雅典 (Athens)	雅典西南8公里,临萨罗尼克湾的希腊东南部港市的比雷埃夫斯港是雅典的外港,也是地中海地区重要的邮轮旅游港口,邮轮码头有1685米长的码头岸线,有12个泊位同时接待邮轮,曾经同时停靠过11艘邮轮,其中就有世界上最大的邮轮——长340米的玛丽女王Ⅱ,共有7个邮轮专用码头,邮轮可停泊48小时,码头上有外币兑换、修船、行李、免税商店等服务
巴塞罗那 (Barcelona)	巴塞罗那港是地中海的主要邮轮港,设有7个专门邮轮码头,可同时停靠多艘邮轮,距离机场25分钟车程,其宾馆、餐饮、交通的便利性在地中海各城市中处于领先地位。年接待一百万至二百万邮轮游客,巴塞罗那是世界邮轮游客和邮轮公司较为青睐的目的港口之一,根据皇家国际邮轮杂志的统计资料显示,巴塞罗那是欧洲及地中海最受欢迎的邮轮目的地港口。其中邮轮码头B有6500平方米的面积,长为700米的泊位可停泊14万吨、载客量为3600的邮轮;邮轮码头D南北邮轮码头共有824米长的停泊岸线,其中南码头可同时停泊2艘邮轮,最长的有253米
哥本哈根 (Copenhagen)	哥本哈根港为北欧具有领先地位的邮轮港口,因拥有世界先进的邮轮港口和高效的运转水平,而深受各邮轮的欢迎,并在英国伦敦举办的世界旅游市场展览会上,被授予"世界旅游奖"。2006年有300艘邮轮载着400000位游客抵达哥本哈根港。Langelinie码头和自由港码头,水深9~10米,宽150米,白天、夜晚均适合航行。距机场15千米,距市中心仅5分钟的车程,码头的交通亦十分便捷
多佛 (Dover)	多佛是英国东南部港口城市,是英国通往欧洲他国的门户,多佛邮轮港是英国第二大繁忙和欧洲第八大繁忙的邮轮港口,每年接待170000人次邮轮游客。邮轮中心建筑设施完善,游客服务完备;距市中心仅1.5千米,邮轮中心交通便捷
伊斯坦布尔 (Istanbul)	伊斯坦布尔横跨欧洲和亚洲,历史悠久。伊斯坦布尔邮轮码头是希腊诸岛和土耳其邮轮航线的重要母港,码头靠近文化悠久的老城区,周围遍布大型酒店、餐馆,交通也非常便利

续表

港　　口	主　要　情　况
里斯本 (Lisbon)	葡萄牙首都里斯本是著名的旅游胜地,里斯本邮轮码头靠近市中心,距老城区仅6公里,周边服务设施完备,酒店、餐馆方便进出;与机场相距不远,交通方便
尼斯 (Nice)	尼斯是典型的地中海港口城市,邮轮访问量逐年增加,尼斯码头交通便利,距机场10分钟车程,附近有很多时装店、博物馆、餐饮名店。港口由3个码头组成,可同时接待5艘邮轮
奥斯陆 (Oslo)	奥斯陆港是欧洲的早期港口之一,是挪威最大的货运及客运港口。邮轮码头的设施先进,游客接待量年年攀升,尤其是大型邮轮将集中于旅游旺季4月~10月前来挂靠
罗马 (Rome)	世界著名的旅游胜地,旅游景点丰富,购物场所多,有世界顶级的奢侈品牌。而罗马的邮轮码头并不在罗马城市中,而是在奇维塔韦基亚(Civitavecchia),距离罗马60~90分钟车程
鹿特丹 (Rotterdam)	荷兰鹿特丹港是世界上最大的港口,有"欧洲门户"之称。邮轮码头距市中心2千米,码头岸线长698米,码头周围水深12米,提供顶级的邮轮港口服务,同一时间可最多接待游客3000人,邮轮码头附近的辅助设施有旅游信息中心、外汇兑换、公共电话、餐厅/酒吧、的士服务
斯德哥尔摩 (Stockholm)	斯德哥尔摩是欧洲波罗的海最受欢迎的邮轮旅游目的地,每年有约260艘邮轮、280000名国际游客到访此地,港口有专门停靠邮轮的码头,亦有专门为小游艇所设的码头;165~167号泊位就是专设的邮轮泊位,长414米,水深8,9米。另外还有些泊位供小型游船使用,如长137米,水深5米的4~6号泊位,长210米,水深6米的106~107号泊位等等
威尼斯 (Venice)	意大利威尼斯被称为欧洲的入口,风光旖旎、充满艺术特色是其特征。威尼斯邮轮中心港共有3个专业的邮轮码头,第3个邮轮码头2002年开始运营,拥有9000平方米的现代建筑特征的客运中心为游客提供全方位的服务。邮轮中心可同时接待9艘大小不等的邮轮
南安普顿 (Southampton)	南安普顿港是英格兰的南部港市,是英国最繁忙的邮轮港口,被誉为"英国的邮轮中心",距离伦敦市中心大约80英里(约128.75千米),有 Queen Elizabeth Ⅱ Cruise Terminal(伊丽莎白女王2号)、City CruiseTerminal(城市邮轮码头)和 Mayflower Cruise Terminal(五月花邮轮码头)等三座邮轮码头共4个邮轮泊位,每年接待邮轮超过240艘次,并成为英国公主邮轮、加勒比海邮轮的母港,另外如水晶邮轮、歌诗达邮轮、银海邮轮等世界著名邮轮常年挂靠此港。距离英国1个小时车距,南安普顿港旅游设施齐全,邮轮旅游的配套设施充足
都柏林 (Dublin)	爱尔兰都柏林港位于市中心,处于交通要道口,拥有7个邮轮泊位,可停靠最长邮轮300米,每年接待130万的邮轮游客。港口接待的最大邮轮是2004年 Grand Princess 邮轮(至尊公主邮轮),长290米

续表

港　口	主　要　情　况
科克 （Cork）	英国爱尔兰的科克邮轮港位于风景如画的科克岛上,是北欧著名的邮轮港口。拥有3个邮轮泊位,可停靠最长邮轮320米,港口服务水平良好
爱丁堡 （Edinburgh）	苏格兰爱丁堡邮轮码头位于具有浓厚文化氛围的爱丁堡,其拥有邮轮泊位3个

2.欧洲区主要旅游资源

（1）威尼斯。可游览竖立着威尼斯守护神——带翅膀的狮子像的圣马可广场（见图4-23）、有黄金教堂之称的圣马可大教堂、叹息桥,乘坐威尼斯贡多拉游船（见图4-24）。

图 4-23　圣马可广场

图 4-24　威尼斯贡多拉游船

(2)巴里(意大利)。巴里为意大利的港口城市,是意大利通向巴尔干半岛和东地中海的主要港口,早在古罗马时代便已是重要海上枢纽。这里有保存完好的建于中世纪的诺曼底式城墙(见图4-25),城墙内的城堡、教堂(见图4-26)、自然风光随意搭配,被认为是意大利普里亚风情的纯正代表。

图4-25　诺曼底式城墙

图4-26　教堂

(3)比雷埃夫斯(雅典)。希腊的重要港口和海军基地。首都雅典的外港,位于希腊雅典西南8公里萨罗尼科斯湾畔,临萨罗尼克湾,是阿提卡大区比雷埃夫斯州的首府。港口山环岛屏,形势险要。港口的博物馆内多希腊、罗马时代的古物。有海军研究院。比雷埃夫斯自古就是雅典的港口,如今依然是主要的造船和工业中心,也是地中海沿岸重要的商业港口。

(4)卡塔科隆(希腊)。距离卡塔科隆约40千米外的希腊著名且重要的一个古迹——奥运会的发源地奥林匹亚遗址。2000多年前,伯罗奔尼撒半岛东方的奥林匹亚,每4年8月的第一个满月,全希腊的运动员都会到这里参加奥运盛会。公元前776年奥林匹亚圣地希拉神殿中一块刻有《神圣休战条约》的石版,上面记载着伊利亚与斯巴达立下约定,奥运举行期间,战争必须暂停,可见奥运在古希腊占有举足轻重的地位。现代奥运会继承了古希腊奥运的精神,如今的奥运圣火都是到这里的祭坛(见图4-27)引燃。

图 4-27 祭坛

(5)伊拉克利翁/克里特岛(希腊)。伊拉克利翁是希腊位于克里特岛上的最大城市,同时也是克里特大区和伊拉克利翁州的首府,为希腊的第四大城市。该城市是重要的海运港口和渡口,也是重要的遗址城市,由阿瑟·埃文斯发现并发掘的克诺索斯宫殿遗址可以推断大约在公元前2000年这里应该有港口存在。丰富多彩的博物馆为该城市最值得参观的地方,伊拉克利翁考古学博物馆为希腊重要的考古博物馆,馆内有众多与米诺斯文明相关的藏品,为克里特岛的著名景点。除此之外,还可参观克里特历史博物馆、自然历史博物馆、战役博物馆、尼可斯卡山札基博物馆、莱克罗斯特迪斯露天博物馆和视觉艺术博物馆。

(6)科托尔(黑山)。古老的地中海港口科托尔被威尼斯共和国时期建造的令人印象深刻的城墙环绕,而从当地建筑物的风格上就可以明显感受到威尼斯文化对城市的影响。作为亚得里亚海边犬牙交错的海岸,科托尔湾有时会被称作欧洲南端的峡湾。同时科托尔还有大量的名胜古迹,比如老城中建于1166年的圣特里芬大教堂和在城市上延伸长达4.5千米的古城墙。

(7)斯普利特(克罗地亚)。斯普利特是克罗地亚共和国的历史名城,克罗地亚第二大城市,斯普利特-达尔马提亚县的首府,达尔马提亚地区第一大海港,疗养和游览胜地。有直达亚得里亚海上众岛屿及亚平宁半岛的线路,也是东南欧著名的旅游目的地之一。公元7世纪建城,罗马时代名阿斯帕拉托斯,后改称斯帕拉托和斯普利特。城市建筑以罗马皇帝戴克里先夏宫为核心发展起来。

(8)帕尔马(西班牙)。岛上到处是砂质的海滩、陡峭的悬崖、种植着橄榄或是杏树的田野等自然风光。每年300天以上的晴朗天气,被称为"地中海的乐园"。19世纪上半叶,帕尔马岛就成为欧洲一些艺术家和文学家休闲疗养的好去处。波兰作曲家肖邦和法国小说家乔治·桑的浪漫爱情故事在这里广为流传,许多新婚夫妇也慕名来此地蜜月旅行,帕尔马岛由此获"蜜月岛"之美称。图4-28所示为帕尔马大教堂。

图 4-28　帕尔马大教堂

（9）巴勒莫（西西里岛）。巴勒莫（见图 4-29）位于西西里岛西北部，临第勒尼安海的巴勒莫湾，是西西里岛的首府，也是西西里的第一大城，是一个地形险要的天然良港。歌德曾经称这里是"世界上优美的海岬"。历经腓尼基人、古罗马人、拜占庭帝国、阿拉伯帝国、诺曼人、神圣罗马帝国、西班牙王国、那不勒斯王国、西西里王国和意大利王国的统治，这座拥有2800 年历史回忆的老城，让人悠然神往。

图 4-29　巴勒莫

（10）奇维塔韦基亚（罗马）。奇维塔韦基亚（见图 4-30）是意大利的中部城镇，首都罗马的主要港口，东南距罗马约 70 公里。早在公元前两千年，古罗马人就开始在此生活，从这里起源的古罗马文明传播到整个欧洲、北非和西亚,并终使"罗马"成为一个帝国的名称,可以进入它附近的腹地,领略其受到良好保护的美丽风光以及伊特鲁里亚时期、中世纪和文艺复兴时期的艺术宝藏。

图 4-30　奇维塔韦基亚

(11)巴伦西亚。巴伦西亚四季如春,土地肥沃,是西班牙的"大粮仓"。在这座公元138年建立的古城里,既有15世纪哥特风格的拱顶与浮雕,也有令人惊叹的21世纪建筑杰作。城里古迹众多,称为"百钟楼城",著名的米格莱特钟楼高197英尺(约60米),呈8边形,是巴伦西亚的象征;巴伦西亚大教堂是在清真寺的基础上修建而成的,三个大门分别是罗马式、巴洛克式和哥特式风格,这也正体现了当地人对各种文化的包容。

(12)萨沃纳。萨沃纳是意大利西北部的港口城市,濒临古里亚海的热那亚湾,东北距热那亚40公里。它处在盛栽葡萄的山冈与沿海橘林之中,游客可参观"哥伦布之家",即克里斯托弗·哥伦布前往萨沃纳山时落脚所在。或者可以访问萨沃纳最重要的纪念碑。

(13)马赛。大仲马的小说《基度山伯爵》里因禁主人公的伊夫岛上的伊夫城堡、马赛旧港、纯粹的马赛风情……在这里都能体会。距离马赛30千米外的普罗旺斯的艾克斯充满了南法的优雅,艾克斯早在12世纪时就建了许多喷泉,有千泉之都的美誉。艾克斯也是印象派大师塞尚的故乡,被《山居岁月》作者彼德梅尔所钟爱。

(14)瓦莱塔。马耳他共和国有"地中海心脏"之称,由五个岛屿组成,马耳他岛是其中较大的一个,而首都瓦莱塔就位于马耳他岛上,是地中海上重要的航空和海运中转贸易中心。城市里大部分建筑都呈灰白色,具有浓郁的中东阿拉伯建筑风貌。巴洛克建筑与当地建筑形式协调融合,拥有320座具有建筑艺术和历史价值的古建筑,整座城市于1980年被联合国教科文组织列入世界文化遗产保护名录。

(15)科孚。科孚(见图 4-31)位于希腊西部伊奥尼亚海,爱奥尼亚海中的一座岛屿,希腊语称克基拉岛,属希腊科孚省,隔海峡与阿尔巴尼亚相望,是伊奥尼亚群岛的第二大岛,也是群岛最闪亮的明珠。岛长58千米,最宽处27千米。先后为科林斯、雅典、罗马、威尼斯等占领,一直是外族入侵的目标。1864年始归入希腊版图。岛上植被繁茂,沿岛周围有许多美丽的沙滩,气候宜人,自然景色优美。首府科孚位于岛东岸,保留有中世纪威尼斯人建造的双尖塔城堡。这里还是伊丽莎白二世的丈夫爱丁堡公爵的出生地。

图 4-31 科孚

(16)米克诺斯。希腊号称拥有世界上美的岛屿群,而米克诺斯岛(见图 4-32),则以其独特的梦幻气质在爱琴海的岛屿中首屈一指,被称为"接近天堂的小岛"。在古老的希腊神话中,米克诺斯岛是宙斯和提坦族发生圣战的地方,战败的提坦巨人的骸骨落在爱琴海中,就形成了米克诺斯岛。米克诺斯以花岗岩或片麻岩所筑的小屋和基克拉泽斯式风车,年年均以石灰重新涂刷,成为此地的特色。

图 4-32 米克诺斯

(17)那不勒斯。那不勒斯位于意大利维苏威火山西麓,距离那不勒斯不到 30 千米的庞贝古城(见图 4-33),始建于公元前 7 世纪,并在公元 79 年 8 月 24 日被维苏威火山喷涌的火山熔岩吞没,在地上沉睡千年之后,于 1748 年开始被发掘,整个考古工程一直持续到如今。由于庞贝古城保留了其被吞没时的完整形态,为了解古罗马时期的社会生活和文化艺术提供了重要资料。民歌之乡苏莲托也是那不勒斯近郊不得不去的景点。

(18)罗德岛。罗德岛的名字来源于古希腊语中的玫瑰,岛徽是一只跳跃的鹿,自 1309 年到 1523 年由耶路撒冷的圣约翰骑士团统治,是著名的要塞。随后由奥斯曼帝国统治该城,直到 1912 年。有时受土耳其和意大利人的统治。它的上城有总督官邸、大医院和骑士大道;下城宽阔,哥特式建筑和清真寺共存,还有广场。这里的港口曾经伫立着世界七大奇迹之一的阿波罗巨像,但它仅仅存在了 56 年便轰然倒塌,其残骸也被阿拉伯人运走,考古学家至今无法确认巨像的位置和外观,因此成了最神秘的奇迹。

图 4-33　庞贝古城

（19）南安普顿。南安普顿是英国南部港口城市，面向英吉利海峡，是重要的客船和集装箱港口城市。南安普顿是英国重要的远洋海港、海军基地，英国十大港口之一，也是英国最大的客运站、国际帆联总部所在地。作为英格兰南部最大的港口城市，南安普顿自古以来一直起着重要的交通枢纽作用，是通向怀特岛和英吉利海峡的大门。滨英吉利海峡中的索伦特峡，在泰斯特与伊钦两河口湾之间，地处英国南岸中心，港阔水深，有怀特岛为屏障。南安普顿城中保存有中世纪时建造的城墙，带有悲情色彩的"泰坦尼克"号的起航，使人们对这里多了一份缅怀之情。

（三）亚太地区

1.亚洲地区主要邮轮港口概况

亚洲地区主要邮轮港口概况如表 4-6 所示。

表 4-6　亚洲地区主要邮轮港口概况

港　　口	主　要　情　况
新加坡	新加坡港 1991 年耗资 5000 万新币兴建邮轮码头，1994 年开始着力发展邮轮业，1998 年政府又投资 2300 万新币重建码头，使其向海岸线延伸。2001 年被世界邮轮组织誉为"全球最有效率的邮轮码头经营者"。新加坡邮轮中心分为新加坡国际邮轮码头及地方客运码头。国际邮轮码头有 2 个邮轮泊位，达到 12 米的天然水深，长度分别为 310 米、270 米
巴生港	马来西亚最大港口巴生港，邮轮港 1995 年启用，距吉隆坡 45 分钟的车程，1997 年在《梦想世界邮轮之旅》(Dream World Cruise Destination)杂志中，获得"世界最佳港口设备"奖。巴生邮轮码头有 3 个邮轮泊位，总长 660 米，水深 12 米，可接待总长达 300 米、吨位 5 万吨的邮轮，经营丽星邮轮公司航线居多

续表

港　　口	主　要　情　况
香港	香港邮轮码头位于维多利亚湾侧的海运大厦，港宽1.6千米～9.6千米，面积52平方千米，邮轮泊位长达380米，可同时停靠两艘大型邮轮或四艘小型邮轮，2001年香港邮轮乘客抵返量达240万人次。2008年，香港在英国邮轮杂志《梦想世界游轮之旅》(Dream World Cruise Destinations)举办的最佳邮轮目的地选举中，获选为最佳旅游目的地之一
上海	上海已建成三个7万至8万吨级国际大型邮轮泊位，拥有880米长的客运码头。2007年出入上海口岸的国际豪华邮轮达92艘次，随船出入境人数高达13.5万人次。位于黄浦江边的上海港国际客运中心由国际客运码头、客运综合楼、上海国际港务集团办公楼及宾馆、商业、办公建筑等配套设施组成

2.亚太地区主要旅游资源

(1)槟城(马来西亚)。槟城位于马来西亚半岛西北侧，分为槟岛和威省。威省的东部和北部与吉打州为邻，南部与霹雳州为邻；槟岛西部隔马六甲海峡与印度尼西亚苏门答腊岛相对。是马来西亚重要港口，是全国第三大城市，被誉为"印度洋上的绿宝石"、"东方明珠"，也是著名的旅游胜地。

(2)巴生港(马来西亚)。巴生港是马来西亚的最大港口，地理位置优越，位于马六甲海峡，是远东至欧洲贸易航线的理想停靠港，因此，在航运市场中具有明显的竞争优势。巴生港毗邻设有自由贸易区，其腹地广阔，产业发达，已发展成为区域性的配发中心。可参观景点有苏丹亚都沙末大厦、马来西亚国家博物馆、素有"南方蒙地卡罗"之美誉的云顶高原，还有超过80家零售商店和86家餐厅。

(3)普吉岛港(泰国)。普吉岛港是泰国最大的岛屿，印度洋安达曼海上的一颗"明珠"，它的魅力来自它那美丽的大海和令人神往的海滩。这里的海滩类型非常丰富，有清净悠闲的海滩，有看上去豪华的、像是私人性质的海滩，有海上体育运动盛行的海滩，还有夜晚娱乐活动丰富多彩的海滩，如芭东海滩、皮皮岛、珊瑚岛等。

(4)胡志明市(越南)。胡志明原名西贡，在湄公河三角洲东北、同奈河支流西贡河右岸，距海口80公里。为越南直辖市，越南最大的城市，是越南南方经济、文化、科技、旅游和国际贸易中心。社会经济发展受西方影响，商业发达，曾有"东方巴黎"之称。18世纪末发展成为东南亚著名港口和米市。胡志明市是越南南方的重要交通枢纽，有越南最大的内河港口和国际航空港。铁路可通往河内及其他中大城市；公路可通往全国各地，经公路或水路可通往柬埔寨和老挝。胡志明市是一个风景优美的城市，美丽的西贡河绕城而过，景色迷人，乘游船泛舟西贡河，欣赏两岸胡志明市景色，别有一番情趣。市内的国光寺、舍利寺、永严寺、天后庙、圣母大教堂、草禽园、查匐植物园、骚坛公园等都是游览胜地。查匐植物园是最美的园林。圣母大教堂位于第一郡，为法国人所建，其造型独特，风格类似于法国的巴黎圣母院，是胡志明市最大的天主教堂，有唱诗班，可容纳数百人做礼拜。

(5)芽庄(越南)。芽庄是越南中部港市,位于越南中部沿海地区的庆和省,处于丐河口南岸,古代建为城堡,附近福海地区为重要文化遗址,河口外有岛屿做屏障。同时是越南众多滨海城市当中一个较为僻静的海边小城市,与海上七大奇观的下龙湾相比较,芽庄的恬静内敛渐渐受到更多外国游客的关注。现在的芽庄海滨顺应了休闲、健身、旅游的潮流,芽庄度假区还提供温泉浴、矿泥浴等休闲健身服务。芽庄主要景点有芽庄海滨、冲洛景区、婆那加占婆塔、保大别墅、红石角、芽庄妙岛等。

(6)巴厘岛(印度尼西亚)。巴厘岛是世界著名旅游岛,印度尼西亚33个一级行政区之一。最高峰是阿贡火山,海拔3142米。它享有多种别称,如"神明之岛"、"恶魔之岛"、"罗曼斯岛"、"绮丽之岛"、"天堂之岛"、"魔幻之岛"、"花之岛"等。主要景点有海神庙、号称亚洲最好的五个球场之一的 BALI GOLF AND COUNTRY CLUB(巴厘高尔夫和乡村俱乐部)、因圣泉而得名的著名庙宇圣泉庙、金巴兰海滩、号称巴厘岛上最美丽海岸的库塔海滩、神鹰广场等等。

(7)长崎(日本)。长崎是日本九州岛西岸著名港市,长崎县首府。长崎位于日本的西端,与我国上海相隔近80千米,主要旅游景点有云仙温泉、哥拉巴园、镇西大社谏访神社和平和公园等。

(8)冲绳(日本)。冲绳处于日本九州岛和中国台湾地区之间,是日本的海岛省,以冲绳诸岛为中心,由宫古诸岛、八重山诸岛等岛屿组成,众多小的岛屿沿中国大陆围成一个弧线。冲绳富有独特的自然环境,除了拥有东南亚、中国、日本的民俗风情建筑外,较日本本土更具独特的美式风情,有"日本夏威夷"之称,是空手道的故乡。气候温暖宜人,属亚热带海洋性气候。经济以旅游最为发达,其附近水域盛产鱼类,渔业为冲绳人多从事的行业。

(9)神户(日本)。神户位于日本四大岛中最大的一个岛——本州岛的西南部,西枕六甲山,面向大阪湾。位于京阪神大都市圈,也是政令指定都市之一,日本国际贸易港口城市。1868年,神户成为日本较早开放对外国通商的五个港口之一,之后神户迅速发展为日本较重要的港湾都市之一。神户是日本较美丽、较具异国风情的港口城市之一。地处绿茵葱郁的六甲山国立公园和碧波荡漾的濑户内海之间,背山面海,自然环境优越,气候温暖,四季分明。它也是一座宜居都市,并曾在2007年入选福布斯杂志评出的"世界最清洁的25座城市",其后也于2012年在瑞士的咨询公司ECA国际评选出的世界宜居都市排名中排名第五位,是唯一入选前10位的日本都市。

(10)大阪(日本)。大阪位于日本西部近畿地方大阪府的都市,是大阪府的府厅所在地,是日本次于东京、横滨人口第三多的城市。GDP位列亚洲第二,仅次于东京,世界第六位。大阪市的景点一般为城市风光、寺庙、商业等类型。其景点主要集中在市区中的北区、难波和以心斋桥为中心的南部大阪市中心区,位于东南部的天王寺区,以及位于海港方向的港区天保山一带。城市风光主要是一些大厦、瞭望观景台、博物馆、美术馆等景点。寺庙类主要包括一些历史古迹和当地的寺庙,如大阪城、天王寺等。商业类型主要指城区内的商业街、公园及摩天轮、主题乐园等景点,如日本环球影城、道顿倔商业步行街、天保山摩天轮等。

(11)济州岛(韩国)。济州岛为韩国最大的岛屿,是一座典型的火山岛。一百多万年前开始火山活动而形成的岛屿中央,是火山爆发形成的海拔1951米的韩国最高峰——汉拿山。属海洋性气候的济州岛素有"韩国夏威夷"之称,为军、商、渔港,是该岛最大和最重要港口。美丽的济州岛不仅具有海岛独特的美丽风光(瀛州十景),而且还继承了古耽罗王国特别的民俗文化。景点还有为展示百年来深受全世界人们喜爱的玩具熊而建的泰迪熊博物馆、太宰府天满宫等。

(12)釜山(韩国)。釜山全称釜山广域市,位于韩国东南端,是韩国第一港口和第二大城市。南面日本海,与日本对马岛隔海相望,地理位置十分优越,历史上一直是东亚大陆和海洋文化交流的纽带和桥梁。主要的名胜有东莱梵鱼寺、太宗台、韩国最大的海水浴场海云台、和松岛、多大浦,以及东莱、海云台温泉等疗养胜地。公园、浴场等不下50多处;秋季还会举办刀鱼文化观光节。

(四)大洋洲地区

1.大洋洲地区主要邮轮港口概况

大洋洲地区主要邮轮港口概况如表4-7所示。

表4-7 大洋洲地区主要邮轮港口概况

港口	主要情况
奥克兰 (Auckland)	奥克兰是全世界拥有帆船数量最多的城市,所以又被称为"风帆之都",是南半球主要的交通航运枢纽,也是南半球较大的港口之一,世界著名的国际大都市
布里斯班 (Brisbane)	位于澳大利亚一个重要的度假休闲胜地布里斯班河口处的布里斯班港是澳大利亚近年来发展迅速的港口,布里斯班共有7700米的海岸线,27处泊位,其中1个为邮轮专门泊位,交通便利,距机场仅30分钟车程
墨尔本 (Melbourne)	墨尔本港是澳大利亚最大的港口,距市中心15分钟车程,其共有4个邮轮泊位,最长的达223米,深10.9米。邮轮码头每年接待海外游客61000人次,此外还为邮轮提供保养、维护等全方位的服务
悉尼 (Sydney)	悉尼港是重要的邮轮旅游目的地,并且是澳大利亚唯一的有两个邮轮码头的港口,达令港区的8号码头和圆形码头的国际邮轮游客码头,都位于悉尼市中心,并接近主要旅游区。每年的11月和次年4月的邮轮旅游旺季,悉尼邮轮港接待30多艘国际邮轮,其中公主邮轮将其作为邮轮母港

2.大洋洲地区主要旅游资源

(1)奥克兰(新西兰)。奥克兰是新西兰最大的城市和港口,位于新西兰北岛中央偏北地带。在港湾之外,散落着如同珍珠般的零星岛屿;港湾内,舟楫横陈,海水清澈,海湾大桥连着两个港湾,为新西兰较发达的地区之一,同时也是南太平洋的枢纽,旅客出入境的主要地点。在2015年的世界最佳居住城市评选中,奥克兰高居全球第三位,这也是连续三年奥克兰蝉联全球最适宜城市前三名。主要景点有连接奥克兰最繁忙的港口——怀提玛塔海港的海港大桥、伊丽莎白女王广场等等。

(2)悉尼(澳大利亚)。悉尼是澳大利亚乃至大洋洲第一大城市和港口,澳大利亚经济、金融、航运和旅游中心,世界著名的国际大都市。悉尼是多项重要国际体育赛事的举办城市,曾举办过包括1938年英联邦运动会、2000年悉尼奥运会及2003年世界杯橄榄球赛等。

作为国际著名的旅游胜地,悉尼以情人港、海滩、歌剧院和港湾大桥等标志性建筑而闻名遐迩,主要有以建筑形象独特而著称于世的悉尼歌剧院、中央海岸等。

(3)墨尔本(澳大利亚)。墨尔本是澳大利亚维多利亚州的首府、澳大利亚联邦第二大城市,澳洲文化、工业中心,是南半球最负盛名的文化名城。墨尔本有"澳大利亚文化之都"的美誉,也是国际闻名的时尚之都,其服饰、艺术、音乐、电视制作、电影、舞蹈等潮流文化均享誉全球。库克船长的小屋、哥摩大宅、哥林斯大街和昔日的国会大厦、最高法院等景点和建筑都很受欢迎。

(4)布里斯班(澳大利亚)。布里斯班是澳大利亚昆士兰州府城,位于澳大利亚本土的东北部,北缘阳光海岸,南邻国际观光胜地黄金海岸市。大都会区人口215万余,是澳大利亚人口第三大都会,仅次于悉尼与墨尔本。布里斯班是一个高速发展的城市,其中布里斯班的技术四角区尤为著名,在国际上有着很大的影响力。主要景点有因绵延长达32千米的金色海滩而得名的黄金海岸、南半球唯一以电影为主题的游乐区华纳兄弟电影城和全国最大的海洋公园海洋世界和谷林宾公园等。还拥有世界一流的住宿饭店、风景名胜、各种富有吸引力的主题游览区30多个,世界级的主题公园就有3个,因此享有"主题公园之都"的美誉。

三 世界著名邮轮母港

(一)迈阿密邮轮港口

1.地理位置

美国迈阿密是世界知名的邮轮之都,位于美国佛罗里达州比斯坎湾的道奇岛上,通过桥梁与市中心相连,南对加勒比海,东临太平洋,西临墨西哥湾。

2.港口概况

迈阿密的两座邮轮客运枢纽站(Miami Cruise Port)拥有世界上最先进的管理设施系统,能够同时为10000多名游客提供出行服务。还拥有许多相关设施,如舒适的休息大厅、多个商务会议大厅、全封闭并加装中央空调的游客上船通道,以及完善的订票系统、安全系统、登轮查验系统和行李管理操作系统等;拥有能够容纳七八百辆汽车的车库,先进的信息化服务能够高效率指挥码头内部的交通,为游客出行提供近乎完美的服务。

迈阿密海港是世界上最大的邮轮码头,这里是多家巨型邮轮公司的始发港,皇家加勒比、嘉年华、挪威游轮等公司旗下的数十艘巨无霸超级邮轮从这里出发,常年在风景如画的加勒比海和墨西哥湾等地往返游弋,每年旅客超过1800万人次。

这些邮轮设备豪华,适航性能上乘,每艘邮轮都像一个"五脏俱全"的浮动城堡,里面住宿、餐饮、商店、博彩、娱乐、网球、泳池、健身房、舞厅、图书馆等一应俱全。船上的免费餐饮和演出别有特色,一般快餐24小时开放,大型餐厅定时提供不同风味的午餐和晚宴,特别是在游客被要求着正装参加的"船长晚宴"上,菜肴品种之多、质量之优绝不逊于五星级饭店。邮轮上的歌舞秀更是一绝,因为多数邮轮公司会签约某大型表演公司,游客可以在旅途中免费欣赏到大型演出。得天独厚的自然环境和丰富的旅游资源造就了迈阿密发达的旅游业,年接待国内外游客近2500万人次,旅游业已成为迈阿密的经济支柱。图4-34所示为迈阿密邮轮母港。

图4-34 迈阿密邮轮母港

3.综合交通

迈阿密邮轮母港所处位置通江达海,位于比斯坎湾的道奇岛上,水域广阔,海上交通发达。港口内设多条道路,与市中心通过桥梁相连,市区内外公园密布,交通四通八达,服务设施十分完善。港口附近还有两大国际机场,距迈阿密国际机场不足10千米,仅有15分钟车程,迈阿密国际机场是世界上较繁忙的机场之一,是美国东南部重要的国际集散港,每年航空旅客超过3500万人次;距劳德代尔国际机场约80千米,该机场每天约有200驾次国际航班起降。

4.主要旅游资源

迈阿密是美国佛罗里达州东南部著名的滨海旅游城市,是美国第四大都市圈的核心城市,属亚热带气候,为美国本土冬季最温暖的城市。迈阿密是一个独具特色的区域,这里约一半的居民为西班牙裔,受拉丁美洲族群和加勒比海岛国影响,当地居民多使用西班牙语和海地土语,与中南美洲以及加勒比海地区在文化习俗上关系密切,拉丁风情浓郁,又被戏称为"美洲的首都"。

游览迈阿密举世闻名的南海滩,享受迈阿密的蓝天碧海和明媚阳光,外观海洋大道上著名意大利时装设计师范思哲1997年遇刺的传奇故居卡萨凯瑟瑞纳,不可错过2008年耗资10亿美金修葺一新的枫丹白露大酒店,这座迈阿密地标建筑之一的奢华传奇曾经是电影007《金手指》和《保镖》的拍摄场地。午餐后前往森赖斯小镇,这里的索格拉斯中心拥有350家商铺,30多家餐饮和娱乐休闲场所。在这里,可以尽情购买各大品牌的打折商品。

还有一些主要的旅游资源,具体如下。

(1)小哈瓦那。美国是个多民族移民国家,因此在迈阿密也有很多的外来居民,生活着大约50万古巴系人。小哈瓦那便是古巴、墨西哥和秘鲁等南美洲国家人民的聚集地,这里有很多拉丁美洲风情的酒吧、餐厅和商店。

(2)第八街。第八街是迈阿密一条东西向主街,最东端延伸至海边,街道最热闹的部分位于小哈瓦那,充满了复古的古巴异域风情,街道两侧是特色的古巴餐厅、雪茄店、纪念品小店等。

(3)海湾市场。海湾市场位于迈阿密港附近,是一个休闲观光码头。主体为一幢面朝海湾码头的建筑,屋顶为拱形的半透明状。这里除了当地的商店以外还有许多各国风味的餐厅。

(4)珊瑚山墙区。珊瑚墙区是迈阿密的富人社区,形成于19世纪20年代左右,颇有西班牙特色,绿树成荫,鲜花环绕。

(二)巴塞罗那邮轮码头

目前,巴塞罗那邮轮码头(Barcelona)是世界邮轮游客和邮轮公司较青睐的目的港口之一。根据《皇家国际邮轮杂志》(Royal International Cruise Magazine)的统计资料,巴塞罗那是欧洲第一大邮轮目的地港口,世界排名第四。同时它也是世界著名的旅游城市,酒店众多,服务精良,机场有国际航班接驳,港口有专门为邮轮而设的设施。这些因素都促使其成为邮轮公司的理想基地。

1.地理位置

巴塞罗那是西班牙的第二大城市,港口位于欧洲南部和地中海的西岸,依山傍海,地理位置优越。

2.港口概况

巴塞罗那港有7个邮轮码头,设备完善,每年接待大量的游客。这些邮轮码头地处市中心,游客乘坐公交车或出租车进出都十分方便。巴塞罗那港地中海的主要邮轮港,设有6个客运码头,同时可供9艘邮轮停泊。2007年,有800多艘次邮轮到达,乘客总数超过170多万,其宾馆、餐饮、交通的便利均在地中海各城市中领先,客流量长年不断。图4-35所示为巴塞罗那邮轮码头。

图4-35 巴塞罗那邮轮码头

3.城市交通

巴塞罗那公共交通非常方便,地铁四通八达,公共汽车很少有拥挤现象,普拉特国际机场与30多个国际城市之间有每日的直达航班,桑兹总火车站也是大多数国际列车的出发和到达地。

4.旅游资源

巴塞罗那是加泰罗尼亚自治区首府和西班牙第二大城市,市内罗马城墙遗址、中世纪的古老宫殿和房屋与现代化建筑交相辉映。不少街道仍保留着石块铺砌的古老路面。建于14世纪的哥特式天主教大教堂位于老城中央,连接和平门广场和市中心加泰罗尼亚广场的兰布拉斯大街是著名的"花市大街",西班牙广场上的光明泉巧夺天工,建筑怪才高迪设计的建筑在城市里留下了深深的印记,让人流连忘返。这里有高迪匠心独具设计的居埃尔公园、已动工一百年但迄今仍未完成的高迪的代表作神圣家族大教堂、西班牙各地建筑风格之缩影的西班牙村、巴塞罗那奥运会场、哥伦布纪念塔。如果漫步哥特区的国王广场,还能看到巍峨壮观的巴塞罗那大教堂。著名景点具体介绍如下。

(1)神圣家族大教堂。神圣家族大教堂位于巴塞罗那市区北部,是巴塞罗那最负盛名的观光胜地和地标,也是世界上唯一一座尚未完成便被列入世界文化遗产的建筑。教堂的建设工程由一个叫做约瑟芬的组织发起,目的是建造一座可以让颓废的人们向神祈祷和求得宽恕的赎罪堂,1883年由年仅31岁的建筑天才高迪接手成为总建筑师。

(2)米拉之家。米拉之家又名"石头屋",不规则的墙面和平台戴头盔的士兵造型的烟囱是它最著名的标志。这栋楼的波浪形的外观,是由白色的石材砌出的外墙、扭曲回绕的铁条和铁板构成的阳台栏杆,以及宽大的窗户组成的,可让人发挥想象力。

(3)巴特罗之家。巴特罗之家是一栋外形标新立异的公寓楼,位于巴塞罗那市中心著名的"不和谐街区"。这栋设计独特的楼是鬼才建筑师安东尼·高迪于成熟期的代表之作,你会看到整栋楼的墙面贴着彩色的马赛克、屋顶的样子酷似鱼鳞、像人骨一样的柱子以及面具造型的阳台,处处充满了魔幻色彩。每到夜晚华灯初上时,这栋楼在楼内灯光的映衬下会显得格外的妖娆。

(4)古埃尔公园。原本是20世纪初被开发作为高档居住区的地块,坐落于巴塞罗那市区北部的小山丘上,但由于14年内只卖出两户,后来被市政府收购开辟成公园对市民开放。被买走的两户住宅中有一户便是著名的建筑师高迪,他在这里工作和生活了20年,他的自然主义理念设计风格在这座公园里得到了充分展现。

(5)诺坎普球场。巴塞罗那足球队是21世纪第一个十年中首屈一指的球队,无论国内赛场还是欧洲冠军联赛,巴塞罗那几乎保持着每年两冠的战绩,其主场诺坎普球场也成为无法攻克的堡垒。诺坎普以其夸张的球场容量和主场氛围而闻名,平均每场比赛的到场观众达十万之众,球迷统一而狂热的助威声也使诺坎普成为所有对手的噩梦。即便置身场外,你也一定会为其雄伟豪迈的建筑规模而叹为观止。

(三)新加坡邮轮码头

新加坡是亚洲发展邮轮产业最早的国家,已形成了以邮轮母港运营为核心的邮轮母港产业集群。新加坡邮轮产业已历经多年发展,积累了丰富经验。其中,邮轮母港运营水平处于世界领先地位,被国际邮轮协会(CLIA)誉为"全球最有效率的邮轮码头经营者"。

1. 地理位置

新加坡邮轮中心位于新加坡港内,新加坡岛南侧班丹海峡内圣淘沙岛对岸,西临马六甲海峡的东南侧,东出新加坡海峡,该处扼太平洋及印度洋之间的航运要道,是世界的十字路口之一,战略地位十分重要。

2. 港口概况

新加坡邮轮中心水深12米,拥有两座国际候客站和2个300 m长,250 m宽的超大型邮轮泊位,能够提供24小时一站式服务。分别建在新加坡邮轮中心和新加坡滨海湾邮轮中心,邮轮游客接待量在2008年51.41万人次基础上稳步上升到2010年的100万人次,并一直保持在100万人次的水平上,到2015年年末新加坡邮轮游客接待量将达160万人。同时,以邮轮母港为中心形成的邮轮产业集群对新加坡区域经济的拉动效应十分显著,根据新加坡旅游董事会统计数据显示,2010年新加坡邮轮产业总收入5.2亿美元,其中邮轮配套产业(邮轮维护、维修、燃油、食品补给、管理等)收入3.03亿美元,游客拉动消费(住宿、购物、餐饮等)额达2.08亿美元,国际船员的消费贡献达0.9亿美元。2011年到新加坡旅游人数双倍增长,达1320万人次,旅游收入达2230万新元,比2010年同期增长18%。新加坡旅游局透露,2014年邮轮旅游直接消费额超过5亿新元。

新加坡邮轮中心的离境大厅位于港湾中心二楼。港湾中心坐落在大海之滨,是购物者的天堂,设有多个时装店、药店、银行、酒店、美食广场、超市、诊所和邮局,是新加坡大型的商务和消费中心。图4-36所示为新加坡邮轮码头。

图4-36 新加坡邮轮码头

3.综合交通

新加坡邮轮中心位于班丹海峡内,西临马六甲海峡的东南侧,东出新加坡海峡,是太平洋及印度洋之间的航运要道,共有250条航线来往世界各地,约有80个国家和地区的130多家船队的各种船舶日夜进出该港。邮轮中心陆地交通十分便捷,东海岸的高速公路(ECP)、亚逸拉惹高速路(AYE)和中央高速公路(CTE)等主要高速公路都由此通过;海湾地铁站正好位于港湾中心,通过东北地铁把海湾中心与新加坡其他地区连接起来。此外,新加坡的公交系统相当发达,大众捷运系统是新加坡最快捷的交通工具,在市内许多停靠站,并通过数个观光胜地,服务时间长。樟宜机场是亚洲的主要航运枢纽,距邮轮中心21千米,仅半小时车程,有80多家航空公司的飞机在此起降。

4.旅游资源

新加坡是东亚第四富裕地区,仅次于中国香港、日本和韩国,属于新兴的发达国家。新加坡也是亚洲较重要的金融、服务和航运中心之一。新加坡在城市保洁方面成绩斐然,故有"花园城市"之美称。新加坡虽然国家小,但旅游资源也较丰富,主要有鱼尾狮公园、圣安德烈教堂、新加坡国家博物馆、国家兰花园、圣淘沙岛、动物园、夜间野生动物园、裕廊飞禽公园、新加坡美术馆、滨海艺术中心、哈芝巷等。

(1)圣安德烈教堂。圣安德烈教堂是新加坡著名的教堂,是一座哥特式的教堂,全身洁白光滑,尖顶直插云霄,早在1823年,莱佛士就选定了地址来建设教堂。1837年落成并开始使用。可是这座教堂命运多舛,刚建成的十几年里就遭遇了两次雷击的破坏,在1852年到1856年期间经历了关闭、重建。1862年,在罗纳德麦佛森(Ronald Macpherson)设计下,重建完成。当时为了节省建设的成本,上校采用了具有特殊建筑技术的印度籍的囚犯来建设教堂。他们运用了印度人采用的建筑技术,把石灰、贝壳、糖和蛋白调和成糊状,再掺入水和椰子壳,制成了石膏原料,将这种石膏原料涂在教堂的外观。正是由于这种特殊的石膏,才能让圣安德烈教堂历经百年的风吹雨打,仍然光滑洁白。为了表彰罗纳德麦佛森的贡献,特别建设了西翼门上的彩绘玻璃窗和草地上的纪念碑。在教堂的南侧,设有小型的游客中心,游客可以通过有关教堂历史的图片、文字和录像来了解教堂。

(2)新加坡国家博物馆。新加坡国家博物馆是新加坡历史最悠久的博物馆,可以追溯到1849年。新古典主义的建筑外观完成于1887年。博物馆古典的建筑外表下是现代化的装饰,古典与现代完美结合的历史空间。博物馆大体分为新加坡历史馆和新加坡文化生活馆。新加坡历史馆提供电子音频视频向导,介绍每个展品。观看完视频后,游客可以自由选择是以历史时间为顺序的路线还是以人物为线索的路线来参观。新加坡文化生活馆有四个主题,它们是传统美食、时尚潮流、摄影技术与电影戏剧,呈现20世纪新加坡民众生活。博物馆内还有360度的投影屏幕,全天反复播放影片,展示了新加坡现代繁忙的都市生活。

(3)兰花园。花园拥有700多种兰花,主要是以全世界有名的女性来命名的,包括到访新加坡的撒切尔夫人和戴安娜王妃的同名兰花。在众多兰花中,最有名的莫过于新加坡的国花——卓锦万黛兰(Vanda Miss Joaquim)。卓锦万黛兰(Vanda Miss Joaquim)号称超级天后,1893年被亚美尼亚籍的艾尼丝·卓锦(Vanda Miss Joaquim)在当地意外发现。

(4)圣淘沙岛。圣淘沙岛以前是渔村和英军的堡垒基地,直到1967年,新加坡政府把它收回并将它建成一个度假胜地。跨海大桥连接了圣淘沙岛和新加坡本岛。圣淘沙距离新加坡本岛才半公里。

海之诵（Songs of the sea）是以海洋为舞台，天空作背景，运用烟火、激光、喷射水柱、计算机合成影像、火焰爆破及迷幻音乐等手段来讲述一个古老的海洋故事。

西罗索炮台（Fort Siloso）驻守在圣淘沙的最西端，原是英国殖民者为了保护进出新加坡港口的船只而修建的。西罗索炮台分为3大区域，它们分别是红区、Tunnel B Complex 和 Tunnel C Complex。

海底世界（Underwater World）是东南亚最大的海底世界。长达83米的观赏水中动物的隧道是电动人行道，游客站在缓缓前行的电动人行道，抬头看看在头上游来游去的大小鲨鱼、鳗鱼等海鱼。最刺激的就是危险鱼走廊，能对人或动物造成生命威胁的鱼类集中在这里，像电鳗、水虎鱼等。

海豚乐园（Dolphin Lagoon）的粉红色的海豚吸引游客不远万里来到这里。印度洋的弓背海豚拥有罕见的粉红色的皮肤，聪明灵巧。它在每天固定上演的"Meet-the-Dolphin"上大秀特技。不管是跳跃、顶球还是用尾巴走路的表演都能引来阵阵掌声。

天空之塔（Carlsberg Sky Tower）位于圣淘沙空中缆车站前方，游客在新加坡最高的瞭望台上可以极目观赏新加坡的全景，朝远方望去，新加坡、马来西亚、印度尼西亚逐一闯入眼帘。

（5）夜间动物园。一般来说，动物园都是白天开放，晚上关闭，可是夜间野生动物园（Singapore Night Safari）则正好相反。夜间野生动物园是全球第一座夜间野生动物园，位于新加坡动物园旁边。像新加坡动物园一样，这里也不用栅栏围住动物，而是利用岩石、溪流及花草树木等天然的环境，打造一个适合夜间动物居住的丛林环境。在不影响动物生活的情况下，通过微妙的灯光技术，游客可以清楚地观赏上千只神态各异的动物。

（6）美术馆。新加坡美术馆（Singapore Art Museum）是东南亚第一座符合国际标准规格的美术馆。这座美术馆并不大，但是处处透出了艺术的美，珍藏了超过6500件美术作品，主要是新加坡及东南亚的传统及现代的美术作品，不仅有名家作品还有来自民间的作品。美术馆常常与欧美合作，曾经举办过纽约古根汉博物馆的blockbuster秀、Leonardo da Vinci：Artist-Inventor-Scientist及法国现代艺术起源等主题的活动。

（7）滨海艺术。滨海艺术是新加坡人熟悉的艺术表演场地。独特的造型让人一眼就可以认出来：圆形的屋顶。所以艺术中心又有"榴莲"的称号。它濒临海湾，里面的设备是十分齐全的。不仅有基本的艺术中心都有的音乐厅、剧院、演奏厅以及排练室等，还有一个户外表演中心。在观看演出的休息之余，你可以到这里的购物中心逛逛，也可以到这里的国际风味餐馆去品尝美食，还可以到这里的图书馆去看书，这里是新加坡首家艺术类的博物馆，里面有大量的音乐和艺术的书籍以及一系列的多媒体资料。很多艺人还会选择在这里开演唱会，要是来到新加坡的时候遇上了一定不要错过哦，这里平时还会有音乐剧、舞蹈、戏剧的演出等。

（四）中国香港海运大厦邮轮码头

1.地理位置

中国香港作为亚洲重要的邮轮母港，具有其天然和独特的地理位置优势。香港地处于东亚海域的中心地带，连接着东亚和东南亚，特别是其直通中国内地，位于日渐富裕的珠江三角洲，连通着广阔的中国内地市场。

2.港口概况

香港主要邮轮码头位于维多利亚湾侧的海运大厦,邮轮泊位长达380米,宽75米,可以同时停泊两艘大型邮轮或者四艘小型邮轮。附近的单向行车系统可以调配货车直接上船进行补给。码头的游客服务设施占地740平方米,周围的高档零食和饮食商店占地4万平方米。

海运大厦(Ocean Terminal)位于香港九龙尖沙咀,由九仓发展,于1966年3月22日开幕,除码头外,还包括约1111平方米的写字楼,以及72000平方米的商场。而海港城的商场部分则是全香港面积最大购物中心。

海运大厦原址属九龙仓码头的一部分。1960年代,九龙仓集团决定将码头用地分批重新发展。1963年,九龙仓码头获香港政府资助,斥资7000多万元将原有的第一号码头重建为楼高4层的海运大厦,成为最早重建完成的建筑。在1960年代,海运大厦是当时香港仅有和最早落成的大型商场,占有很重要的地位。商场内除了设有1200个车位的停车场外,还设有112间商店、2间餐厅、4间酒吧、邮局及美容院。在1987年海运大厦进行首次庞大翻新工程,形成现今的面貌。玩具反斗城的舰艇店(曾经是全港唯一且面积最大的分店)亦在1986年设在商场内。

到了2003年,海运大厦进行第二次庞大翻新工程,包括将地下至一楼的连卡佛百货公司搬迁至马哥孛罗香港酒店,原址改建为多间儿童店铺、特色食肆及在一楼设立大型化妆品百货公司Faces。到了2008年6月,海运大厦进行第三次翻新工程,包括更换商场地下的地板、假天花、更换及新增四条扶手电梯。不少著名邮轮曾在海运大厦停泊,包括曾是世界最大邮轮的伊丽莎白二世号,而访港的外国军舰亦多停靠海运大厦。图4-37所示为中国香港海运大厦邮轮码头。

图4-37 中国香港海运大厦邮轮码头

3.综合交通

海:香港地处于东亚海域的中心地带,连接着东南亚和东亚,与亚洲地区主要的邮轮港口有便捷的海上通路,且距离都在7日航程之内。因此,国际邮轮公司选择香港作为邮轮航线的枢,使之成为许多亚洲之旅的中途站。

陆:香港拥有高度发展及复杂的交通网络,主要由铁路、巴士、小巴、的士、渡轮及由公路、桥梁及隧道等组成。香港有90%的市民使用公共交通工具,比率为全世界最高。

空:香港海运大厦码头至香港国际机场仅约34公里,近半小时车程,2010年起,香港国际机场的货运量连续7年位居世界第一位,也是以国际旅客客运量计算世界第二最繁忙机场。机场连接全球约190个航点,超过100家航空公司在机场营运,每天提供逾1100班航班。2016年,香港国际机场的总客运量达7050万人次,总航空货运量共452万。

4.旅游资源

香港作为中西文化汇流的聚点,高度的文化差异造就了香港成为国际性的大都会。这里可谓包罗万象,这是个浓缩的精华的世界,是繁华热闹的不夜城,它也成为人人欲看的万象之都。

(1)香港迪士尼乐园。香港迪士尼乐园位于香港新界大屿山,占地1.26平方千米,在2005年9月12日正式开幕,由香港政府及华特迪士尼公司联合经营的香港国际主题乐园有限公司建设及营运,是全球第5座、亚洲第2座,中国第1座迪士尼乐园。乐园分为7个主题园区,分别为:美国小镇大街、探险世界、幻想世界、明日世界、玩具总动员大本营、灰熊山谷及迷离庄园,其中灰熊山谷和迷离庄园为全球独有。园区内设有主题游乐设施、娱乐表演、互动体验、餐饮服务、商品店铺及小食亭。此外,乐园每天晚上会呈献巡游表演节目及烟花会演。

(2)昂坪360。昂坪360是连接昂坪的缆车系统,"360"代表旅客可在缆车上饱览360度的景色,缆车全程长5.7公里,车程约需25分钟,是目前营运距离最长的吊挂式缆车,比搭乘巴士上山前往昂坪可节约40余分钟,既能在空中欣赏周围的山光水色,又有效节约了时间,已成为游客们前往的首选之地。缆车全程分为三段,在东涌缆车站发出,首先跨过海湾到达机场岛上的转向站,接着向南转60度在弥勒山山坡上方缓缓攀升,于山腰处到达第二个转向站转向,再朝正南方向登上山顶昂坪缆车站。沿途山光水色怡人,碧海青山就在脚下,遥望宏伟的宝莲禅寺,远眺海天尽头辽阔悠远的南中国海,是非常难得的高空观景体验。第一段途径赤腊角,可以很清楚地看到香港国际机场,幸运的话还能欣赏飞机起降的场景,这个时候记得抓住时间和飞机合个影。如果返程也选择乘坐缆车,能够赶上半空中欣赏日落西山的醉人美景就更加完美了。标准车厢是缆车项目里比较常见的车厢,乘坐比较有安全感,而水晶车厢的全透明车底设计,令搭乘过程更显刺激,欣赏的美景更加震撼。缆车终点站旁就是昂坪市集,这里规划了亭台楼阁以及商店街区,你可以选购特色纪念品或是在餐厅用餐。还布置着一排缆车车厢,车身涂装不同代表的国家不同,也是游客们合影留念的好景观。

(3)香港海洋公园。香港海洋公园是一座集海陆动物展览、机动游戏和大型表演于一身的主题公园,分为高峰乐园和海滨乐园两个主要区域,内里再分为8个不同主题的区域,包括亚洲动物天地、梦幻水都、威威天地、热带雨林天地、动感天地、海洋天地、急流天地及冰极天地，提供各式各样的景点及娱乐体验。并且跻身为世界级主题公园，于2012年获颁全球最佳主题公园（The Applause Award）大奖。

（4）维多利亚港，简称维港。维多利亚港位于香港特别行政区的香港岛和九龙半岛之间，是亚洲第一、世界第三大海港。由于港阔水深，为天然良港，香港因而拥有"东方之珠"、"世界三大天然良港"及"世界三大夜景"之美誉。维多利亚港的海岸线很长，南北两岸的景点多不胜数。香港岛一岸既有充满现代感的高楼大厦和已成地标的香港会展新翼，也曾有怀旧的天星小轮码头。日间蓝天白云碧水，小船和万吨巨轮进出海港，到了夜晚便更加灯火璀璨，缔造"东方之珠"的壮丽夜景。维多利亚港两岸的夜景是世界知名的观光点之一，由于香港岛和九龙半岛高楼大厦满布，入夜后万家灯火，相互辉映，香港的夜景因而与日本函馆和意大利那不勒斯并列为"世界三大夜景"。为庆祝特别节日及吸引游客，维港每年都会举行数次烟花表演。

（5）尖沙咀。尖沙咀是九龙的明珠，也是购物者的天堂。尖沙咀区内设有不少购物商场，包括新港中心、太阳广场、美丽华商场、新世界中心等，其中海港城是一超级大型商场，邻近尖沙咀天星码头，由海洋中心、港威、海港城新域、海运大厦四个部分组成，内含超过400间餐厅和商店，两间戏院和大型玩具公司玩具反斗城，另设有可环视维多利亚港景色的观景台。也有一些面积较小，适合青年人口味的商场，包括百利商场、利时商场及在重庆大厦旁的重庆站。白天，弥敦道两旁的美食餐厅、国际精品店里游客如织；夜里，坐拥维多利亚港的星光大道开启七彩灯火，成为香江最引人注目的焦点。24小时的精彩活动轮番上演，要特别注意，弥敦道两旁的大街小巷暗藏着不少特色店铺，出售当地著名的商品与美食，很值得游客前往品赏。

（四）我国主要邮轮母港的分布

根据2015年《全国沿海邮轮港口布局规划方案》提出，2030年前，全国沿海形成以2～3个邮轮母港为引领、始发港为主体、访问港为补充的港口布局。在始发港布局中，提出辽宁沿海重点发展大连港，津冀沿海以天津港为始发港，山东沿海，以青岛港和烟台港为始发港，长江三角洲，以上海港为始发港，相应发展宁波—舟山港，东南沿海以厦门港为始发港，珠江三角洲近期重点发展深圳港，相应发展广州港，西南沿海以三亚港为始发港，相应发展海口港和北海港。

目前我国正在使用的国际邮轮港口共15家，其中邮轮专用码头有8家。上海吴淞口国际邮轮港、上海港国际客运中心、天津国际邮轮母港、青岛邮轮母港、深圳招商蛇口国际邮轮母港、三亚凤凰岛国际邮轮港、舟山群岛国际邮轮港、厦门国际邮轮中心等8家为邮轮专用码头；大连港国际邮轮中心、广州港国际邮轮母港、烟台港、秀英港、温州国际邮轮港、防城港港、北海港等7家是通过货运码头改造而成的港口。中国沿海地区已初步形成三大港口群，包括依托长江三角洲和环渤海湾的东北亚邮轮港口群、依托珠江三角洲及环北部湾形成的东南亚邮轮港口群和依托海峡西岸和台湾岛形成的海峡两岸邮轮港口群。具体介绍几个邮轮母港。

(一)上海吴淞口国际邮轮母港

上海吴淞口国际邮轮港由上海市宝山区政府与中外运上海长航联合成立,位于上海吴淞口长江岸线的炮台湾水域,即长江、黄浦江、蕰藻浜三江交汇处,地理位置优越,水陆交通便利,以上海为起点,邮轮可以在 48 小时到达香港、台湾地区以及韩国、日本、新加坡。母港岸线总长度将达 1600 米,布置 2 个 22.5 万吨级和 2 个 15 万吨级总计 4 个大型邮轮泊位,建筑面积 7.9 万平方米,达到"四船同靠"的接待能力,年总接待能力可达 350 万人次。

(二)天津港国际邮轮母港

天津港国际邮轮母港地处京津城市带和环渤海经济圈交汇点,是我国连通新欧亚大陆桥经济走廊和中蒙俄经济走廊的重要起点,具体位于天津港东疆港区南端,与东疆保税港区毗邻,是中国唯一坐落于自由贸易试验区内的邮轮母港,也是我国北方最大的邮轮母港。

2010 年 6 月 26 日正式开港,共 4 个泊位,岸线总长 1112 米,年接待量达 90 万人次。2017 年 3 月,天津国际邮轮母港口岸正式开通启用 9 条自助查验通道,成为天津乃至整个北方邮轮口岸首个开通自助查验通道的对外开放口岸。从 2017 年 12 月 28 日起,天津国际邮轮母港正式对奥地利、俄罗斯、美国、澳大利亚、韩国等 53 个国家持有国际旅行证件和 144 小时内确定日期、座位,前往第三国(地区)联程客票的外国人,实施过境免办签证政策。

(三)青岛邮轮母港

青岛邮轮母港位于青岛港老港区 6 号码头,2015 年 5 月 29 日正式开港,由青岛港集团投资建设,在码头前沿配套建设国际标准的邮轮母港客运中心,总建筑面积 6 万平方米,建有 3 个邮轮泊位,岸线总长度 1000 多米,年接待能力达 150 万人次,其主要功能为联检大厅,同时配套免税商店等商业服务功能,是太平洋西海岸重要的国际贸易口岸和海上运输枢纽。港内水域宽深,四季通航,港湾口小腹大,是我国著名的优良港口。2017 年 6 月 8 日,在船方、港方、海关与检验检疫部门的共同见证下,来自西班牙、意大利的邮轮船供物资从青岛邮轮母港顺利装载上船。标志着青岛邮轮母港成功开展"全球采购、邮轮直供"进口物资邮轮船供的邮轮港口。

(四)厦门国际邮轮母港

厦门国际邮轮母港是我国东南沿海的天然深水良港,地处上海与广州之间,福建省东南的金门湾内,九龙江入海口。它面向东海,濒临台湾海峡,与台湾、澎湖列岛隔水相望,为我国东南海疆之要津,入闽之门户。厦门港岸线总长度为 1419 米,建设 4 个泊位,年接待量达 77 万人次。2017 年起,厦门邮轮母港积极推进"邮轮+目的地"创新模式落地,利用母港、邮轮商、旅行社多方优势,推动邮轮游客与来厦游客相互转化,吸引全国游客来厦乘坐邮轮、在厦观光,延伸推广海上游、岸上游、环岛游、海岛游,使邮轮产业助推厦门旅游业全面升级,助力全域旅游发展。

工作任务二　分析影响邮轮码头发展的主要因素

任务导入

随着邮轮旅游的日渐风靡，李雷作为旅行社的员工，经常接待一些邮轮旅游的乘客，也搜寻了许多邮轮旅游的讯息。他了解到中国邮轮旅游发展实验区的获批，将助力福州融入"一带一路"建设，打造"21世纪海上丝绸之路"枢纽港口。李雷开始思考，福州要想发展成为著名的邮轮港口，将受到哪些因素的影响？怎样发展，才能受到广大邮轮乘客的青睐？

任务解析

1. 福州是我国第五个邮轮旅游发展实验区，可借鉴上海、天津、深圳、青岛成功的经验。
2. 我国著名的邮轮母港较少，可更多借鉴世界著名邮轮母港成功的经验。
3. 福州是"21世纪海上丝绸之路"的重要节点城市，联系了许多"一带一路"的国家和地区，在地理位置上占有重要的优势，市场前景十分广阔。
4. 福州邮轮旅游发展实验区总面积5.5平方千米，位于长乐松下港，东临东海，北邻福州滨海新城与下沙滨海度假区，西接福清元洪投资区，是福州滨海新城重要海上门户。福州是滨海度假旅游城市、港口城市、国家历史文化名城，进行福州港口规划与经营时，要体现福州特色，不可一味模仿。

任务拓展

中国上下五千年的文化，大部分都是大陆文化，有人说中国人骨子里没有海洋基因，且中国历史中跟海洋相关的故事确实相对较少。如今，随着邮轮旅游的渐渐风靡，加之中国"一带一路"的政策指引，"海上丝绸之路"又开始进入人们的视野。中国人开始更多地关心起了邮轮旅游。2015年，天津提出"中国邮轮旅游发展实验区建设三年行动方案"，未来，中国人将更多地开始海上探秘。请认真研读《中国邮轮旅游发展实验区建设三年行动方案（2015—2017年）》及相关资讯，谈谈未来我国邮轮港口应该如何以旅游为契机发展壮大。

相关知识

一　邮轮母港的发展条件

邮轮母港的诞生和发展，既是人工之作，也是天然禀赋，两者缺一不可。纵览国际著名的邮轮母港，如迈阿密、巴塞罗那、新加坡等，都有以下几个特点。

(1) 港区接近城市中心，水深和航道条件良好，岸线较长。
(2) 全年停靠泊邮轮数量和客流量较大。
(3) 周边配套设施的旅游资源丰富，著名景点较多。
(4) 陆、空交通便利。
(5) 码头附近拥有高标准的大型购物、餐饮与酒店设施。
(6) 具有符合国际法规和惯例的出入关和口岸管理程序。
(7) 拥有现代化的码头设施及可持续发展的条件。
(8) 当地设有良好的邮轮维修基地。

二 世界著名邮轮母港的成功经验

（一）美国迈阿密邮轮码头

业界常用这样一句谚语来形容迈阿密在邮轮业中的地位："全球70％的邮轮从北美始发，其中70％又从迈阿密出发。"迈阿密一直享有"世界邮轮之都"（Cruise Capital of the World）的美誉，同时也是美国国内首屈一指的海港城市，海岛旅游资源丰富。迈阿密邮轮码头发展经验如下。

1. 现代化的港口设施和四通八达的交通网络为邮轮码头的深入发展奠定了坚实的基础

美国迈阿密邮轮码头拥有包括休息大厅、商务会议大厅以及停车场等在内的各种现代化港口基础设施。据悉，迈阿密邮轮码头的办票大厅拥有多个办票柜台，能够确保游客在10分钟内办理完手续。客运大楼2万平方米的建造面积和候船大厅6800个座位保证登轮的游客有足够的空间休息。

2. 无微不至且便捷的人性化服务理念是迈阿密邮轮码头的生命线

迈阿密邮轮码头除了拥有规范的客运业务流程，其私人汽车与汽车、自动银行等服务也让游客感受到了无微不至的关怀。客运大厅透明的玻璃幕墙使得游客在安检时即可看到后面的登船流程，这一人性化的设计无形中提高了整个通关速率。除此以外，迈阿密邮轮码头的便捷式服务也给游客提供了极大的方便。邮轮码头周边的沙滩浴场等配套服务也为游客的出行增添了许多乐趣，打消了候船时的乏味与空虚。

3. 先进的管理操作系统为邮轮码头的高效运营提供了重要保障

据悉，该邮轮码头能够同时满足八千到一万名游客的上下船需要。此外，先进的信息系统还被广泛应用于邮轮码头内部交通的指挥上来。这些现代化的管理服务手段为迈阿密邮轮码头的高效运营提供了重要的保障。

4. 全方位、主动式的营销和推广活动增加了迈阿密邮轮码头的市场知名度和活力

迈阿密邮轮码头会定期或不定期地策划不同的主题活动来吸引不同层次、不同喜好的游客。如一月份的装饰艺术周末、椰林艺术节、迈阿密国际游艇展；二月有南海滩美酒美食节；三月有展示迈阿密拉丁风情的迈阿密狂欢节等。

此外,迈阿密邮轮码头总是能根据抓住游客的需求,主动地开发出各种具有特色的旅游产品。例如,为使游客能够充分利用登轮前和下船后的时间体验当地旅游特色。与此同时,为满足喜欢购物的游客的需求,迈阿密邮轮码头打造了贝赛德市场购物一条街。

(二)新加坡邮轮中心

新加坡邮轮中心始建于1991年,位于港湾城,是新加坡第一个邮轮码头,也是世界著名的邮轮母港。新加坡邮轮中心发展经验如下。

1."枢纽型"的邮轮港口发展模式值得借鉴

新加坡邮轮中心位于班丹海峡内,西邻马六甲海峡的东南侧,东出新加坡海峡,是太平洋和印度洋之间的航运要道。陆上交通也十分便捷,东海岸的高速公路、阿逸拉惹高速公路和中央高速公路等主要高速公路由此通过。港湾地铁站正好位于港湾中心,通过东北地铁线把港湾中心和新加坡其他地区连接起来。此外,邮轮中心距离樟宜机场仅有21公里,约半小时车程,这为邮轮游客节省了大量时间。新加坡邮轮中心通过建造符合国际标准的邮轮码头,吸引邮轮到港停靠,从而发展成为区域航线重要的节点。

2.完善的邮轮港口综合服务配套

邮轮港口与其他港口的最大区别在于,邮轮港口是一个旅游目的地,并具有综合服务的功能。新加坡邮轮中心位于新加坡港内,毗邻新加坡较大的购物中心之一——怡丰城,其对面的圣淘沙岛坐落着众多的旅游景点。

3.行业联盟式的战略推广模式效果明显

在邮轮港口的宣传推广方面,新加坡邮轮中心通过行业(邮轮港口)联盟的方式获得了市场知名度与行业认可。2010年6月新加坡邮轮中心和上海中国邮轮港口缔结为"姐妹港",并共同倡议发起成立亚洲邮轮港口协会。该协会的目的在于促进邮轮港港口运营商和业主之间的共同理解,将亚洲邮轮业期望的共同标准提升到国际水平的服务及运作。

通过与区域内国家:中国、印度、日本、韩国、马来西亚、斯里兰卡、菲律宾的邮轮港口实现战略联盟,新加坡邮轮中心的推广和宣传取得了较为明显的效果。

4.高效的管理运作为新加坡邮轮中心赢得了巨大的行业声誉

新加坡邮轮中心的高效运作是其取得成功的又一重要因素。据悉,每年约有数百艘国际邮轮到访新加坡港。因为其出色的接待效率,新加坡邮轮中心也被世界组织誉为"全球效率最高的邮轮码头经营者"。高效的管理运作为邮轮中心赢得了行业声誉和游客的认可。

(三)西班牙巴塞罗那D号邮轮港

1.巴塞罗那D号邮轮港基本信息

巴塞罗那D号邮轮港的基本信息如表4-8所示。

表 4-8　巴塞罗那 D 号邮轮港基本信息表

规　　模		巴塞罗那 7 个邮轮港中最大的邮轮港
占地面积		5.8 km²
服务对象		最大邮轮游客 4500 人/船次
泊位	个数	1
	长度(m)	630
	水深(m)	满足吃水 12 m 邮轮停靠
码头前沿	宽(m)	22
客运大楼	个数	1
	层数	2
	总面积(m²)	10500
	特殊设施	儿童游艺室、购物点、VIP 休息室
周边服务设施		巴塞罗那港修理船厂

2.西班牙巴塞罗那 D 号邮轮港发展经验

(1)港口的景观化设计。

根据邮轮港口也是旅游目的地的设计理念,巴塞罗那 D 号邮轮港口候船大楼充分考虑了港口的景点化设计,在其露台上即可远眺湛蓝的地中海,景色相当优美。这种景观化的邮轮港口设计不仅舒缓了游客通关的紧张氛围,也为邮轮港口的经营管理提供了便利。

(2)"私人服务型"的邮轮港口管理模式为巴塞罗那 D 号邮轮港注入了发展活力。

巴塞罗那港共有 7 个专用邮轮泊位,分别由 3 家不同的公司经营,其中 D 号邮轮港由嘉年华集团投资建设,目前由 Costa Crociere 公司经营,被称作 Palacruceros,于 2007 年投入使用,距离市区 2.5 千米。

巴塞罗那 D 号邮轮港由嘉年华集团投资兴建,并由 Costa Crociere 公司来负责日常的经营。这种私人部门负责投资邮轮港口基础设施和经营性设施,并根据自身的商业目标进行港口运作的邮轮港口管理模式是典型的"私人服务型"模式。

(3)以人为本、客户至上的人性化的服务理念。

为使游客有一个温馨的休息环境和便利的消费条件,D 号码头候船大厅提供了包括贵宾休息室、儿童游乐区和免税店在内的多元化服务。据悉,巴塞罗那 D 号邮轮港内并无专门"一关三检"区域。反观目前国内邮轮港口的服务现状,"一关三检"占用了候船大楼的大量面积,游客等候区域反而较小。巴塞罗那 D 号邮轮港这种以人为本、客户至上的服务理念值得学习。

(4)高效的管理水平得益于科学的工作流程和运作效率。

巴塞罗那 D 号邮轮港口的运作效率值得一提。据了解,D 号邮轮港仅有 5 名全职管理人员便能够为游客提供出入境手续办理和行李处理等服务,并保持了邮轮港快捷、舒适的环境,取得了令游客满意的表现。这无疑得益于其高效的工作效率和科学的管理流程。

(四)中国香港启德邮轮码头

1.香港启德邮轮码头基本信息

启德邮轮码头(Kai Tak Cruise Terminal)全长约850米,楼高3层,大楼内有长达42米的无柱空间。码头设有两个泊位,水深均达12米至13米,泊位面积为850米×35米,分别可以停泊长达455米及395米的邮轮。启德邮轮码头建筑物及首个泊位于2010年5月动工。表4-9所示为香港启德邮轮码头基本信息。

表4-9 香港启德邮轮码头基本信息

位 置	九龙承丰道33号
功能分区	行李处理区、清关大堂、客运连接廊、出入境大堂、登船大堂、天台公园、附属商业区及停车场
通关效率	每小时处理3000名旅客
泊位数	2
第一泊位开放日期	2013年6月(第一个泊位为455米长×35米宽)
第二泊位开放日期	2014年(第二个泊位为395米长×35米宽)
泊位面积	850米长×35米宽
可靠泊邮轮吨位	11万吨排水量/22万总吨位
码头水深	12~13米(疏浚工程深度)

2.香港启德邮轮码头发展经验

(1)"地主型"邮轮港的管理模式值得借鉴。

据悉,启德邮轮码头由香港政府投资兴建,码头硬件出租给码头营运商并收取租金,政府则保留土地及码头的业权。2012年3月,启德邮轮码头的营运和管理由环美航务、皇家加勒比邮轮及信德集团辖下的冠新公司等3家公司组建的新公司:Worldwide Cruise Terminals Consortium(WCT,全球邮轮码头财团)承租。

政府则根据WCT的营运表现收取营运商的浮动租金,WCT可根据市场情况和变化,制定邮轮停泊的收费标准,并做出适当调整。政府将会通过管理委员会及营运商家所提交的服务承诺及考核指标,监察码头的营运情况。

香港启德邮轮码头的管理模式是典型的"地主型"邮轮港"政府投资建设、企业管理运营"的运行模式。这种管理模式不仅减轻了政府的负担,同时也提高了邮轮港口的生命力和活力。

(2)积极主动、组合式的邮轮港口宣传推广模式。

据了解,为提升市场知名度,香港启德邮轮港与邮轮公司合作投资宣传。并定期邀请香港旅游业人士、启德邮轮码头营业商Worldwide Cruise Terminals Consortium、皇家加勒比国际邮轮、公主号邮轮、歌诗达邮轮及其所属公司Canival Asia、Crystal Cruises、Azamara Club Cruises和丽星邮轮以及邻近邮轮港口、码头负责人来到香港参观启德邮轮码头,以及举行邮轮论坛。

除此以外,香港启德邮轮港积极加强与香港旅游业议会的合作,通过在启德邮轮码头主办邮轮假期博览会和举行讲座来推介相关行程,介绍邮轮种类、船上注意事项、岸上观光及旅游保险等,从而大大加深了香港市民对邮轮旅游的接受和喜欢程度。

三 相关国际经验对中国邮轮港口发展的启示

(一)完善邮轮港口配套,提升邮轮港综合服务水平

邮轮港口的建设是一个系统工程,需要大量的综合配套作为支撑,而不仅仅是承担一个普通客运港口的职能。从迈阿密邮轮码头、劳德代尔堡邮轮港、新加坡邮轮中心和西班牙巴塞罗那邮轮港的发展实践中不难发现,一个成功的邮轮港口一定是一个配套设施丰富、功能完备,并且能够提供现代化服务的"综合体"。为此,中国邮轮港口在未来的建设过程中,要着力提升其综合配套服务能力,将餐饮、金融、交通、购物、观光等邮轮经济要素进行高效集聚,更好地满足邮轮公司和游客的需求。

(二)注重规划科学性,实现港区功能协调性

国内邮轮港口的建设与国外相比有一个较为突出的差异,即国内方面更加注重邮轮港口的外观造型而不是其功能实用性。这除了与我国的经济体制、规划理念等因素相关以外,还与我国邮轮港口经营管理缺乏实践经验有关。

西班牙巴塞罗那 D 号邮轮港的娱乐化和景观化设计给人留下了难忘的印象。然而,从实际情况来看,国内邮轮港口的休闲娱乐性和景观化设计并没有得到足够的重视,这也从一个侧面反映出了我国旅游经济的成熟度不够。为此,中国邮轮港口的二期建设工程要突出其便捷性和娱乐舒适性,合理地匹配客运大楼中游客接待区域和办公区域之间的比例,而不能再一味地注重其外观的华丽性。

(三)强化员工服务理念培训,提升游客体验水平

邮轮港口的生存发展势必受到邮轮旅游业大环境的影响,邮轮港口与邮轮旅游二者之间相辅相成,有着"唇亡齿寒"的利害关系。这就要求我们的邮轮港口工作人员要站在一个更加全面、宏观和理性的角度来看待邮轮港口在邮轮旅游产业链中的重要性,以更加饱满的热情和更加人性化的态度参与到邮轮港口的日常运营和管理服务中。

迈阿密邮轮码头将无微不至以及便捷的人性化服务理念视为其生命线;巴塞罗那 D 号邮轮港以人为本、客户至上的人性化的服务理念让邮轮游客有了一种宾至如归的美好体验。在邮轮港口的服务水平方面,中国邮轮港口在后续的运营过程中,应当争取使游客在邮轮港口就能体验到邮轮旅游的热情、舒适和魅力。

(四)加强软件及硬件建设,提高邮轮港口运营效率

现代邮轮旅游是一种较为系统和综合的旅行休闲方式,主要包括船上和岸上两大部分。作为船上部分和岸上部分的连接点,邮轮港口在邮轮旅游体验过程中的地位显得尤为重要。

不夸张地说,邮轮港口运营效率的高低会直接影响到整个邮轮旅游过程中游客的满

意度,甚至是邮轮公司对停靠港口的靠泊选择。无论是迈阿密邮轮码头先进的管理操作系统,劳德代尔堡邮轮港合理的办票区间划分,还是新加坡邮轮中心和巴塞罗那D号邮轮港惊人的管理运作效率,都表现出了成熟的邮轮港口所应有的规范化服务流程和通关便捷性。对于刚刚崛起的中国邮轮港口来说,在邮轮港口的实际运营管理过程中应当积极引进现代化的设施设备和高端人才,从软件和硬件两方面着手来保证邮轮港口的通畅性和舒适性。

(五)吸收社会资本,提升邮轮港发展质量

总体来说,邮轮港口的建设和运营需要大量的资金和管理经验作为支撑。迈阿密邮轮码头、劳德代尔堡邮轮码头、巴塞罗那邮轮港以及启德邮轮码头在这方面都进行了有益的探索和实践。通过将社会资本引入邮轮港口的建设和运营中来,邮轮港口不仅降低了投资成本和风险,还能够在合作的过程中积累相关的运营经验。未来,中国邮轮港口在进一步的开发建设过程中,可以借鉴国际著名邮轮港口的发展经验,大力吸引携程、中船集团、歌诗达邮轮、皇家加勒比等行业巨头参与进来,以实现合作共赢。

(六)因地制宜,实现港区建设与周边地理、人文融合

如何充分地把握邮轮港口周边的地理资源和人文环境,将这些客观存在与邮轮港口的规划、建设进行有机的融合,是摆在设计师和邮轮港口面前的一道重要课题。悉尼邮轮码头的建设较为充分地考虑到了当地原有的工业基地特征和优美的海岸线资源,将其与邮轮码头的建设完美结合。这样,不仅降低了邮轮港口的建设成本,也在无形之中增加了悉尼邮轮码头的文化内涵和历史魅力。世界邮轮之都——迈阿密邮轮码头将海水、沙滩与港口的建设所进行的有机结合也堪称是这方面的典范。

(七)全方位、主动式和多样化的市场营销及宣传推广方式值得学习

营销和推广对企业来说至关重要,对于新兴的邮轮港口行业来说更是如此。美国迈阿密邮轮码头全方位、主动式的营销和推广活动增加了迈阿密邮轮码头的市场知名度和活力;新加坡邮轮中心行业联盟式的战略推广模式取得明显效果。

项目实训

一、选择题

1.巴塞罗那港是( )国家的主要港口。
 A 美国 B 西班牙
 C 意大利 D 德国
2.上海邮轮码头是( )。
 A 吴淞口码头 B 蛇口太子湾码头
 C 凤凰岛码头 D 港湾邮轮码头
3.有"挂在彩虹一端的瓦罐"之称的港口城市是( )。
 A 朱诺 B ABC三岛
 C 迈阿密 D 坎昆

4.以下不属于希腊三贤的是（　　）。
A 柏拉图　　　　　　　　B 俄狄浦斯
C 苏格拉底　　　　　　　D 亚里士多德

二、思考题

1.世界邮轮港口分布有何特点？

2.何为邮轮母港？邮轮母港的发展条件有哪些？

项目五
邮轮旅游航线

◇ **知识目标**

1. 指出影响邮轮旅游航线设置的主要因素。
2. 了解邮轮旅游航线的多种分类方法。
3. 说出全球主要邮轮水域的名称。
4. 熟悉全球主要邮轮旅游航线及其目的地。

◇ **能力目标**

1. 能够简单分析归纳影响邮轮旅游航线设置的诸多因素。
2. 能够运用空白世界地图识别全球主要的邮轮水域。
3. 能够运用空白世界地图简单绘制经典的邮轮旅游航线。
4. 能够说出各条邮轮旅游航线所能到达的目的地。
5. 能够利用网络掌握邮轮旅游航线开通的最及时信息。
6. 能够运用想象力和分析思维能力设想今后可能开通的邮轮旅游航线。

◇ **素质目标**

1. 培养学生对本专业知识学习的浓厚兴趣。
2. 培养学生分析和归纳问题的基本能力。
3. 培养学生丰富与合理的思维发散力与想象力。

工作任务一　分析影响邮轮旅游航线设置的因素

任务导入

李雷在浏览公司承接的相关邮轮旅游航线的信息时发现这样一个问题,巴厘岛是中国游客出境旅游非常喜欢的目的地之一,而且巴厘岛距离中国也不算太远,可是为什么各大邮轮公司均未开通中国母港出发到达巴厘岛的邮轮旅游航线呢?后来李雷进一步发现,大部分穿越苏伊士运河的邮轮旅游航线都不在埃及各港口停靠,岸上行程也多把埃及排除在外。当2017年夏季,有游客询问出发韩国的邮轮旅游航线时,李雷只好遗憾地告诉游客目前中国邮轮市场已经暂停了一切韩国线路。

于是李雷开始思考这样一个问题:邮轮公司在开发新的邮轮旅游线路时除了经济利益以外还会考虑哪些因素呢?他决定查找资料,解答自己的疑惑,而他觉得要把这个问题弄清楚,看来并不是一件轻松的事情。

对于这个问题,你又是如何看待的呢?

任务解析

1.邮轮公司在制定邮轮旅游航线时,一定是综合考量了许多因素而设计出的,最直接的考量一定是成本和收益的问题,没有哪家公司愿意做赔本的买卖。但是除了经济因素外,还有哪些因素也在他们的考量范围之内呢?

2.一条邮轮旅游航线是由出发港、航路、停靠港(目的地)三个部分组成,由于出发港一般较为固定,因此要分析影响邮轮旅游航线的设置因素更多的是从研究航路和停靠港(目的地)的相关情况入手来进行。

任务拓展

根据工作任务一以及课堂上所学到的知识,参考下面的信息1—3,从下面三条邮轮旅游航线中任选一条,对该邮轮旅游航线做一下简要的评价,将自己的观点写成一篇小文章,字数要求不少于600字。

任务提示

1.航线信息

航线一:上海—琉球群岛—悉尼—塞班岛—上海

航线二:厦门—台湾高雄—马尼拉—厦门

航线三:广州—巴厘岛—广州

(上面列出的航线是根据任务需要虚构的,现实中不一定成型)

2.分析时可以从本任务"影响邮轮旅游航线设置的因素"中选择你认为比较重要的若干点来阐述。

信息1：

中新网深圳2017年7月6日电（记者　程景伟）全球最大的休闲旅游公司嘉年华集团旗下歌诗达邮轮6日开启深圳母港航线，歌诗达大西洋号当日在蛇口太子湾邮轮母港举办了首航仪式，将开启前往日本、越南、中国香港等地的多条邮轮航线。

据介绍，大西洋号从深圳母港出发的航线，包括5晚6天的"深圳—越南芽庄—真美—深圳"行程、4晚5天的"深圳—越南真美—深圳"行程、5晚6天的"深圳—日本那霸/冲绳—八重山诸岛—深圳"行程、2晚3天的"深圳—香港—深圳"行程、5晚6天的"深圳—日本那霸/冲绳—宫古岛—深圳"行程和3晚4天的"深圳—香港—上海"行程等。

信息2：

新华网天津2017年2月25日电（记者　毛振华）日前，在国内多个港口、邮轮公司及旅行社三方的共同努力下，地中海邮轮公司旗下的抒情号豪华邮轮以天津为始发港，开启了16天的"环中国海"新航线，这也是国内首条"环中国海"邮轮航线。

该航线的具体线路为：从天津港出发后，首先到达韩国釜山、日本长崎，然后在国内的舟山、香港、厦门停靠，再返航至日本那霸、韩国济州岛，最后回到天津港。"与以往母港航线不同，这次新开通的线路最大特点是国内游客在享受出境游的同时，既可以畅游国内美丽海疆，又能在经停的南方港口选择换乘其他邮轮航线或转至国内腹地继续游玩，形成南北邮轮游互通互联，海上游与内陆游互动互促的新格局。"天津国际邮轮母港副总经理吴达表示。

该航线借鉴了环地中海航线的"循环"理念，将覆盖渤海、黄海、东海及南海，衔接天津、舟山、厦门、香港4大母港，实现南北游客联动。

信息3：

中国首家本土邮轮公司天海邮轮，于北京时间2017年7月7日开启了首条东南亚航线，将带领近两千名宾客到访菲律宾的马尼拉、长滩岛等地，换一种方式畅游东南亚。

据悉，这是2017年中国邮轮市场首个到访菲律宾的航次，也是中国本土邮轮公司开启的首条东南亚航线，颠覆了以往中国游客主要乘坐飞机（红眼航班）游玩菲律宾长滩岛的传统。

这条由天海邮轮与合作方厦门西海湾邮轮城投资有限公司共同为厦门邮轮市场精心打造的航线，航程设计新颖独特，吸引了大批亲子游家庭报名参加，12岁以下儿童宾客占比超过15%，整个航程的宾客结构呈现出显著的年轻化特点。

在6天5晚的航程中，近两千名宾客将跟随天海新世纪号参观马尼拉西班牙王城、黎刹公园，长滩岛的圣母岩礁，星期五海滩等著名景点，在长滩岛期间，宾客还可付费参加摩托艇、降落伞等经典海滩玩乐项目，充分享受海岛旅行的乐趣。

在海上航行日，天海新世纪号也为宾客准备了丰富的节目，除了百老汇歌舞、杂技、杂耍表演外，还邀请了国内相声新锐组合房鹤迪、太荣剑登船演出。

游客俞先生此前已有丰富的邮轮旅行经验，坦言这次正是被独特的菲律宾航线所吸引，选择乘坐天海邮轮。"相比日韩航线，东南亚目的地有不一样的风情，办理团队签证所需的材料也很简单。相信，如果以后东南亚国家能像日韩一样对中国邮轮旅客实行免签，前往东南亚的航线将更有竞争力。"

相关知识

一 邮轮旅游航线的定义

本书讨论的航线是指"海运航线",即船舶行驶的海上路线,邮轮旅游航线即是海运航线的一种。

业界关于邮轮旅游航线(有时直接称为邮轮航线)并没有形成完全统一的概念,大致上有以下几种观点。

有学者将邮轮航线简单通俗地归纳为"为游客提供邮轮旅游的旅游线路"。

有学者认为"邮轮航线是指由邮轮始发港、海上航程、中途港及停泊点、目的港串联而成的邮轮旅游线路,是邮轮产品的主要构成要素之一"。

有学者则认为"邮轮航线是邮轮公司根据现有海洋资源和旅游发展区域的整体状况,以邮轮客在一定时间内获得最大旅游体验为目的,以串联邮轮始发港、海上航程、中途港及停泊点、目的港为手段,以邮轮作为凭借所形成的航行走向"。

也有学者认为"邮轮航线是指为了使乘坐邮轮旅游的游客能够在一定的时间内获得最大的观赏效果,由邮轮公司利用邮轮水运航线串联若干港口,并且以邮轮作为在旅游过程中客运工具以及住宿餐饮休息场所,所形成的具有一定特色的合理走向"。

尽管概念有简有繁,但我们能够发现,所有的研究者所得出的结论都具有一定的共性。

(1)把邮轮(旅游)航线定性为旅游线路或走向,其线路本身就具有方向性和空间延展性。

(2)邮轮(旅游)航线的设计主体是邮轮公司,实施工具为邮轮,服务对象为邮轮旅游者。

(3)邮轮(旅游)航线线路上串联着始发港、海上航程、中途停靠港、目的地港几个空间部分。

因此,我们认为"所谓邮轮旅游航线,即邮轮公司为邮轮旅游者设计并开通的,通过邮轮作为实施工具,将始发港、海上航程、中途停靠港、目的地港等空间部分串联起来的完整的海上旅游线路"。

这里需要注意的是,大部分情况下,邮轮旅游航线中的最终目的地港口就是始发港,故本章节内容中没有特别说明时目的地港口并不是始发港,而与中途停靠港属性基本一致。图 5-1 所示为邮轮旅游航线空间构成图。

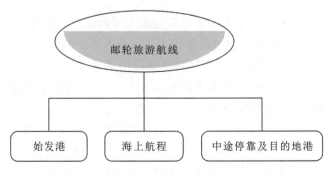

图 5-1 邮轮旅游航线空间构成图

二 影响邮轮旅游航线设置的因素

上面提到一条完整的邮轮旅游航线主要串联始发港、海上航程(航路)、中途停靠港、目的地港几个空间部分,这也是邮轮公司在开发邮轮旅游航线时最关切的几个对象。

因此,我们经过整合将从两个层面来探讨影响邮轮旅游航线设置的主要因素,两个层面分别是航线航路本身和目的地选择(停靠港与目的地港)。

(一)航路设置

在整个邮轮旅游活动中游客待在邮轮上的时间是占绝大部分的,所以整个航路设置的合理性和最优化就显得尤为重要。航路的选择关系到游客在整个邮轮航行过程中的安全性与舒适性,也直接影响着他们在邮轮上的全方位观感,从而影响到整条航线的口碑与运营质量。

1.天气与气候因素

邮轮旅游的活动场域是全球不同的海域,整个旅途中大量的时间也耗费在航行过程中,天气与气候因素对海域的影响十分重大,因此航行海域的天气与气候条件就是首先要考虑到的因素。

当邮轮在一年内的特定时段航行在某个大洋或大海中的某一个区域时,气候条件对游客的舒适度和安全性将产生直接影响。赤道附近由于天气与气候条件较好,海域水文条件不复杂,长时间风平浪静,因此是绝佳的邮轮旅游开展场所,在此区域中航行就没有所谓的淡旺季。

但世界上大部分海域气候条件都比较复杂且具有季节性,如西北太平洋、美东海域等在某些季节甚至可能出现台风、飓风等灾害性天气,在这样的海域航行会大大降低游客的舒适程度,甚至造成游客长时间的晕船反应,这些季节就不太适合航行。因此,这些海域就有邮轮旅游的相对淡旺季。再如,极地海域在极寒条件下海域会长时间结冰,在这种条件下航行就有可能对邮轮造成破坏,因此,像北极、南极这些区域的邮轮旅游也带有明显的季节性特征。图 5-2 所示为极地海域浮冰与孟加拉湾飓风。

图 5-2 极地海域浮冰与孟加拉湾飓风

为避免造成游客的潜在不适,邮轮一般会避开那些因为地理、气候和季节变化而引起的航行条件糟糕的海域,比如说比斯坎湾、百慕大海域、好望角、孟加拉湾等,尽量选择其他航道。同时通过了解气候类型和记录潮汐变化,能够让邮轮经营者预测哪里的航行安全性较高,合理设置航路以后,就可以尽可能多地穿越大海大洋,到访可能的所有目的地港口。

2.成本与利润

邮轮的航线规划都是以航线运营利润最大化为决策目标的,这是基于企业是以盈利为前提的。因此,尽可能在保证降低成本基础上提供相应服务是邮轮公司需要着力解决的问题。

设置更为合理的邮轮旅游航线是邮轮公司降低运营成本的一个好办法。线路较长但目的地单一的邮轮旅游航线往往不符合邮轮公司成本最小化、利润最大化的市场目标,难以满足邮轮市场的需求。邮轮公司往往从两个方面做文章。第一是设置短途的邮轮旅游航线,一般而言,航行距离短、航行时间短、航行燃耗量省、船损小、运输效率高是使得运营成本控制在一定范围内的最基本手段。第二是在长线游中选择尽可能多的目的地港口,避免过度的油耗以及其他船上设施与服务所消耗的运营费用从而降低成本以便获得更高的利润。

一般而言,邮轮船票的销售都会持续较长的一段时间,有时销售周期甚至会超过一年。依靠较长的销售周期,邮轮公司可以实行更为弹性化的动态定价和舱位控制策略,从而获得更高的收益。邮轮公司开辟航线时往往还会考虑的一个重要因素是停靠目的地的签证时间。因为,签证时间缩短了邮轮船票的销售周期。优化签证政策可以有效增加航次数量,并为航线拓展提供更多的机会。

3.航行速度与油耗

根据相关研究,邮轮的最佳运营为昼泊夜航,即白天停靠港口以便游客能够更好地到达目的地上岸进行观光,晚上开船是为了在游客疲惫睡觉的时候赶赴下一个目的地,让游客能更加充分有效地规划、利用时间。通常邮轮是下午 6 点左右启航,上午 8 点左右到港,夜航时间是 14 个小时,所在航路上目的地港口的设置就需要邮轮公司根据"时间-速度-距离"公式来保障如何昼泊夜航的原则。图 5-3 所示为某邮轮于傍晚时分启航。

图 5-3　某邮轮于傍晚时分启航

(图片来源:http://mnc.people.com.cn/BIG5/54849/69891/147849/148946/8962312.html。)

为了节省油耗,降低乘客出行成本,邮轮公司往往会进行多点停靠,即多停靠一些港口,开辟允许多港上下客的"开口"航线。

4.历史航季经验与相关人员反馈

预订模式是邮轮公司避免风险的有效途径,游客通过邮轮公司的相关网站或代理进行预订,能够使邮轮公司提前了解游客的需求,适时地调整航线,有效地避免重大亏损。利用历史航季经验就是通过相关大数据和管理人员的报告进行分析和预测,判断某航线的设置是否合理。

参与邮轮旅游的人员主要是游客与船上工作人员,因此他们对某条航线的反馈也是邮轮公司在规划其他航线设置时要考虑的方面。邮轮旅游者对于邮轮旅游活动的渴求可以促进旅游活动的发生,游客的满足程度既表现在已提供的邮轮旅游产品和服务上,也表现为市场未能提供的邮轮旅游产品和服务上。在预订航线时,与游客进行提前沟通交流已经成为邮轮公司在航线设计时所参考的重要变量,具体包括消费者先前的旅游经历、消费者关于特定港口的经历和感知、消费者对目的地的信息搜索行为等。在邮轮航行结束后,游客的反馈成为航线成功与否最主观的信息来源渠道,他们的感受决定了此航线今后是否会有充足的客源,同时对优化航线起到了突出的作用。因此近年来游客的参与已经成为各邮轮公司比较新颖的航线开发模式之一。

由于船上工作人员直接与游客接触,他们获得游客的反馈更为直接与及时,因此他们的评价与评估报告就显得极其重要。因为工作人员在与游客打交道的过程中势必有自己的感悟和经验,这些都是邮轮公司重要的知识资产,听取员工的邮轮服务感受能够获得邮轮信息的第一手资料,因此邮轮公司进行航线部署的时候通常十分重视船上管理人员的评论与报告。图 5-4 所示为某地举行的邮轮旅游座谈会。

图 5-4　某地举行的邮轮旅游座谈会

5.竞争情况

由于邮轮公司众多,行业竞争相当激烈,在邮轮旅游领域势必出现"僧多粥少"的局面,因此,将现有市场竞争局面纳入邮轮旅游航线设置和开辟的考量中去是每一个邮轮公司都在进行的工作。

邮轮公司主要从以下几个方面来分析邮轮市场的竞争状态：在该航线上目前已经存在的同类公司及其经营能力、投放运力状况和可能的竞争力度，竞争对手在造船市场、船舶交易市场和拆船市场的行为等。

尤其是热门线路多家邮轮公司同时经营的情况很普遍，如中国邮轮市场上几乎所有大型邮轮公司都开辟了日韩邮轮旅游航线，因此如何在该邮轮旅游航线中推陈出新，避免雷同就是邮轮公司在这场战役中打一个漂亮仗的法宝。如选择小众港口停靠，增加游客的新鲜感；着力提升邮轮特色服务，淡化岸上游览；与目的地港口特色旅游项目进行合作，推出岸上特色游览项目等。

6. 政治环境

政治环境对邮轮旅游航线的设置有重大的影响，这个判断无疑是十分准确的。邮轮公司在设置邮轮旅游航线时必须符合国家政治环境大气候，这其中表现得最明显的是国家间的外交状况与国家内部的安全局势。

国家间的外交状况决定了航路能否顺利地在目的地进行延展。如美国与古巴两国关系一直不太好，美国长期对古巴进行经济封锁。因此虽然地处加勒比邮轮旅游航线的中心位置，但是由于美国的限制，由美国邮轮母港出发的邮轮几乎都将航道在古巴海域绕了一个弯，不停靠该国任何港口。

当然，邮轮旅游航线如果需要长时间在近海海域航行，那么沿线国家的安全局势就不得不纳入考量范围。那些虽然处在重要航道上却局势不佳的国家，邮轮公司往往会忍痛割爱，改走其他较偏的航道。比如处在地中海区域的利比亚、叙利亚等国家就由于安全局势不佳，而成为邮轮旅游航线上的弃将，邮轮公司会选择距离这两个国家较近但安全局势相对稳定的国家附近海域作为航路通道，突尼斯、以色列就扮演着这样的角色，两国附近的海域就替代了利比亚和叙利亚海域成为地中海邮轮旅游航线上的海运通道。

(二)目的地选择

邮轮公司在设置邮轮旅游航线时首先面临的就是"到哪里去"的问题，即邮轮旅游航线的目的地及经停港口如何选择。决策者会从国际国内环境、宏观微观形势、成本收益对比等各角度进行权衡，最终确定邮轮停靠港口与目的地，主要的衡量因素有以下几个方面。

1. 目的地地理位置与气候状况

当邮轮公司决定开发某一条邮轮旅游航线时，他们就会考虑在航路延展的整个海域中有哪些登陆点，即哪些港口能够让邮轮停靠。因此，目的地港口的地理位置是首先需要考虑的问题，它的可到达性是否优越是决定能否在众多沿线港口中脱颖而出的首要条件。邮轮公司的主要收入来源于游客，因此接近客源地也是保障收益的必要条件，这也是邮轮母港选择时的重要决策问题。

目的地港口的气候条件也决定了邮轮旅游航线是否会与之串联。气候条件优越，气候宜人的港口往往会受到邮轮公司的青睐，也会给游客下船游览提供好的天气条件，如地中海沿岸可供选择的目的地港口众多，整个海域气候条件都较好，因此邮轮公司设置本区域邮轮旅游航线时就有更多的选择，因为每个港口气候条件都差不多，使得该区域中的邮轮旅游线路类型呈现出多样化的特点。有些海域气候条件较差,邮轮公司往往会避开这些区域,如孟加拉湾,几乎所有的邮轮旅游航线都不会停靠这个区域的港口。

有些海域气候条件有明显的季节性,如西北太平洋夏秋季节的台风,极地港口冬季可能长时间大面积结冰等,都会影响该季节该海域目的地港口的选择。有些目的地港口因为赏花观叶而出名,但这些景观都具有明显的季节性特征,因此,邮轮公司在设置不同季节该区域邮轮旅游航线时,就可能在非此时段绕开这个目的地港口而选择停靠其他的港口。

2. 目的地旅游吸引力

邮轮旅游航线中所停靠的目的地港口均会让游客登陆上岸观光,岸上观光就成为邮轮旅游活动的重要组成部分,因此港口附近有没有丰富的旅游资源就决定了岸上观光的质量,从而影响游客整个邮轮之旅的主观感受。

所停靠的港口附近应该拥有或丰富或有特色的旅游资源:有些港口附近有丰富独特的自然旅游资源,如日本九州岛上的鹿儿岛就有丰富的火山与温泉资源;有些港口附近有灿烂多彩的文化旅游资源,如马来西亚的槟城就以中华文化、马来文化、印度文化等多元文化交融而著称;有些港口附近能提供给游客各种体验活动,如骑马、冲浪、滑雪、高尔夫、赛车、逛集市、吃美食、玩转主题乐园等都是游客喜欢的岸上活动,如泰国普吉岛就是游客参与各种惊险刺激的海上活动的好去处,游客还可以参与骑大象,看人妖、看泰拳表演等丰富的活动,往往会觉得岸上时间根本不够用。图5-5所示为日本某邮轮港口的民俗欢迎仪式。

图5-5 日本某邮轮港口的民俗欢迎仪式

(图片来源:http://www.cnss.com.cn/html/2016/gjgkxw_0413/203316.html.)

当然,岸上活动中少不了购物这一环节,购物是岸上观光的重要组成部分,有些航线中购物行程(规定或自发)几乎占据了近一半的岸上游览时间。由于邮轮旅游是一种偏高端的旅游活动,因此,邮轮游客的消费能力也比较强,邮轮所停靠港口应当有相对成规模的商圈、购物中心,以满足邮轮旅客的购物需求。日本邮轮旅游航线之所以深受国人的喜爱,其中很重要的一个原因就是游客岸上购物需求的巨大满足。图5-6所示为游客岸上购物后返回邮轮。

图 5-6　游客岸上购物后返回邮轮

如果某条邮轮旅游线路停靠的港口较多，邮轮公司往往还会考虑每一个港口的差异性，这样才会让游客在登陆每一个港口时产生新鲜感。如果停靠港口景观和活动项目都大同小异，则会让游客产生审美疲劳，甚至产生情愿待在船上也不想下船上岸的情绪性想法。

3.成本考虑及目的地收益潜力

邮轮公司目的地港口运营成本涉及港口费用、佣金、经济发展状况、燃料价格、官僚作风、外交关系等，对这些因素邮轮公司都须事先做好调查与研究，权衡利益成本后再决定目的地港口选择的可行性。

目的地收益潜力指旅游目的地的岸上风光与活动能够给邮轮公司带来的直接或间接收益。直接收益指邮轮公司承包岸上观光的相关项目出售给游客的直接收入大小，一般该收入与目的地的景点的知名度成正比，也与邮轮方对岸上观光的推介力度有直接关系。间接收益指目的地旅游的特色风光知名度给邮轮公司带来的潜在游客，即能否增加客源，从而能够增加邮轮公司的船上收入。如东南亚邮轮旅游航线中重点推荐的"泰国人妖"表演就使得普吉岛成为该航线上重要的旅游目的地。

4.目的地基本港口条件

邮轮旅游航线选择什么样的目的地港口还要直接考量一个硬性条件，即目的地港口是否具备良好的港口条件。

首先，目的地的港口应该具备停靠大型邮轮的水深条件。航道水文条件要能够满足邮轮的停靠，是否留有充足的富余水深也影响着停靠邮轮的吨位与级别，有些港口在冬季会大面积结冰，这个时候就会影响邮轮的停靠。

其次，目的地的港口应该具有完善的配套服务设施。一方面，在满足邮轮进港的良好自然条件的情况下，目的地港口还需配备满足邮轮的靠泊以及旅客登船下船的配套服务设施，主要包括泊位、航站楼、上下船设施、行李设施等。另一方面，目的地港口与岸上其他地区是否有便捷的交通接驳也是影响游客岸上观光整体感受的重要因素，如果从港口到游览点来去花费时间过多而游玩时间较少就会大大降低游客岸上观光的满意度。图 5-7 所示为三亚邮轮港推出的海上接驳巴士。

图 5-7　三亚邮轮港推出的海上接驳巴士

最后,邮轮是一个大型的"海上移动酒店",游客的日常消费几乎都是在船上进行的,每天都有大量的物品消耗,所以邮轮公司在选择目的地港口时,港口及其腹地必须保证有能力进行生活物品和船舶油料等的补给,还要保证目的地港口有较好的船舶维修条件,以防万一。所以船舶物资提供补给、船舶维修服务等物流实现因素也是目的地港口应该具备的条件。

5. 目的地经济开放度

目的地港口的经济开放度是指目的地港口所在国家经济对外开放的程度。首先,邮轮停靠港口的经济水平直接影响了客源量,邮轮港口的经济水平也意味着港口城市所能提供的服务档次,港口经济也是一种服务质量的保障。其次,目的地港口所在国家政策是否允许其他国国家邮轮停靠本国港口,由于政治、宗教等原因是否允许游客上岸登陆该国进行游览并开展经济交往活动,游客兑换该国货币是否安全便捷,当地居民是否愿意与外来游客接触交流,这些都会影响邮轮公司邮轮旅游航线的布局。

某些中东国家由于宗教等因素对外开放程度较低,因此处于该海域邮轮旅游航线上的邮轮就会尽量避开该国港口,选择停靠别国港口。而同样是阿拉伯国家,阿拉伯联合酋长国的经济开放程度很高,因此迪拜港成为众多邮轮公司中东旅游航线上的宠儿。再如同样处于东北亚地区的朝鲜与韩国,由于朝鲜经济对外开放程度很低,对外直接经济交往活动较少,因此从中国邮轮母港东行的邮轮旅游航线几乎都只选择停靠韩国相关目的地港口。图 5-8 所示为开放包容的迪拜港。

6. 目的地安全状况

大部分游客选择邮轮出游就是为了放松身心,因此邮轮公司必须能够保障游客的人身财产安全不受侵害。邮轮停靠港口所在国家是否政治稳定,在涉外方面的法律是否健全,对客运港口的管理是否严格有序,这些问题都直接影响游客出行的安全。由于大部分邮轮旅

图 5-8　开放包容的迪拜港

（图片来源：http://mt.sohu.com/20170620/n497788269.shtml）

游都是涉外线路，因此，选择停靠的港口必须政治稳定，法律、规章制度健全，才能保证外籍游客的人身安全，避免国际争端的发生。邮轮旅游的这种性质也决定了目的地港口国家形象窗口的地位，它的服务水平也直接代表了一个国家的对外交往形象，因此，客运港口的安全措施一定要做足才能避免引起不必要的麻烦。

在一些国家政权不稳定、恐怖主义盛行、海盗活动猖獗的区域，由于不可控因素太多，邮轮公司是不敢贸然开辟邮轮旅游航线的。即便必须经过相关海域，也会采用军舰护航、不停靠任何港口等形式规避这种风险。如邮轮在经过亚丁湾海域进入红海时，联合国或者相关国家都会派遣军舰进行护航，避免邮轮遭受海盗的侵袭。而埃及虽然旅游资源丰富，海港众多，但是由于近年来安全局势恶化严重，因此大部分邮轮公司在开辟邮轮旅游航线时都刻意忽略埃及各港口。图 5-9 所示为英国海军在某海域为邮轮护航。

图 5-9　英国海军在某海域为邮轮护航

（图片来源：http://mil.qianlong.com/2016/0503/580250_2.shtml）

工作任务二　认识全球主要的邮轮旅游航线

任务导入

　　李雷所在的旅游公司为了答谢广大客户,也为了宣传新一轮的邮轮旅游季,准备于下个月召开一次面向广大游客的出境邮轮旅游宣讲会,为广大客户推荐精彩的出境邮轮旅游线路。

　　公司要求员工首先选择该公司业务范围内一个区域中的邮轮旅游航线做整体介绍,然后重点向客户推荐其中的一条线路。宣讲内容以PPT的形式展现,可配合相关视频、客户旅行实例等来介绍,时间不超过15分钟。

任务解析

　　1.根据公司的业务领域,邮轮旅游宣讲会涉及的范围包括日韩区域、东南亚区域、地中海区域、加勒比区域、南太平洋区域、南极区域等六大区域,具体的航线信息见内部宣传资料。

　　2.作为宣讲人员,需要对所介绍的邮轮旅游区域有较为清晰的整体了解,明确这个区域的邮轮旅游特点和优势、该区域邮轮旅游的主要目的地和航线基本情况等信息。

　　3.在重点推荐一条邮轮旅游航线时,要对这条航线的相关信息做全面具体的介绍,具体包括:邮轮公司及邮轮型号、邮轮内部基本情况、出发时间、航程及耗时、目的地港口信息、岸上游览项目等。

　　4.作为宣讲人员,你还需要了解顾客的出行需求,能在宣讲完后为对该邮轮旅游航线感兴趣的客户答疑解惑。

任务拓展

　　1.通过学习具体的邮轮旅游航线,你是否对那些经典的邮轮旅游航线有更深入的了解呢?那么请你根据所学知识,发挥自己的想象力,试着独立设计一条邮轮旅游航线吧!

　　请在下面的地图上(见图5-10)用曲线画出你设计的航线线路,并将沿途所停靠的港口在图中用◎大致标出位置并写上名称,快试试吧!

　　要求:该航线从上海邮轮母港出发,到达阿拉伯联合酋长国迪拜,往返航程中分别停靠不同港口和国家(至少5个)。

　　2.通过浏览主要的邮轮旅游网站,选择一条你最喜欢的邮轮旅游航线,结合所学知识做一个简单的PPT,向大家推荐你的线路,要求告诉大家你是在哪个网站上看到这条线路的,该线路的具体信息见前面的任务解析部分3,并在课上花5分钟左右的时间为大家介绍这条邮轮旅游航线。

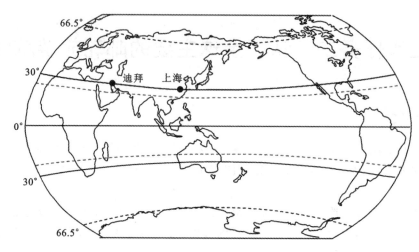

图 5-10　空白世界地图

信息：

如果你对邮轮网站并不熟悉，下面为你推荐几个比较好的关于邮轮旅游航线的相关网站。

同程旅游网邮轮专区：http://www.ly.com/? RefId=48255274.

携程旅游网邮轮专区：http://cruise.ctrip.com/.

环世邮轮网：http://www.66cruises.com/qq.html.

爱上邮轮网：http://www.i3youlun.com/.

最邮轮：http://www.zyoulun.com/.

皇家加勒比国际邮轮公司官网：http://www.rcclchina.com.cn/.

歌诗达邮轮公司官网：https://www.costachina.com/.

相关知识

一　邮轮旅游航线的分类

目前邮轮旅游航线的分类业界并没有一个标准，很多分类方法的科学性都值得商榷，普遍存在将不同的分类标准整合在一个分类体系中的情况。根据不同的分类标准大体可以分为以下几类。

（一）按航线涉及水域的位置划分

按照邮轮旅游航线涉及的水域位置划分，通常将邮轮旅游航线划分为太平洋海域邮轮旅游航线、大西洋海域邮轮旅游航线、印度洋海域邮轮旅游航线及北冰洋海域邮轮旅游航线、内河邮轮旅游航线。

这种分类方法即按照世界四大洋的划分标准来设计，但由于每一个大洋面积太大，覆盖范围太广，不具有区域针对性，按照这种分类方法划分的邮轮旅游航线在实际工作中没有太大的操作性。图 5-11 所示为世界邮轮旅游航线海域位置划分示意图一。

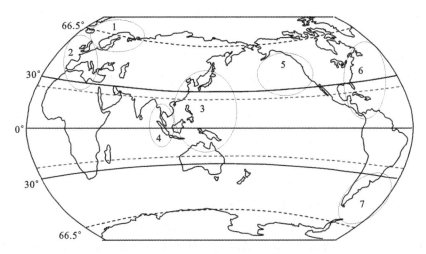

图 5-11　世界邮轮旅游航线海域位置划分示意图一

注：图 5-11 中 1 表示北冰洋海域，2、6、7 表示大西洋海域，3、5 表示太平洋海域，
4 表示印度洋海域，内河区域范围太广故没有表示出来。

如果从更小的水域范围来划分，又可以将全球划分为地中海水域、亚太水域、加勒比海水域、阿拉斯加水域、美东水域、美西水域、北海-波罗的海(北欧)水域、西南太平洋水域等多条邮轮旅游航线。

相对于上一类分类方法，这种按小范围水域来进行邮轮旅游航线的划分是比较科学的一种划分方式，但是地理中对于小面积水域(如多个海域相连、海域范围大小不一)也没有一个清晰的划分与界定，所以这种划分也只是业界普遍使用的一个通行划分方法而已。图 5-12 所示为世界邮轮旅游航线海域位置划分示意图二。

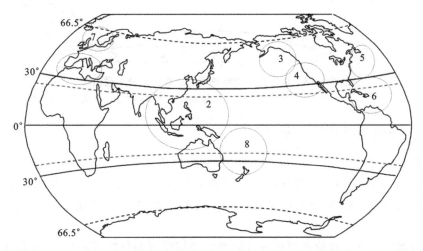

图 5-12　世界邮轮旅游航线海域位置划分示意图二

注：图 5-12 中 1 表示地中海水域，2 表示亚太水域，3 表示阿拉斯加水域，4 表示美西水域，5 表示美东水域，
6 表示加勒比海水域，7 表示北海-波罗的海(北欧)水域，8 表示西南太平洋水域。

(二)按航线涉及水域的范围划分

国内有学者按照世界邮轮航线巡航水域的范围(即航线母港与旅游目的地空间跨度)将邮轮旅游航线划分为区域航线、跨区域航线、越洋航线、世界巡游四大类。

区域航线指母港与所有目的地停靠点均位于同一个旅游目的地区域的航线,上一个分类体系中的加勒比水域中的所有邮轮旅游航线就属于此类划分。

跨区域航线指母港与目的地停靠点跨越不同旅游目的区域,但仍位于同一洲区的航线,如从日本横滨邮轮母港到新加坡港的邮轮旅游航线就属于跨越了东北亚、东南亚两个区域的跨区域航线。以上两个类别的航线是目前邮轮旅游航线中最普遍的情况。

越洋航线指跨越了一个大洋内部多个区域或者跨越了不同大洋的航线,如南北纵向跨越大西洋的邮轮旅游航线就属于此类。

世界巡游航线就是跨越众多大洲,航程非常长的邮轮旅游航线,如某些邮轮公司推出的环游五大洲邮轮旅游航线就属于此。

这种邮轮旅游航线的划分具有较强的科学性,但是与上一个分类相似,因为所谓的区域(洲区)在业界也没有一个严格的区分,故区域航线、跨区域航线和越洋航线可能存在着重合的部分,对于一些较特殊的邮轮旅游航线的定性就不太好把握。图 5-13 所示为世界邮轮旅游航线水域范围划分示意图三。

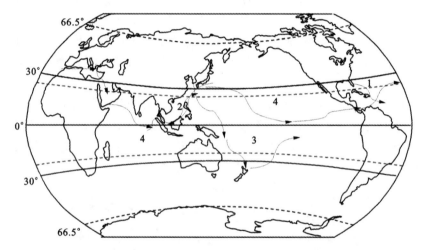

图 5-13　世界邮轮旅游航线水域范围划分示意图三

注:图 5-13 中 1 表示区域航线,2 表示跨区域航线,3 表示越洋航线,4 表示世界巡游。

(三)按邮轮旅游目的地划分

按照邮轮旅游航线目的地地域情况划分,又可以将邮轮旅游航线划分为以下类别:北美邮轮旅游航线、中南美洲邮轮旅游航线、极地邮轮旅游航线、太平洋诸岛屿邮轮旅游航线、澳新邮轮旅游航线、欧洲邮轮旅游航线、亚洲邮轮旅游航线、非洲邮轮旅游航线、跨区域邮轮旅游航线等。

这种分类方法基于邮轮典型旅游目的地的地域位置与所在范围展开,实际上是以陆地作为分类标准来进行划分,这与普通游客的地理认知有一定的契合度,信息的掌握会更加容易。

但我们也很容易发现陆地地域面积有大有小,涉及的范围有完整的大洲也有大洲内部某个区域甚至是跨大洲范围,所以这种分类方式也不可避免的具有一定的局限性。图 5-14 所示为世界邮轮旅游航线陆地区域划分示意图四。

项目五 邮轮旅游航线

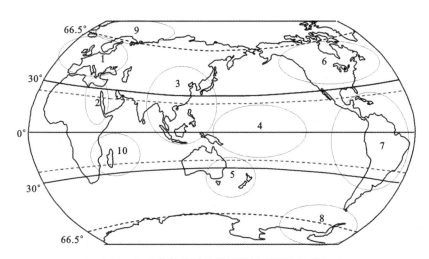

图 5-14 世界邮轮旅游航线陆地区域划分示意图四

注：图 5-14 中 1 表示欧洲区域，2、10 表示非洲区域，3 表示亚洲区域，4 表示太平洋诸岛屿区域，5 表示澳新区域，6 表示北美区域，7 表示中南美区域，8、9 表示极地区域，跨区域在此图中无法表示。

（四）按邮轮航程长短划分

这种划分通常以完成一次邮轮旅游航线所耗费的时间即邮轮行期作为标准，业界通常将行期为 2 至 5 天的邮轮旅游航线称为短期邮轮旅游航线，6 至 8 天的称为中期邮轮旅游航线，9 天及以上的称为长期邮轮旅游航线。

当然，海域面积越广、航道距离越长、航行过程中停靠的港口越多邮轮行期自然也就会越长。

一般而言，中国邮轮母港出发至日韩等就近地区的邮轮旅游航线一般属于短期邮轮旅游航线，加勒比海巡游（通常为一周时间）为中期邮轮旅游航线，涉及跨区域或者跨洲航线如西太平洋巡游航线（通常为十几天航程）则属于长期邮轮旅游航线，如此还有一些几十天上百天的环球航行则可称之为超长期邮轮旅游航线了（业界并无此界定）。

表 5-1 选择了目前中国市场（不一定是中国邮轮母港出发）一些具有代表性的邮轮旅游航线进行比较，供读者了解其邮轮行期。

表 5-1 中国市场部分邮轮旅游航线邮轮行期对比

起讫港	邮轮公司	具体线路	行期
上海	公主邮轮	上海—福冈—上海	5 天
香港	皇家加勒比邮轮	香港—岘港—芽庄—香港	6 天
热那亚（意大利）	MSC 地中海邮轮	热那亚—罗马—巴勒莫—瓦莱塔—巴塞罗那—马赛—热那亚	8 天
迈阿密（美国）	MSC 地中海邮轮	迈阿密—菲利普斯堡—圣胡安—拿骚—迈阿密	8 天
哥本哈根（丹麦）	诺维真邮轮	哥本哈根—柏林—塔林—圣彼得堡—赫尔辛基—斯德哥尔摩—哥本哈根	10 天
上海	皇家加勒比邮轮	上海—冲绳—香港—胡志明市—新加坡—吉隆坡—槟城—普吉岛	15 天

续表

起讫港	邮轮公司	具体线路	行期
蓬塔阿雷纳斯（智利）	海达路德邮轮	蓬塔阿雷纳斯—智利峡湾—合恩角—德雷克海峡—南极大陆—马尔维纳斯群岛—蓬塔阿雷纳斯	17天
上海	歌诗达邮轮	略（行程见后"环球邮轮旅游航线"部分）	86天

注：以上邮轮旅游航线除最后一项环球航线外，其余航线均选自同程旅游网2017年9月后的部分邮轮团期。

（五）按邮轮航行路径划分

按照邮轮航行的路径可将邮轮旅游航线划分为单程邮轮旅游航线、双程邮轮旅游航线、环形邮轮旅游航线及组合型邮轮旅游航线四类。

单程邮轮旅游航线即在两个邮轮旅游港口之间进行单向运行的邮轮旅游航线，有时也会出现在长线旅游中需要搭乘邮轮的彼此相连或不相连的各段间。如俄罗斯加北欧常规旅游线路中从俄罗斯圣彼得堡至芬兰赫尔辛基有时通过陆路，有时通过水路，再从赫尔辛基前往其他北欧城市，如至瑞典首都斯德哥尔摩又需从赫尔辛基搭乘邮轮前往。因此，搭乘邮轮从圣彼得堡至赫尔辛基，再从赫尔辛基坐邮轮到斯德哥尔摩这两段就属于单程邮轮航线，因为全程不走回头路。

双程邮轮旅游航线即在两个邮轮旅游港口间进行双向往返运行的邮轮旅游航线，在单程的基础上增加了返回航线。这种航线往往是短期航线，通常只停靠一个港口，如上海与日本福冈之间的往返邮轮旅游航线（见图5-15），这也是目前邮轮旅游领域较普遍的短途旅游形式。

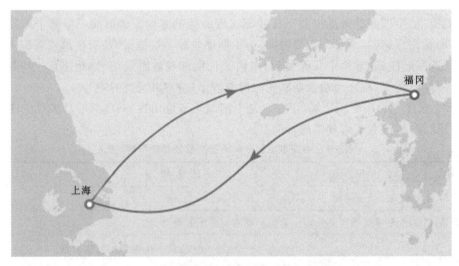

图5-15　上海至福冈双程邮轮旅游航线示意图

环形邮轮旅游航线即航行线路呈现出环状特点，从一个邮轮旅游港口出发绕相关水域环游一圈回到原港口，中途会停靠其他港口（通常不止一个），这种形式也是现在普遍采用的邮轮旅游形式，一般是中期邮轮旅游线路中较常使用。如日本列岛环游就属此类，整个行期绕日本列岛一圈，从横滨出发中途停靠日南海岸（宫崎）、釜山、境港、秋田、小樽等多个港口，最后回到横滨港。

组合型邮轮旅游航线是一种复合型航线,它将单程、双程、环形邮轮旅游航线融合在一起,这种航线一般出现在航程非常长、岸上景点相对分散、航线相对复杂的邮轮旅游中,有时还会与汽车和飞机等其他交通方式搭配完成整个行期。如图 5-16 中的意大利加东地中海全景邮轮旅游航线就属于这一种。

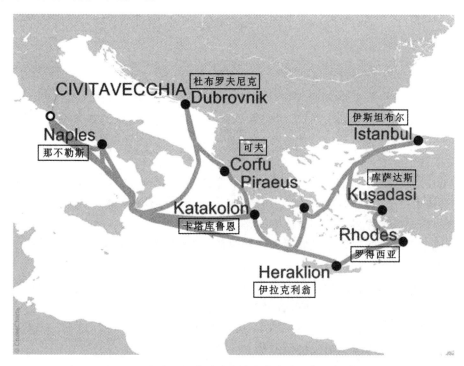

图 5-16　意大利加东地中海全景邮轮旅游航线示意图
(图片来源:http://www.66cruises.com/line_24963.html.)

(六)本书的邮轮旅游航线介绍

从上述几种分类方法中,我们能够大致对全球邮轮旅游航线的基本格局与类型有一个初步的了解,也正是基于邮轮旅游航线分类的复杂性与欠科学性,本书无意再具体归纳出一种新的分类标准与方法。

根据目前国际和国内邮轮旅游市场的基本格局,参考近年来邮轮公司邮轮出游相关信息以及游客的满意程度(评价),再结合其他学者对邮轮旅游航线的分类,本书将从全球经典邮轮旅游航线、全球特色邮轮旅游航线、中国市场热门邮轮旅游航线、中国市场新兴邮轮旅游航线四个方面来具体介绍目前全球邮轮市场中的邮轮旅游航线。

本书的具体邮轮旅游航线介绍能够让读者从感性认识出发,更加具体直观地认识和了解全球以及中国具有代表性的一些邮轮旅游航线。

(二) 全球主要邮轮旅游航线

此部分我们从全球和中国两个范围来介绍具有代表性的一些邮轮旅游航线,为大家展开一幅全球邮轮旅游的美丽图景,也为广大读者踏上下一次邮轮旅程提供一份参考与借鉴。

（一）全球经典邮轮旅游航线

全球邮轮旅游百余年的时间跨度中,总有一些邮轮旅游航线是人们心目中较具代表性的邮轮旅游航线,这些航线经久不衰地上演着邮轮旅游这出大戏,受到全球邮轮旅游拥护者的青睐。本书精选出其中较具代表性的几条海上邮轮与内河邮轮旅游线路为读者呈现。

1. 经典海上邮轮旅游航线

1）加勒比邮轮旅游航线

加勒比海地区是最受全球游客青睐的旅游目的地,由于地处热带,一年四季都适合度假。这里有风格各异的美丽小岛,天然迷人的椰林海滩,小巧精致的热带田园,精彩刺激的海上运动,性感热烈的拉丁风情,独特浓郁的殖民文化,再加上距离北美较近的缘故,美国、加拿大两国游客众多,一直以来就是全球旅游的核心目的地之一。

加勒比海地区拥有邮轮旅游得天独厚的条件,这里岛屿众多且面积都不大,拥有众多的天然良港,加上美加两国游客酷爱邮轮旅游,邮轮公司就将众多风格各异的岛屿串联起来,形成了加勒比地区选择多样的邮轮旅游线路。

加勒比地区的热门邮轮旅游航线大致有四条,而这些航线大部分都是全年运营的,其大部分航线都将美国南部的迈阿密或者罗德岱堡作为出发港。

第一条是巴哈马群岛邮轮旅游航线,这条航线的目的地只有一个:巴哈马群岛,这是距离美国本土最近的群岛国家,地理位置得天独厚,自然景观美不胜收。

巴哈马群岛号称"天堂群岛",近700个岛屿星罗棋布,阳光、沙滩、海水、珊瑚礁、豪华酒店、黑人文化、独特海洋生物成为巴哈马旅游的众多王牌,游客接待量多年位居加勒比各国之首,巴哈马群岛也多次被评为加勒比旅游首要目的地。这条线路主要在拿骚港与弗里波特港停靠,如今拿骚港已成为免税购物天堂,吸引了众多欧美游客前来观光购物。图5-17所示为巴哈马群岛邮轮旅游航线示意图及拿骚港美景。

图5-17　巴哈马群岛邮轮旅游航线示意图及拿骚港美景

（图片来源:http://www.66cruises.com/line_2947.html,http://pic.sogou.com/d? query=％B0％CD％B9％FE％C2％ED％BA％BD％CF％DF&mode=1&did=10#did9.）

第二条是东加勒比邮轮旅游航线,这条航线主要包括多米尼加、波多黎各、美属维尔京群岛、英属维尔京群岛、安提瓜与巴布达、圣马丁、瓜德罗普、马提尼克等国家,这是西印度群岛上一串弧形的热带岛群,像一串沉睡于加勒比海上的珍珠,每一颗都散发着独特的光芒。

多米尼加海滩美女如云,令人遐想;波多黎各作为美国海外属地,融合浓浓西班牙殖民风情,一直以来就是一座"魅力之岛";安提瓜拥有世界上最棒的浮潜和水肺潜水,是潜水爱好者的天堂……

这条航线主要停靠的港口有圣胡安、夏洛特阿马利亚、罗德城、菲利普斯堡、圣约翰、巴斯特尔等,一座岛一种风情,绝对能够让广大游客尽兴而归。

第三条是西加勒比邮轮旅游航线,这条航线主要包括美国墨西哥湾沿岸城市及墨西哥、伯利兹、洪都拉斯、牙买加、开曼群岛等加勒比海西岸国家。这条航线沿着美国墨西哥湾一路南行,在西加勒比海域进行巡游,主要停靠基韦斯特、新奥尔良、休斯敦、华雷斯港、科苏梅尔、伯利兹、奥乔里奥斯、法尔茅斯、金斯顿、乔治敦等港口。

在西加勒比海域的邮轮旅行中,游客可以进行美国、中美洲、西加勒比岛屿三地的连游,在美国南方重镇购物,在墨西哥尤卡坦半岛找寻古代阿兹特克与玛雅遗迹,在伯利兹蓝洞里畅游,在牙买加体会"泉水之岛"的乐趣,在开曼群岛观察海龟产卵,整条航线将都市、古迹、殖民文化、热带海滨多种体验串联起来,处处给游客带来惊喜。

第四条是南加勒比邮轮旅游航线,主要涉及加勒比海南岸国家与地区,如阿鲁巴、巴巴多斯、圣卢西亚、多米尼克、格林纳达、特立尼达和多巴哥、哥伦比亚、委内瑞拉、巴拿马等。这条航线主要在南加勒比海域的岛屿与独立港口间进行环游,主要停靠罗索、卡斯特里、乔治城、布里奇顿、圣乔治、奥拉涅斯塔德、威廉斯塔德、西班牙港、加拉加斯、卡塔赫纳、科隆等港口。

游客在加勒比南线诸国环游时可以潜水、冲浪、垂钓、晒日光浴,可以摘水果、品咖啡、尝美食,可以走集市、看古迹、观运河、参与盛装游行,丰富多彩的游览活动定会让游客流连忘返。但相较于该区域其他几条航线,这条航线的游客数量较少,航线并不算太成熟,但开发潜力十分巨大,近年来也逐渐成为不少游客喜爱的旅游目的地。

近年来,随着"飞人"博尔特、加勒比海盗等加勒比元素的大热,越来越多的中国游客开始关注这一片神奇的地区,他们逐渐成为加勒比邮轮旅游的新生力量,中国也将成为该区域邮轮旅游持续繁荣的又一强劲动力。

2)地中海邮轮旅游航线

地中海是位于亚欧非三大洲之间的陆间海,面积250多万平方千米,包括利古里亚海、第勒尼安海、亚得里亚海、爱琴海、直布罗陀海峡、土耳其海峡等海域,是世界上最大的内海。由于地中海地理位置非常重要,加之海水盐分较高、海域风浪较小、国家与岛屿众多、港口优势明显,可以通过一次航行体验多国风情,故一直是颇受游客喜欢的邮轮旅游目的地,是与加勒比海齐名的全球老牌邮轮旅游胜地之一。

地中海周边国家众多,近三分之二的国家均为邮轮旅游目的地,该区域邮轮旅游航线涉及西班牙、摩洛哥、法国、摩纳哥、意大利、马耳他、突尼斯、克罗地亚、希腊、塞浦路斯、土耳其、以色列等国。

地中海邮轮旅游航线大致上分为两条线。

一条是西线,这条航线主要涉及西班牙、法国、摩纳哥、意大利(西部)、梵蒂冈等欧洲西部国家以及摩洛哥、突尼斯等北非国家。该区域中的国家均为全球传统旅游大国,邮轮旅游的硬件与软件设施均非常完善,阳光沙滩、人文古迹、历史名城、乡村小镇、购物血拼均能在这条航线上获得极大的满足。

这条航线上的每一个国家都值得细细品味:西班牙风情浓烈,弗拉门戈舞和斗牛竞技都足以激起游客血液中沸腾的因子；法国南部安然闲适，赏花品酒找寻田园风光别有一番滋味；意大利历史悠久，在瞻仰古迹中找寻古罗马帝国昔日的辉煌，在流连博物馆中感受文艺复兴巨匠的伟大，在欣赏歌剧中来一次穿越之旅都是梦一般的经历；梵蒂冈很小，但那壮观的圣彼得大教堂与广场足以让游客惊叹；马耳他有迷人的海滩，有古希腊罗马的传说，也有中世纪和文艺复兴的残留，虽不大名鼎鼎，但也能给人惊喜；摩纳哥与突尼斯，北非风情十分浓郁，在巴扎中迷路，在清真寺里冥想，都值得游客一一体验。图 5-18 所示为西班牙弗拉门戈舞。

图 5-18　西班牙弗拉门戈舞

西地中海邮轮旅游航线主要停靠的港口有巴塞罗那、瓦伦西亚、马拉加、直布罗陀、马赛、萨沃纳、佛罗伦萨、奇维塔韦基亚（罗马）、那不勒斯、巴勒莫、瓦莱塔。这条航线有时还会穿越直布罗陀海峡与欧洲大西洋航线连成一体，北上可游览英伦三岛，探索葡萄牙、法国西部与荷比卢，南下可游览摩洛哥大西洋名城，畅游加那利群岛，让游客更好地体验欧陆风情。

另一条是东线，主要涉及意大利（东部）、斯洛文尼亚、克罗地亚、黑山、阿尔巴尼亚、希腊、塞浦路斯、土耳其、以色列等国家，主要停靠的港口有威尼斯、巴里、杜布罗夫尼克、比雷埃夫斯（雅典）、伊拉克利翁、伊兹密尔、安塔利亚、伊斯坦布尔、尼科西亚、阿什杜德、特拉维夫-雅法等。

东地中海邮轮旅游航线中有几大亮点。

一是众多古色古香的历史文化名城。水城威尼斯风格独特，乘坐贡多拉从叹息桥下经过，在圣马可广场逗鸽子，戴着面具参加一次狂欢节舞会，都让人欣喜不已。世界文化遗产杜布罗夫尼克拥有地中海区域保存最完好的中世纪古城墙，徜徉其中，时间倒转，让人分不清深处于哪个世纪；伊斯坦布尔作为唯一一座横跨亚欧大陆的超级城市，本身也是东西文化的交融之地，乘坐邮轮跨越博斯普鲁斯海峡，站在亚欧之间就是一种独特的体验，圣索菲亚大教堂、蓝色清真寺、托普卡帕宫都是值得一看的地标，观看一场肚皮舞或旋转舞表演，洗一次土耳其浴，这趟旅程才算完满。图 5-19 所示为伊斯坦布尔与杜布罗夫尼克。

图 5-19　伊斯坦布尔与杜布罗夫尼克

二是希腊爱琴海区域众多的迷人岛屿。米克诺斯岛、圣托里尼岛、克里特岛、桑托林岛、罗德岛等爱琴海诸岛一直是全球邮轮旅游的超级名片。这些岛屿拥有纯净的海滩,高耸的海边悬崖,蓝顶白墙的小教堂,街巷狭窄的海边小镇,徜徉其中,仿佛置身于风景画中,又像定格于明信片里,如梦如幻,流连忘返。

三是古希腊文化遗迹。东地中海是欧洲文明的发祥地,现今希腊、土耳其、塞浦路斯都保留了大量古希腊文化的遗迹,雅典卫城、奥林匹克遗址、克诺索斯遗迹、以弗所古城、特洛伊遗址、帕加马古城、阿斯潘多斯圆形剧场都静静地矗立在爱琴海畔,仿佛在向游客无声地诉说曾经的繁华,喜欢古迹的游客在这里绝对会不虚此行。

相对于西线而言,东地中海邮轮旅游航线没有过多拥挤的人流,足以满足游客纯度假的需求,近年来旅游热度开始迅速上升并有不减之势。

3)北美邮轮旅游航线

北美地区是最早大规模开发邮轮旅游的区域,邮轮航线设计与开发历史悠久,运营成熟,加上美国、加拿大两国经济实力的支持,北美航线一直是该地区居民邮轮旅游的首选线路之一,也成为两国居民日常出游的重要旅行方式。

北美邮轮旅游航线主要由美东航线与美西航线组成。

美东航线主要指从美国东北各港口出发的邮轮沿西大西洋北上,逆圣劳伦斯河航行一直到达加拿大蒙特利尔的邮轮旅游航线。由于该地区处于温带大陆性气候控制范围下,秋季能看到最美的枫叶及其他落叶林景观,因此成为北美秋季最著名的观光游览线路。加拿大东部为法语区,蒙特利尔有"北美巴黎"之称,魁北克也有众多法式建筑遗产,这些地方法国文化色彩十分浓厚,这也与北美其他地区风格迥异。同时这条航线涉及北美东部多个国际大都市(如纽约、波士顿、蒙特利尔),在观赏自然美景的同时还能充分感受都市的魅力,享受购物的乐趣。美东航线主要涉及纽约、波士顿、哈利法克斯、魁北克、蒙特利尔等港口。

美西航线由两条经典航线组成。

一条是从美国西部洛杉矶、圣迭戈出发南下至墨西哥太平洋沿岸诸港口的航线(称为墨西哥太平洋海岸邮轮旅游航线),这条航线将游客从现代美式大都会迅速带入西班牙风格浓郁的墨西哥城市,反差很大,但这往往又会带给游客更多意想不到的事情。该航线主要停靠的港口有洛杉矶、圣迭戈、恩塞纳达、阿卡普尔科、马萨特兰等。

另一条是从美国西雅图或加拿大温哥华出发北上至阿拉斯加的航线(称为阿拉斯加邮轮旅游航线)。阿拉斯加位于美国西北靠近北极的地区,离美国本土有一定的距离,是美国的两个海外州之一。而阿拉斯加航线由于壮美的冰川景观、迷人的峡湾风光以及绵长的海岸线使之成为北美的热门邮轮旅游航线。冰川、峡湾、鲸鱼、森林、湖泊、皮划艇、矿井、狗拉雪橇都是该区域让游客流连的旅游项目。这条线路可以让游客不深入极地而感受寒带景观的魅力，该航线主要停靠的港口有西雅图、温哥华、朱诺、科奇坎、史卡格威等。

同时美西航线还有一条跨区域航线也颇受欢迎，即从温哥华、洛杉矶、圣迭戈等港口出发前往夏威夷的邮轮旅游航线。夏威夷群岛位于美国本土西南 2500 英里（约 4023 千米）的太平洋上，是美国的海外州。夏威夷群岛是一串热带火山岛（其中夏威夷岛、瓦胡岛、毛伊岛、考爱岛为主要旅游目的地），因此呈现出与美国本土截然不同的景象。游客在这里可以观看火山熔岩入海的奇景，品尝美国唯一的咖啡品种柯纳咖啡，冲浪并与海豚共舞，观珍珠港战争遗址、跳呼啦草裙舞……虽然这条线路航程较长，往往需要两周时间，但可以让游客充分领略夏威夷群岛的独特魅力，因此成为美国本土热门的长线邮轮旅游线路。

2. 经典内河邮轮旅游航线

除了海上邮轮以外，内河邮轮也越来越成为邮轮领域的新宠，由于内河往往风平浪静、停靠方便、可快速造访沿岸城市中心、价格实惠等，越来越多对海洋天生有惧怕感的游客则将河轮旅游纳入自己的出行计划中去。目前世界上河轮旅游最发达的大洲是欧洲，拥有多瑙河、莱茵河、塞纳河、卢瓦尔河、易北河、泰晤士河等众多河轮航线，此外，非洲的尼罗河、南美的亚马孙河、亚洲的长江等均有河轮旅游航线。

1）多瑙河邮轮旅游航线

多瑙河邮轮旅游航线是开发历史较悠久、运营状况较好的河轮旅游航线之一，现在仍是很多游客造访中欧诸国较舒适便捷的一种旅行方式。

多瑙河发源于欧洲中部阿尔卑斯山，一路向东流经德国、奥地利、斯洛伐克、匈牙利、克罗地亚、塞尔维亚、保加利亚、罗马尼亚、摩尔多瓦、乌克兰等近十个国家后最终注入黑海，它是欧洲第二长河，也是世界上流经国家最多的河流，其支流更是流经了十多个国家。由于受天气和水量影响，一般每年 4 月至 11 月会有定期班次，圣诞节前后还有特定班次。

多瑙河邮轮旅游航线会途径德国、奥地利、捷克、斯洛伐克、匈牙利等众多中欧国家。搭乘河轮穿行多瑙河是一种轻松舒适的旅游方式，你可以拜访德国南部的神秘小城，在萨尔茨堡听一场音乐会，在瓦豪河谷品尝一杯正宗的葡萄酒，在捷克小镇上找寻中世纪的遗风，在布达佩斯泡一次天然温泉，这样的旅行方式，没有走马光花，也没有匆匆忙忙，悠闲而自在，所以这种慢节奏的旅行方式深受欧美老年游客的喜爱。

2）莱茵邮轮旅游航线

莱茵河邮轮与多瑙河邮轮一样有着较长的运营史和良好的运营收益，也是欧洲热门的内河邮轮旅游线路之一。

莱茵河发源于瑞士阿尔卑斯山脉，流经列支敦士登、奥地利、法国、德国、荷兰，最终注入北海。莱茵河流程不长，但可停靠港口众多，可从荷兰阿姆斯特丹出发沿莱茵河南下一直到瑞士的巴塞尔。

莱茵河邮轮航线中的精华景点几乎全部位于德国境内，尤其是从吕德斯海姆到科布伦兹 60 千米的精华段更是热门线路，这一段莱茵河航路甚至被列入世界文化遗产。莱茵河邮轮航线中最大的看点莫过于河流两边散布的几十座大大小小的古堡，斯塔莱克城堡、美丽堡、马克思堡，每一座古堡都造型优美，又各具特色，它们或矗立河岸山岗，或隐身茂密森林，伴随着那些经久不衰的爱情故事和动人传说，神秘感倍增。而莱茵河两岸众多的德国大小城镇也散发着不容小觑的魅力,斯特拉斯堡散发出浓浓的中世纪气息,巴登巴登是德国南部著名度假胜地,科隆因为精美的大教堂而举世闻名。图 5-20 所示为从莱茵河邮轮房间看窗外的风景。

图 5-20　从莱茵河邮轮房间看窗外的风景

(图片来源:https://www.ly.com/youlun/tours-160495.html? TrainCity ＝ 0&key ＝ 21723223715104613607223118821 4015153001087130146&.spm0＝10002.2007.0.94.2.1.100&spm1＝10002.2007.0.93.3.1.100.)

3)尼罗河邮轮旅游航线

尼罗河邮轮是埃及政府修建阿斯旺水坝后形成了壮阔的纳赛尔湖之后的产物,因为纳赛尔湖水量充沛,沿尼罗河两岸又拥有众多的古埃及文物古迹,使该区域成为绝佳的河轮旅游场所,埃及政府于是开始打造这条黄金旅游线路。现在,每天有近百艘豪华游轮穿梭于尼罗河上。

埃及尼罗河邮轮一般航程为三至四天,起点是南部城市阿斯旺,终点是历史文化名城卢克索,行程中每到一处陆上景点都会让游客下船观光,主要景点包括阿斯旺水坝、菲莱神庙、科翁坡神庙、埃德福神庙等,游客还可以在船上眺望远处的沙漠景观。邮轮旅程结束后大部分游客可继续北上至红海、开罗、亚历山大、苏伊士运河继续埃及的其他旅程,体会古埃及文明的繁荣与伟大。

但随着近年来埃及政局的动荡,国内安全局势不断恶化,埃及旅游业受到重创,尼罗河邮轮也正在经历由衰落到复兴的艰难道路。

(二)全球特色邮轮旅游航线

近年来随着全球邮轮旅游业的迅速发展,越来越多的特色航线出现在各大邮轮公司的邮轮旅游航线名单中,这些航线的开通不仅满足了部分游客猎奇探险的心态,也圆了很多人一辈子难以实现的那些旅游梦想。

1. 极地邮轮旅游航线

曾几何时,极地旅游是多么遥不可及的梦想,但随着全球科技的进步、全球旅游产业的发展,现在到南北极去探险已经完全可以实现。由于南北极地区特殊的地理位置和恶劣的自然条件,限制了陆上旅游活动的展开,于是通过邮轮探索南北两极成为最便捷也是最可行的出游方式。不同于其他纯旅游功能,极地邮轮还兼具科学考察的功能。同时又由于气候条件的限制,极地邮轮活动的开展往往具有季节性。

1）北极邮轮旅游航线

相对于南极而言，北极距离更近，可达到性更强，旅游功能的实现更容易。北极地区大部分位于北冰洋上，而北冰洋周边包围着格陵兰、加拿大、美国、俄罗斯、瑞典、挪威等国家和地区，因此，北极邮轮旅游往往从这些国家与地区的特定港口出发去探索北极。

目前，从格陵兰首都努克、挪威朗伊尔城、俄罗斯摩尔曼斯克等港口均有大型邮轮（有时也称探险破冰船）出发畅游北冰洋，主要邮轮有 Expedition（北极探险）号、50 年胜利号、M/V 海精灵号等。

北极邮轮旅游航线的航行线路主要是北冰洋及其附属岛屿巡游，最热门的线路当属挪威斯瓦尔巴群岛至冰岛一线，该线路从北极斯瓦尔巴群岛沿大西洋一路南下抵达冰岛，沿途可以欣赏到冰川、峡湾、苔原、火山、温泉等大自然的壮阔美景，还可以近距离观察北极熊、鲸鱼、海豹、各种海鸟等生物的日常生活，在船上，还能学习到各种极地开发与保护的相关知识，整趟旅程观赏性与知识性并存，让人叹为观止。

除了这条经典北极邮轮旅游线路外，从摩尔曼斯克出发的邮轮会始终航行在北冰洋区域，在极地海水与巨大浮冰间穿行，有的航程甚至会抵达北极点，还会为游客颁发相关证书，与游客一起见证成为勇敢者的时刻，让游客与北极来一个最亲密的接触。而从格陵兰出发的邮轮一般会沿格陵兰岛西海岸航行，有时也会与冰岛形成连线，除了欣赏壮美的自然景观外，还能体验因纽特人独特的北极生存方式，充分感受北极地区人与自然和谐共处的生存状态。

2）南极邮轮旅游航线

从人类第一次踏足南极开始，人类对南极的憧憬就一直持续高涨，而 21 世纪初随着南极邮轮旅游的逐渐兴起，这个曾经只有科考队员才能涉足的地方也逐渐为普通游客掀开了她神秘的面纱。

南极地区主要包括南极大陆及其周围广阔的海域，地理上通常称之为"南大洋"，包括罗斯海、别林斯高晋海、威德尔海、德雷克海峡等海域，由于距离全球主要陆地都很远，是名副其实的"天涯海角"。

由于南美洲是距离南极最近的大洲，于是智利、阿根廷两个距离南极较近的国家就成为南极邮轮旅游航线的起点。南极邮轮主要从智利蓬塔阿雷纳斯港以及阿根廷乌斯怀亚港出发，一路南下横跨德雷克海峡到达南极半岛，然后在南极海域进行巡游，并通过橡皮艇登上南极大陆，大部分航线会让游客体验在南极搭帐篷住宿过夜的生活，陆上体验后再登船返回，部分航线也会将阿根廷马尔维纳斯群岛列入返回航程中。

目前，有海达路德邮轮-午夜阳光号、夸克邮轮-海钻石号、OceanWide plancius 号等多艘邮轮穿梭于南美南极海域之间。

从南美洲最南端出发，跨越全球最惊险的海域德雷克海峡，当游客克服严重晕船症状到达南极半岛的那一刻起，前面旅途中所有的艰辛就会全部忘记。展现在每一个游客眼前的只有那一个纯净的冰雪世界，巨大的冰川、浩瀚的冰原、成群的企鹅、庞大的鲸鱼、闪着点点光芒的海水、纯净湛蓝的天空、辛勤工作的科考队员，你会不禁感叹大自然的鬼斧神工，也立刻认识到人类的渺小，即便只看一眼也值回高昂的船票。

目前，中国各大旅行社南极邮轮旅游线路往往搭配南美其他国家连线，如秘鲁、智利、巴西、阿根廷等国，让广大游客一次旅行就能玩遍距离自己最遥远的世界，当然，这一趟旅程下来价格自然也是不菲的。图 5-21 所示为南极邮轮旅游航线示意图。

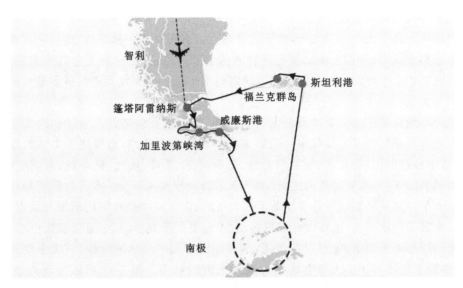

图 5-21　南极邮轮旅游航线示意图

(图片来源：https://www.ly.com/youlun/tours-143627.html? TrainCity＝0&key＝087108079251085162053216080230036022039092026221.)

最后，每一个游客也应该意识到南极邮轮旅游虽然为我们打开了一扇认识遥远新世界的大门，但是只有大家都遵守当地的旅游秩序，大力保护南极的生态环境，这一扇大门才不会关闭而永远开启。图 5-22 所示为南极邮轮与景观图。

图 5-22　南极邮轮与景观图

(图片来源：http://www.sohu.com/a/144511216_563385.)

2.跨大洲邮轮旅游航线

"环游世界"几乎是每个人儿时心底存有的梦想，可是面对高额的出行花费和各种现实条件，能实现这个梦想的人较少，也仅仅只能当成梦想。当近年来各大邮轮公司陆续推出跨越大洲的超长距离邮轮旅游航线后，很多人意识到环球旅游似乎已不再遥远，越来越多人的环游世界的梦想正在逐步实现。

1)太平洋邮轮旅游航线

作为世界上最广阔的一个大洋,太平洋是拥有最多海岛的一片水域,想要一次性玩遍太平洋所有的精华景点,拜访该区域所有奇妙的国家和岛屿,基于时间与金钱的考量,几乎是很难实现的。太平洋环游这一条邮轮旅游线路则给想花费最少钱而游玩最多景点的游客提供了一次宝贵机会。

太平洋邮轮旅游航线主要涉及亚洲与大洋洲,航线主要包括西太平洋和南太平洋。如歌诗达邮轮大西洋号就不定期推出一班西南太平洋环游的线路,该线路从中国天津邮轮母港出发,途中经过韩国、塞班岛、所罗门群岛、瓦努阿图、斐济、汤加、萨摩亚、大溪地(塔希提岛)、新喀里多尼亚、巴布亚新几内亚、日本等众多国家与地区,经过46天的航行最后回到天津。这条太平洋邮轮环游航线几乎涵盖了西太平洋、南太平中最精华的国家与景点,游客既可以在日本韩国购物血拼,也可以在塞班岛、大溪地享受阳光沙滩,还可以探索巴布亚、所罗门群岛上的原始土著部落,更可以在斐济、汤加穿梭南太平洋热带雨林,一次旅程满足各种需求,使得这条航线对于广大游客而言充满了无穷的魅力。图5-23所示为歌诗达邮轮46天环游太平洋邮轮旅游航线示意图,图5-24所示为歌诗达邮轮大西洋号航行在大海上。

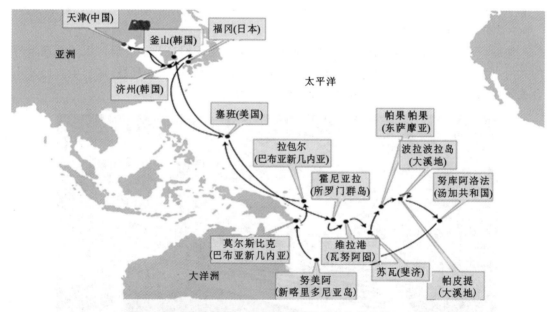

图5-23 歌诗达邮轮46天环游太平洋邮轮旅游航线示意图

除此之外,澳大利亚、新西兰也有大量常规出发畅游南太平洋的邮轮旅游航线,从澳大利亚出发,途经新西兰、斐济、汤加、萨摩亚等岛屿,将南太平洋诸岛的美景一网打尽。而以夏威夷群岛为中心也开发出波利尼西亚邮轮旅游航线,行程涵盖夏威夷群岛、社会群岛、法属波利尼西亚(大溪地)等岛屿,同样是一条难得的充分享受阳光沙滩的特色邮轮旅游线路。

2)大西洋环游邮轮旅游航线

大西洋海域是最早兴起邮轮旅游的地区,当年泰坦尼克号就是在大西洋中航行的。但是大西洋中大部分邮轮旅游航线都是在大西洋的小范围特定海域展开,如欧洲大西洋沿岸、北美大西洋沿岸等,线路较短,观赏内容较单一,与一般的欧美邮轮旅游航线并没有太大的区别。

图 5-24 歌诗达邮轮大西洋号航行在大海上

（图片来源：http://tj.workercn.cn/4869/201612/05/161205093251264.shtml.）

而海达路德邮轮公司于2017年定制了一条纵向穿越大西洋的航线，由前进号邮轮执行，这是第一条由北往南穿越整个大西洋连接南北极的邮轮旅游航线。该航线涉及欧洲、北美、非洲、南美、南极五个大洲，涵盖挪威、丹麦、冰岛、荷兰、法国、葡萄牙、摩洛哥、巴西、阿根廷等近十个国家，从北极到南极，历时88天，仅招募42位勇敢者，这可以称之为邮轮旅游史上的壮举了。

这条邮轮旅游航线之所以有较大的吸引力是因为整个旅程中可以看到全球几乎所有的自然景观。极地的冰雪景观、亚马孙的热带雨林、挪威的峡湾、西欧的都市和乡村、冰岛的火山与温泉、南美的荒漠与草原，当然一路美丽的大西洋海景才是最佳的主角。这趟旅程，绝对独特而充满惊喜。

3）环五大洲邮轮旅游航线

近年来，能够像当年麦哲伦船队那样绕地球一圈实现真正意义上的环球邮轮旅行已经悄然成为高端邮轮旅游市场上的新宠。越来越多的环球邮轮旅游航线的开通使得具有一定经济基础又有充足的时间和精力的那部分游客能够实现自己一直以来环游世界的梦想。

目前已经有多家邮轮公司开通了环球航行的线路，其中比较著名的包括歌诗达邮轮、银海邮轮、丘纳德邮轮、水晶邮轮、大洋邮轮、丽晶七海邮轮等，而在这些知名的邮轮公司中，歌诗达邮轮2014年将环球邮轮旅游的概念首次引入中国市场，并于2015年3月在国内开通了首条环球巡游的邮轮旅游航线，极大地满足了中国高端邮轮市场顾客环球旅游的需求。

歌诗达邮轮公司大西洋号邮轮从上海邮轮母港出发，沿途经过了东海、南海、马六甲海峡、印度洋、红海、苏伊士运河、地中海、大西洋、巴拿马运河、太平洋等水域；经停了亚洲、欧洲、非洲、中南美洲、北美洲五大洲；到访了越南、新加坡、泰国、斯里兰卡、马尔代夫、阿曼、埃及、土耳其、希腊、意大利、法国、西班牙、葡萄牙、美国、巴拿马、墨西哥、日本等近20个国家的29个城市及地区,全程耗时86天,最终返回上海邮轮母港。而这一趟超长行期的旅程让那些参与了此次出游的中国游客大呼过瘾,当教科书式的景观一一展现在游客面前,每一位游客都难以抑制心中的激动。

其后,多家邮轮公司陆续在中国市场推出环球邮轮旅游航线(中国成团,但不一定在中国港口登船),继续争夺国内高端邮轮市场。如皇家加勒比邮轮公司推出的2018年出发的"海洋水手号+海洋魅力号双邮轮环球52日之旅",为游客打造横跨四大洲、十大海域的环球之旅。又如香港润峰邮轮公司海洋之梦号邮轮于2018年分别打造环游北半球精彩岛屿与景点(106天)和环游南半球(92天)两条邮轮旅游航线,广大的中国游客可以根据自己的切身需求来选择航线,分别领略南北半球的不同美景,圆人生之梦。

这种超长时间的环球邮轮旅游线路,将全球经典旅游国家纳入航线中来(不同航程包含的国家不同),展现在游客面前的也是决然不同的美景与风情,如果一辈子只有一次出境旅行,有它就足够了。

(三)中国市场热门邮轮旅游航线

以往中国游客出行常常抱怨行程太赶、旅途太累,这跟中国传统跟团旅游走马观花的基本旅游模式有很大的关系。近年来,随着邮轮旅游在国内的兴起,越来越多的国人开始喜欢上了这种舒适的出行方式,旅行真正变成了一种享受。中国游客正逐渐将度假精神融入自己的出行中,也不再呈现出"上车睡觉、下车尿尿、到了景点胡乱拍照、回到家什么都不知道"的迷糊旅行状态。

中国邮轮市场主打周边国家邮轮旅游航线,日本、韩国、新加坡、马来西亚、泰国、越南等都是中国邮轮旅游市场热门的旅游目的地,日韩航线、东南亚航线几乎集中了大部分出境邮轮旅游的中国游客。

1.日韩邮轮旅游航线

日本、韩国由于独特的地缘优势,加上旅游业发展较早,旅游市场较为成熟,成为中国游客出境旅游的首选目的地。日韩邮轮旅游航线也成为中国邮轮旅游市场最先兴起的线路,这一线路包括纯日本邮轮旅游航线、纯韩国邮轮旅游航线、日韩连线邮轮旅游航线。

纯日本邮轮旅游航线主要有两条,一条从中国邮轮母港出发驶向日本群岛(北线),一条从中国邮轮母港出发驶向冲绳群岛(南线)。执行这两条线路航行任务的邮轮也有很多,几乎各大邮轮公司在中国都开通了日本航线,如天海邮轮、公主邮轮、皇家加勒比邮轮、星梦邮轮、歌诗达邮轮等。

北线是目前纯日本邮轮旅游航线中最具代表性的一条。这条线路涉及九州、四国、本州、北海道等日本主要岛屿,可停靠福冈、长崎、佐世保、熊本、鹿儿岛、松山、神户、清水、富士、横滨、仙台、札幌等众多港口,线路几乎涵盖了日本本岛所有著名的旅游目的地。短线游能到达九州岛,游客可以参观熊本城、福冈塔、鹿儿岛火山等景观;中线游能到达四国和本州岛,游客可以探访濑户内海和日本乡村、品尝神户牛肉、登大阪城、观富士山、赏樱花、望东京塔;长线游则能到达本州北部和北海道,游客可以泡温泉、赏雪景、参加滑雪运动、徜徉薰衣草花海。北线松紧有度,既有观光又可购物,满足了广大游客对日本的所有憧憬。如丽星邮轮于2017年开通的处女星号"上海—大阪—东京(横滨)—富士山(清水)—鹿儿岛—上海"

(见图 5-25)邮轮旅游航线就是纯日本长线邮轮旅游的代表。

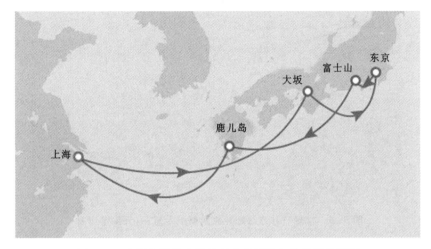

图 5-25　丽星邮轮处女星号日本八日游邮轮航线示意图

(图片来源：https://www.ly.com/youlun/tours-150706.html? TrainCity = 0&key = 16303420125004214803124414 2227205246025200139067&spm0=10002.2007.0.94.2.1.100&spm1=10002.2007.0.93.3.1.100.)

相较于北线，纯日本邮轮旅游南线则相对单一，该线路只有一个目的地：冲绳(琉球群岛)，这条航线通常从广州、厦门、三亚、香港邮轮母港出发，停靠那霸、八重山群岛、宫古等。在同样可以满足购物需求的同时，琉球群岛展示的是与日本本土文化不尽相同的风貌，古琉球王国文化、日本唯一亚热带海洋风情是这片区域的旅游名片，而这些景观都是在日本别处看不到的风景。因此，这条航线的吸引力也是不容小觑的。

纯韩国邮轮旅游航线一般从天津、青岛、烟台、上海等中国北方海域邮轮港口出发，跨越渤海、黄海到达朝鲜半岛南端的韩国，通常访问仁川(首尔)、釜山、济州等地。这条线路能从多角度让游客近距离了解韩国，感受大韩民族(朝鲜族)的传统文化。在此线路中，游客可以到达韩国第一大岛济州岛，观汉拿山，登城山日出峰，在泰迪熊博物馆找寻童年的欢乐，在海女博物馆体会海女的艰辛；游客可以到达韩国最大的港口釜山，在海云台海滨浴场晒日光浴欣赏海景，在札嘎其市场品尝特色韩国美食；游客还可以到达韩国首都首尔，在景福宫等古代宫殿中体会朝鲜王朝曾经的辉煌，在明洞、东大门、清溪川感受现代韩国街市的热闹，最后购物血拼满载而归；有些航线甚至会带游客到韩朝边界板门店，近距离感受韩朝两国紧张的对峙氛围，从而理解和平的可贵。

日韩连线邮轮旅游航线一直是国内日韩邮轮旅游航线中线路最成熟、具体线路选择性最多样化、目的地及可停靠港口最多、游客最集中的出境邮轮旅游线路。各大邮轮公司推出不同航程的邮轮旅游航线，不同航程天数不同，对应两国不同的旅游目的地，让游客花费最少就能体验到日韩两国最真实的国家面貌。常见的线路有上海(天津)—济州—福冈—上海(天津)、上海(天津)—釜山—长崎—上海(天津)、上海(天津)—济州—福冈—长崎—上海(天津)等。图 5-26 所示为常规日韩连线邮轮旅游航线示意图(天津港出发)。

(注：在本部分写作期间，由于特殊原因，中国各大旅行社已经暂停了纯韩国邮轮旅游航线，日韩连线也改为纯日本邮轮旅游航线，恢复日期不定，故此部分所涉及的与韩国相关的邮轮旅游航线内容均为 2017 年 4 月之前的相关信息。)

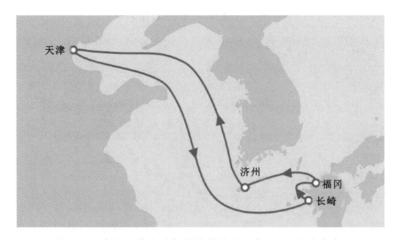

图 5-26　常规日韩连线邮轮旅游航线示意图(天津港出发)

2.东南亚邮轮旅游航线

东南亚地区是最早成为国人出境旅游目的地的区域,"新马泰"也曾一度成为国人出境旅游的标配。随着国内邮轮旅游业的兴起,敏锐的邮轮公司自然早早地注意到了这个区域,纷纷开辟相应的邮轮旅游航线。目前,国内邮轮旅游市场东南亚区域最常见的线路有两条,一条是新马泰连线,一条是越南线。

新马泰邮轮旅游航线是东南亚邮轮旅游航线中开辟最早的线路,主要涵盖新加坡、马来西亚、泰国三国,沿岸停靠的港口有新加坡、兰卡威、槟城(槟榔屿)、普吉(岛)。这条线路基本上从新加坡邮轮母港起航,因此国内游客须先飞抵新加坡,上船后再沿马六甲海峡北上,一路在印度洋边缘航行,经马来西亚最终达到泰国普吉岛,然后返程。

新马泰邮轮旅游航线有别于新马泰陆上游览线路,此线路将新马泰三国最美的滨海景观全景展现。当游客登上邮轮前,可以在一天时间里畅游新加坡城,体验新加坡的繁华与现代化;当邮轮停靠马来西亚槟城时,游客可以感受到大马浓浓的中华气息与氛围,参观马来族的清真寺,也可以品尝传统娘惹食物,感受多元文化;当邮轮停靠泰国普吉岛时,游客可以畅玩各种水上娱乐项目,欣赏泰拳或人妖表演,骑大象逗鳄鱼,充分领略泰国第一大岛屿的独特魅力。这条航线将现代都市、多元文化、热带岛屿三种旅游主题融为一体,让游客充分参与多姿多彩的岸上观光行程,收获不一样的旅行体验。图 5-27 所示为常规东南亚邮轮旅游航线示意图。

越南邮轮旅游航线相较而言属于比较新的一条线路,这跟近年来越南旅游业的快速崛起有很大的关系。

越南邮轮旅游航线与越南领土的构成划分一致,一般有北中南三条线路:北线,邮轮到达越北海港海防或蔡兰,游客在这里可以饱览"海上桂林"下龙湾的壮丽景观,也可登上吉婆岛品尝各种便宜新鲜的生猛海鲜;中线,邮轮到达越南中部的顺化、岘港,在这里游客可以逛会安古城、看水上木偶剧、登山茶半岛、览占族博物馆;南线,邮轮到达芽庄、胡志明市,这是越南邮轮旅游航线中最热门的线路。芽庄是越南政府大力打造的滨海度假胜地,相对于普吉岛、巴厘岛等滨海旅游胜地而言,芽庄更加天然、纯净、淡雅,游客也不算太多,这里成为广大游客饱览纯粹海洋景观与文化的好去处。胡志明市是最有越南风情和法国殖民文化的南方第一大城,精致的法式建筑、美味的越南河粉、好喝的滴漏咖啡、漂亮的奥黛少女共同组成

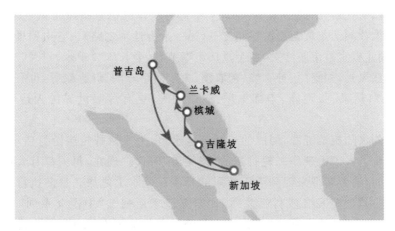

图 5-27　常规东南亚邮轮旅游航线示意图

（图片来源：https://www.ly.com/youlun/tours-150511.html？TrainCity＝0&key＝22508717922217113914123500504523619112
9068249145&spm0＝10002.2007.0.94.2.1.100&spm1＝10002.2007.0.93.3.13.100.）

了这幅最具越南风格的市井画卷。

　　国内去越南的邮轮母港一般是广州、三亚、香港等距越南较近的港口。当然，越来越多的越南邮轮旅游线路也打破了上述三条线路的束缚，开通了跨区域邮轮旅游航线，如皇家加勒比邮轮公司开通的"香港—岘港—芽庄—香港"线，歌诗达邮轮公司开通的"广州—芽庄—岘港—下龙湾—广州"线，这些线路均为融合南北越特色的跨区域航线。图 5-28 所示为歌诗达邮轮越南旅游航线示意图。

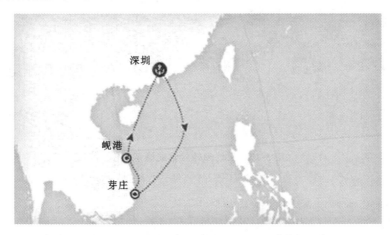

图 5-28　歌诗达邮轮越南旅游航线示意图

　　除此之外，有些邮轮公司也推出了东南亚多国邮轮连线，如将新马泰与越南做连线，有些航线甚至会涉及马来西亚沙巴、印度尼西亚巴厘岛、菲律宾群岛等东南亚其他区域。

3.长江三峡邮轮旅游航线

　　相较于欧美国家，我国的内河邮轮旅游市场并不发达，这与我国内河航道不通畅、内河水量不稳定、内河港口条件不佳、周边旅游景观相对分散等诸多因素有直接关系。但是在中国还是有一条相当成功的内河邮轮旅游航线，这就是长江三峡邮轮旅游航线。

　　长江三峡是中国首批风景名胜区，号称"中国十大风景名胜之首"，是集游览观光、科考怀古、艺术鉴赏、文化研究、民俗采风、建筑考察等为一体的国家级旅游风景名胜区,也是中国较早向世界推荐的两条黄金旅游线路之一(另一条为丝绸之路)。它由瞿塘峡、西陵峡、巫峡组成,东起湖北省宜昌市南津关,西至重庆市奉节县,全长 193 千米。长江三峡景点众多,既有美丽的自然风光,如夔门、神女峰、神农溪、大宁河小三峡、灯影峡等,也有丰富的人文瑰宝,如白帝城、白鹤梁、张飞庙、丰都鬼城、屈原祠等,更有惊叹世界的人造奇观三峡水利枢纽。

丰富多彩的水陆旅游资源,便捷的长江黄金水道,为三峡邮轮旅游打造了极佳的舞台,三峡旅游也逐步进入了由豪华邮轮打造的"慢旅游"时代。现在,每天都有大量邮轮往返于重庆与宜昌之间,给游客带来四到五天精彩的长江三峡水上之旅。目前执行三峡航线的邮轮有"新世纪系列"、"美国维多利亚系列"、"东方皇家系列"、"中国龙系列"、"皇家公主系列"、"长江海外系列"、"黄金系列"等共三十多艘。这些邮轮均配有完善先进的住宿、餐饮、娱乐、体育锻炼、商务会议等服务设施,致力于为游客打造一个移动的五星级的家。

长江三峡邮轮旅游由于其特殊的内河邮轮旅游模式,成为国内邮轮旅游市场上的经典之作,也成为吸引大量国外旅客的邮轮传奇。它也必将继续引领国内特色邮轮市场,始终成为国内邮轮旅游领域的一朵奇葩。图 5-29 所示为三峡邮轮旅游航线示意图。

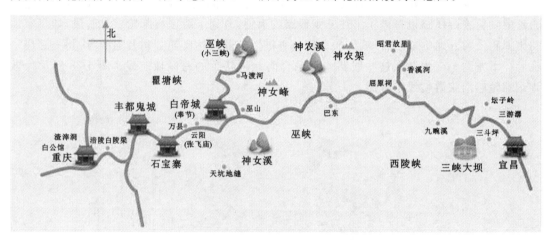

图 5-29　三峡邮轮旅游航线示意图

(图片来源:http://ticket.lvmama.com/scenic-161537.)

(四)中国市场新兴邮轮旅游航线

随着邮轮旅游业在我国的迅速发展,越来越多带有中国特色、中国印记、中国标志的新兴邮轮旅游航线也相继开发出来。伴随着中国经济持续发展、中国国门的持续开放,中国也必将成为全球特色邮轮旅游新的增长点。

1.西沙群岛邮轮旅游航线

2012 年,中国在南海上建立了地级三沙市,隶属于海南省管辖,使得一直以来几乎被国人所遗忘的南海诸岛的神秘面纱逐渐打开。西沙群岛、南沙群岛、中沙群岛等岛礁,由于其迷人的热带风光开始为国人所向往。因为三沙市设置在西沙群岛永兴岛上,加之开发相对较早,与其他南海岛礁相比距离祖国大陆最近,西沙旅游应运而生。但同时又由于南海诸岛均远离祖国大陆,深居散布于南海内部,故邮轮出行成为西沙旅游的首选方式。

西沙邮轮旅游航线于2013年开通,基本上以三亚港为起讫点,目前有多艘豪华邮轮执行相应的旅游航行任务,如椰香公主号、北部湾之星、长乐公主号、南海之梦等,一般开设四天到七天不等的西沙邮轮之旅。

西沙之旅主要在大海与岛礁之间穿行游览,其主要景点包括鸭公岛、全富岛、银屿岛、北礁、甘泉岛、羚羊角等,由于开发时间较短,岛礁面积大小不一,现阶段能够登陆的只有鸭公岛、全富岛、银屿岛等少数岛屿。且西沙众多岛屿均没有其他开发较早的旅游岛屿繁多的海上项目与活动,基本以垂钓、潜水、游泳、日光浴等简单活动为主。游客登岛后还可以体验渔民的生活,品尝原汁原味的海鲜,开展相应的环保活动。正因为如此,游客可以在这些岛屿上欣赏最纯粹的南国海景,尽情享受这片中国最干净海域的阳光、沙滩、波浪、海风。图5-30所示为西沙邮轮旅游航线示意图。

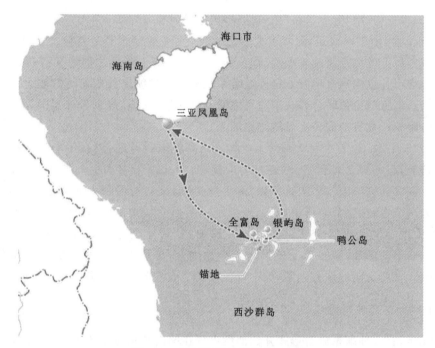

图 5-30 西沙邮轮旅游航线示意图

当然西沙群岛邮轮旅游航线的开通除了经济效益外还应更多地考虑到环境效益,因此是否大规模进行旅游开发是当地行政部门正在商榷的重要问题。但无论如何可以预见,随着西沙旅游业的逐渐兴起,以后会有更多的游客能够抵达西沙,成为南海旅游开放的受益者。

2."一带一路"系列邮轮旅游航线

"一带一路"即"丝绸之路经济带"和"21世纪海上丝绸之路",是习近平主席2013年提出的中国与相关国家加强政治、经济、文化、外交等相互联系的构想与实践,其中,推动21世纪海上丝绸之路邮轮旅游合作是"一带一路"民心相通的重要实现方式。

"海上丝绸之路"承接中国古代的海上贸易线路,涉及中国、东南亚、南亚、中东、东非、北非、欧洲等众多世界人文地理区域,涉及太平洋、南海、马六甲海峡、孟加拉湾、印度洋、阿拉伯海、波斯湾、红海、地中海、黑海等众多国际水域,同时还包含了众多的旅游大国,如菲律宾、印度尼西亚、柬埔寨、泰国、新加坡、马来西亚、斯里兰卡、马尔代夫、印度、肯尼亚、坦桑尼亚、阿拉伯联合酋长国、埃及、塞浦路斯、土耳其、希腊、意大利、法国、摩洛哥、西班牙等。该线路上还拥有诸如广州、香港、巴生、新加坡、林查班、科伦坡、孟买、迪拜、亚历山大、伊斯坦布尔、比雷埃夫斯、威尼斯、罗马、马赛、巴塞罗那等一大批世界良港。

尽管海上丝绸之路沿线很多国家都有邮轮旅游的传统，相应国家间也彼此开通了邮轮旅游航线，但各条线路中从中国邮轮母港出发或者最终到达中国邮轮母港的航线却并不多，因此，开通中国与海上丝绸之路沿线国家间的邮轮旅游航线，是各大邮轮公司在中国发展的重大战略转折。

自"一带一路"倡议打响，与此有关的邮轮旅游航线就开始在中国市场上酝酿和打造。借着原本就拥有的东南亚邮轮旅游航线，全国各地的邮轮母港及邮轮公司纷纷将之与"一带一路"沿线国家挂钩，乘"海上丝路"东风，扬中国邮轮风帆。

2015年2月，由广西钦州、北海出港的北海之星号邮轮启程奔赴越南、马来西亚，开启了北部湾—东盟海上丝绸之路邮轮旅程，成为中国首条以海上丝绸之路名义打造的邮轮旅游航线。三亚市市长也明确表示三亚已开始着手策划海上丝绸之路邮轮旅游航线。青岛港与一带一路沿线国家阿拉伯联合酋长国迪拜之间的邮轮航线也在规划设计当中。上海市政府也表示要将邮轮产业打造成海上丝绸之路的先行产业。

2017年5月21日，首个跨大洲海上丝绸之路邮轮航线开通，由嘉年华邮轮旗下盛世公主号执行首航，起点为意大利罗马，终点为中国厦门，一路沿着海上丝绸之路东行，跨越欧洲、非洲、亚洲，历时37天。作为首条以"海上丝路"名义打造的跨大洲邮轮旅游航线，加之有大量的外国游客，在整个航行中，船上组织了一系列中国文化展示活动，从中国民乐到茶艺表演，从中国书法到中国雕塑讲解，从"理解中国"讲座到中国媒体人士与观众互动对话……精彩纷呈的活动，沿着海上丝绸之路徐徐展开，向船上游客呈现出一个具有悠久历史、深厚底蕴、多彩文明的东方大国，整个行程充满了浓浓的中国味道。

3. 无目的地邮轮旅游航线

最近几年，有一种邮轮旅游形式开始悄然出现在国内邮轮旅游市场，这就是无目的地邮轮旅游，这种邮轮旅游形式又叫作"公海旅游"。所谓无目的地邮轮旅游，即邮轮出港后不停靠任何其他港口，只在相关海域上一直保持巡游，最后再回到出发港口，游客即完成一次邮轮旅游体验。

我国首批试点无目的地邮轮旅游的邮轮母港有天津、上海、厦门、三亚，无目的地邮轮旅游的航程一般较短，基本上为两天一夜或三天两夜。这种邮轮旅游方式属于纯邮轮体验形式，没有任何上岸观光，有效地避免了一大群游客走马观花式的岸上游览现状，更符合邮轮旅游"度假"的精神意义所在。在整个邮轮旅行中，游客可以利用一切时间享受邮轮上的各项设施和服务，也可以欣赏海上日出、日落的美景，有些航线还设置了观海豚、观鲸等体验活动，满足了那些出游时间有限，又想充分体验邮轮乐趣的游客的出行需求。

目前国内邮轮市场上最普遍的无目的地邮轮旅游产品是"深圳（香港）—海上巡游—深圳（香港）"这一条线路，几乎占据了国内无目的地邮轮旅游的半壁江山。今后这种邮轮旅游形式还会推广到环渤海、东海、台湾海峡等海域，成为国内邮轮旅游市场上新的出游方式。图 5-31 所示为邮轮进行公海巡游。

图 5-31 邮轮进行公海巡游

项目实训

一、填图题

1. 分别用数字①至⑤在下面的空白地图中标出主要的邮轮旅游海域。

① 加勒比海域　　　　　　　② 地中海海域

③ 北欧北冰洋海域　　　　　④ 美西太平洋海域

⑤ 南极(半岛)海域

2. 分别用字母 A 至 J 在下面的空白地图中标出主要的邮轮旅游目的地。

A 日本　　　　B 新加坡　　　C 澳大利亚　　　D 意大利

E 挪威　　　　F 新西兰　　　G 美国(本土)　　H 阿根廷

I 泰国　　　　J 阿拉斯加(美)

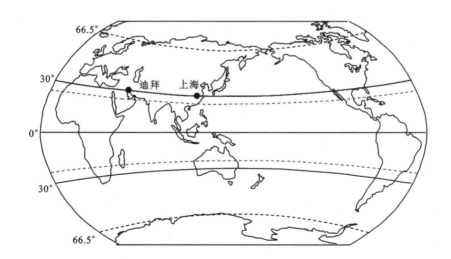

二、思考题

1.什么是邮轮旅游航线?一条完整的邮轮旅游航线包括哪些基本空间要素?

2.简要分析日本成为中国邮轮旅游航线最重要目的地的主要原因。

3.简要介绍一下地中海邮轮旅游航线的基本情况。

4.从中国邮轮母港出发的主要出境邮轮旅游航线有哪些?

项目六
邮轮旅游者

◇ 知识目标

1. 掌握邮轮旅游者的基本情况。
2. 掌握邮轮旅游者的特征和心理需求动机。
3. 了解旅游者的消费特征。
4. 熟悉购买邮轮旅游产品的常见阻碍因素。

◇ 能力目标

1. 能区分国内外邮轮旅游消费者的特征。
2. 能总结分析国内外邮轮旅游者的心理需求动机。
3. 能针对邮轮旅游者的消费特征和购买邮轮旅游产品的阻碍因素提出有效的对策。

◇ 素质目标

1. 提高学生对邮轮旅游者心理特征和消费特征的认知。
2. 激发学生对邮轮旅游者心理需求分析的兴趣。
3. 培养学生的探索及创新精神和解决问题的能力。

工作任务一 掌握邮轮旅游者的特征及需求动机

任务导入

据国际邮轮协会（CLIA）统计，2015年，全球邮轮行业产生了1170亿美元的效益，为956597人提供了全职工作，从事邮轮行业的员工工资共计380亿美元；北美市场占全球市场的80%左右，产值440亿美元，增加就业363000个。与邮轮旅游相关的沿岸景点访问人次达1.14亿人次，直接消费523.1亿美元。

随着中国邮轮母港建设的不断加速，我国邮轮旅游市场渗透率持续提升。全球邮轮市场掀起"东移"之风，邮轮旅游成为"海上黄金产业"。

时间飞逝，转眼邮轮旅游的黄金期渐渐到了尾声。为了更加精准地掌握邮轮旅游者的消费特征和心理需求，公司要求李雷通过多方面的信息收集，整理完成一份2017年暑期在线邮轮消费分析报告，李雷能顺利完成分析市场的任务吗？

任务解析

2017年，邮轮出境游市场表现强劲。途牛旅游网监测数据显示，2017年暑期选择邮轮出游的人数同比增长超过60%，出游高峰集中在7月下旬及8月上旬，但也有不少游客选择8月底出游，赶一趟"暑邮"的末班车。

暑期是旅游产业经济出现井喷的时段之一，邮轮旅游进入中国市场不久，在短时间内高速增长，各项经济指数趋向新高。通过OTA网站、品橙旅游、中国交通运输协会邮轮游艇分会（CCYIA）、国际邮轮协会（CLIA），可对旅游黄金时期的旅游者的年龄及教育特征、家庭收入及消费特征、职业及出游方式、出游偏好类型、游客满意度进行数据整理和趋势分析，从而更好地掌握市场动态，帮助旅游企业制定更符合旅游者需求的旅游产品。

常见的网站如下。

邮轮协会：中国交通运输协会邮轮游艇分会（CCYIA）、国际邮轮协会（CLIA）等。

OTA旅游网站：携程网、同程网、驴妈妈、途牛旅游、品橙旅游等。

数据分析平台：易观、艾瑞咨询等。

任务拓展

借助问卷星，开展当地的暑期邮轮旅游者消费调研的问卷调查，并完成当地邮轮旅游者的消费特征和旅游满意度调查分析报告。问卷调查题目不少于15个，分析报告不低于2000字。

相关知识

一 邮轮旅游者的定义

邮轮旅游者是指任何除了获得报酬之外，乘坐邮轮在海洋、江河、湖泊等水域及其腹地观光、休闲、度假、探亲访友、运动探险、医疗保健、购物、参加会议或从事经济、文化、体育、宗教活动的人。

二 邮轮旅游者的主要类型

（一）按客源地分

远洋邮轮的客源来自世界各地，比较集中在北美和欧洲。一个重要的统计数据是，现在全北美能支付得起航游的成年人中，只有大约11%的人参加过航游，但是还有超过5倍的人希望有朝一日去实现航游这一计划。

（二）按旅游目的划分

按旅游目的划分，邮轮旅游者可以分为观光旅游者、休闲度假旅游者、商务旅游者、科学探险旅游者、顺道过境旅游者等。

（三）按组织形式划分

按组织形式划分，邮轮旅游者可分为团队旅游者、自助游旅游者两大类。其中，远洋邮轮游客以自助游为主，而我国三峡旅游游客目前主要以团队游客为主。

（四）其他划分

其他划分方法可以按照游客年龄、性格、收入水平、受教育水平、生活方式、婚姻状况等进行。

三 邮轮旅游者的特征分析

根据国际邮轮组织协会（CLIA）2008年的一份研究报告显示，与非邮轮旅游者相比，邮轮旅游者呈现出高龄化、高学历、高收入、退休人数占较大比重的特点；其特点也符合邮轮旅游追求高档舒适的旅行宗旨，长时间的浪漫旅程，以及比起普通旅行更昂贵的旅行费用等特征。近年来CLIA在美国的调查研究显示，绝大多数首次乘坐邮轮的旅游者表示邮轮旅游的体验和经历远远超过了他们的期望，而乘坐过邮轮的旅游者也表示日后将再次乘坐邮轮。邮轮旅游者的满意度和重游率相对一般旅游者而言都较高。当前，邮轮旅游市场的绝大多数游客来自美国和加拿大，因而北美地区的邮轮旅游者特点很好地代表了国际邮轮市场上游客的特点。

(一)根据邮轮旅游者的人口统计学特征分析

1. 从收入水平上看

北美地区邮轮游客年均家庭收入较高,说明邮轮作为一项高档消费,消费群体主要集中在中产以上阶层。

2. 从教育程度上看

邮轮旅游者受教育程度也相对较高,2014年,大约有76%的邮轮旅游者具有大学及以上学历。

3. 从年龄特征上看

在世界范围内,邮轮旅游者的一般标准是:25岁以上,平均年收入在4万美元以上。有关研究显示,2008年全球邮轮旅游者的平均年龄已经从1995年的65岁下降为50岁,平均年收入在10万美元以上。2011年邮轮旅游者的平均年龄为48岁。据预测,邮轮旅游者的年龄还将继续降低,越来越多的年轻人将会加入或者喜欢上邮轮度假这种新兴的旅游方式。

4. 从出游方式上看

参加邮轮旅游的游客几乎全部结伴而行,将近4/5的游客是与配偶一同出游的,大约1/3的游客是带小孩出行。团队游客、蜜月游客同样也是邮轮旅游者中的生力军。

邮轮旅游属于西方发达国家的中高端旅游消费产品。邮轮旅游宽松闲适、活动空间相对固定,家庭、亲子、蜜月、朋友之间结伴同游成为邮轮游客的主要对象。

(二)根据邮轮旅游者的出游选择行为特征分析

根据出游的路线、出游目的、乘坐邮轮的舒适程度、出游的天数和费用等因素的不同,可以将消费者分为不同消费偏好的类型。

1. 度假型

度假型邮轮旅游者的旅行行程一般少于7天,更强调休闲的气氛,同时价格也普遍低于奖励型和豪华型邮轮旅行。

2. 奖励型

奖励型邮轮旅游者旅行的行程一般在7到14天,富裕消费者和老年人居多,通常价格也高于度假型邮轮旅行,更强调旅行的品质的舒适度以及目的地的选择。

3. 豪华型

豪华型邮轮旅游者旅行所使用的邮轮通常船体较小,有精致的住宿舱位和高标准的服务,因而价格也更为昂贵,同时旅行的目的地一般是那些充满人文气息和美丽风光的城市。

4.目的地型

目的地型邮轮旅行并非区别以上3种邮轮旅行方式,而是包含在3种或在3种以上方式之中,有些旅游者只看重旅行目的地的选择,而对于邮轮的价格、服务的水准和行程的长短并非特别敏感。

四 邮轮旅游者的心理动机分析

(一)休闲度假的动机

邮轮是一座移动的海上度假村,旅游者选择邮轮旅游的动机主要是借助邮轮这一特殊的旅行交通工具,享受邮轮上极惬意的娱乐化旅程和各种设施与活动,达到放松身心、回归自我的目的。

在邮轮旅游过程中开、装行李只有一次,用不着到处找旅馆和用餐的地方,邮轮旅游最大限度地减少了游客需要操心的事务,消除了游客的紧张感,并最大限度地增加了游客的实际假期时间。

(二)探索新奇的动机

人们对未知的事物总是充满了好奇心,有探索其奥秘的愿望。在现代社会中,信息传递手段的发展日新月异,人们足不出户就可以了解各国风情,看到五彩缤纷的外部世界。然而这不但不能满足人们探索的需要,反而进一步激发了人们要身临其境、亲身体验的欲望,旅游为人们提供了满足探索需要的机会。邮轮旅游通常覆盖面积广,沿途也有很多新奇有趣的地方可以停留。通过邮轮旅游活动,可以在世界各地寻求不同的经历和体验,领略异域的各种独特风光,了解异地的人文风情、风俗传统等等。

国际邮轮协会(CLIA)的一项研究显示,超过80%的邮轮旅游者将邮轮旅游看作浏览度假胜地,以便将来可以故地重游的好方法。

(三)享受高自由度、高品质生活的动机

如今很多旅游者不再单纯地追求观光旅游的单一景点旅游方式,而是希望在旅游活动当中能够追求更多的放松、舒适、休闲、娱乐和消遣,拥有完善的设施,高规格的服务。邮轮旅游在满足游客多样化需求方面有四大优势:一是邮轮上设施和服务齐备,邮轮和旅途本身就是重要的拉力因子,常常被看成是一个独立的目的地;二是邮轮消费90%以上都是提前一次性支付,消费项目风险较小;三是除邮轮自身提供的项目和服务外,众多停靠港能够提供丰富多彩的娱乐活动和观光内容,此时游客既可选择在停靠港离船游玩,又可以一直待在游轮上自娱自乐,服务选择性强,活动自由度高;四是邮轮是一次浪漫的经历,是高品质生活的象征,邮轮旅游是一种近似贵族似的旅游方式。

(四)追求快乐的动机

愉悦快乐的感受是人人都向往的,也是驱使人们参加旅游活动的一个重要动力,旅游消费过程中的行、游、住、食、购、娱的每一个环节,无不能带来乐趣与愉悦,旅游也日渐成为现代人的一种生活方式,成为人们体验快乐和愉悦的一种主要方式,而每一次邮轮旅游活动给人们留下的美好经历和回忆,又成为人们策划下一次旅游活动的动力,学习动机、获取新知识、增长见识、丰富阅历是人们外出旅游的又一个动机,人们认识到单凭书本和媒体介绍的信息来了解世界是远远不够的,而旅游是一本学习百科全书,通过旅游活动仍然可以学到平时学不到的直观生动的知识。

(五)学习异国文化的动机

探求异地文化也是旅游者出游的动机之一。旅游者的目的不仅仅是享受一段美好时光,在航行过程中也想学到一些有关游览港口的新知识,想了解游览线路所到之处的历史文化,甚至期望有专门的邮轮公司安排修学旅游产品,推出与教育结合的旅游产品,为其提供一种称为考察的旅游产品等。

(六)社会交往的动机

社会交往是人的本性,通过旅游人们可以结交新朋友、探亲访友、寻根问祖、得到团体的接纳,从而满足个体对归属感和爱的需求。在现代社会中,尽管人们的物质生活日益丰富,但高效率的工作模式带来了重要影响,就是人与人之间的交往日益减少。高度信息化的网络世界使人们生活在一个虚拟的环境中,这使人们的孤独感日益加重。经过一段紧张繁重的工作之后,人们迫切需要通过人际交往寻求友爱和亲情。在一个普遍采用高新技术的社会当中,到处都需要补偿性的深厚感情。社会上的高技术越多,越高,就越需要创造有深厚感情的人际环境,也就是需要用人的柔性来平衡高科技、高技术的刚性。邮轮旅游为旅游者提供了更合适的机会。

(七)超高性价比的动机

当游客将邮轮旅游与之前参加的一次类似的旅游花费相比,就会发现邮轮旅游价格十分便宜,其价值也显而易见了。邮轮旅游一般是营运费用全包含在内的旅游产品,消费者购买旅游产品时清楚地知道其他旅游全程中大部分内容的花费,邮轮旅游产品的报价程度,在公司与公司之间、邮轮与邮轮之间,甚至线路与线路之间都有所不同。

无论是哪种类型的游客,携家带口的、单身一人的、年老的、年轻的、已婚的、未婚的、运动爱好者、渴求知识者、观光的、度假的、公司会议的、奖励旅游的,都能够感到邮轮旅游的舒适和满意,而其他类型的旅游很少能如此令人满意。根据 CLIA 的行业分析报告,参加过邮轮旅游 57% 的游客会在游览结束后一年的时间内再次参加,而 89% 的游客则会在未来两年内再次参加邮轮旅游,97% 的游客会在未来三年内再次参加邮轮旅游。据另一项市场调研数据显示,已经参加过邮轮旅游的游客中,18% 的游客对于邮轮旅游比其他出游方式有更显著的偏好,69% 的游客觉得邮轮旅游比陆上旅游性价比更高。

在我国有研究者将邮轮旅游者的动机分为四种类型,如表 6-1 所示。

表 6-1 邮轮旅游者的动机

类 型	主 要 因 子
休闲交往动机	朋友轻松聚会,缓解工作压力,释放身心,体现自己时尚的个性,方便、安全舒适,陪家人、情侣体验邮轮

续表

类　　型	主　要　因　子
探索学习动机	观摩学习、体验不同文化,增加旅游经历、获得成就感
体验性动机	体验独特而不同的生活方式,品尝邮轮上的各国美食,体验邮轮上的娱乐设施和服务
审美动机	欣赏美丽的海上风景,停靠港的岸上旅游,购买免税商品(欣赏免税商品的价值)

(资料来源:根据周慧芬的《我国邮轮旅游者消费行为研究》一文整理。)

不论旅游者是出于何种动机参加邮轮旅游,准确把握旅游者的出游动机及其心理特点,有助于邮轮公司开发设计出受市场欢迎的产品,有助于提高邮轮服务和管理质量,从而提高旅游者的旅游体验质量和邮轮的综合经济效益。

工作任务二　邮轮旅游者的消费特征及产品购买障碍

任务导入

李雷通过收集资料,开展调查发现,邮轮旅游消费仍以北美和欧洲为主,但亚太地区增长迅速。其中北美的游客为1200万人次(占比55%),来自欧洲的游客为650万人次(占比30%),亚洲140万人次(占比6.4%、2012—2014年均增幅34%,预计2020年亚洲邮轮客流可以达到380万人次),中国69.7万人次(占比3.2%),已成为世界第七大客源国家。

同时,邮轮旅游者的消费特征及购买需求较以往的数据,发生了一定的变化。但他也发现了仍有一部分旅游者未选择邮轮旅游,邮轮旅游消费的理想状态并未呈现。他对此产生了很大的兴趣,旅游者对选购邮轮旅游产品存在一定的疑虑和担忧,如何能帮助他们更为正确地了解邮轮旅游的特征,打消顾虑,使邮轮旅游业呈现更好的发展势头呢?

任务解析

根据相关报告分析,邮轮乘客的人均花费为2200美金,是整体旅游行业人均消费的1.8倍。并且,20%的消费者会选择与5个人以上的团体一起出游。80%的游客与配偶一起出游,25%的游客选择带自己的孩子一起参加邮轮项目。目标人群25岁以上,家庭年收入高于40000美金。

根据邮轮旅游者不同阶段的消费决策及消费特征分析,以及未来邮轮产业的发展趋势预测分析,列出目前旅游者的购买邮轮旅游产品决策的担忧和邮轮旅游消费过程中的不满因素。

🔍 任务拓展

制定一份刺激旅游者购买邮轮旅游产品的对策方案,字数不少于800字。

相关知识

一 邮轮旅游者的消费特征

(一)国内外不同邮轮旅游者的消费特征分析

1.国外邮轮旅游者的消费特征

根据 CLIA 2014 年北美邮轮市场研究报告,北美市场的主要消费群体平均年龄 49 岁,年龄在 30~39 岁、50~59 岁、60~74 岁的区间内分布,按 1/15 的比例依次减少。超过 1/3 的游客年收入在 100000 至 199000 美金之间,28% 年收入在 60000 至 69000 美金之间,样本总体平均家庭年收入为 114000 美金。

2.我国邮轮旅游者的消费特征

我国邮轮旅游者的消费特征呈现低渗透率、低客单价、高成长的特点。全球邮轮行业需求占整体旅游行业市场需求的 1.4%。2014 年邮轮旅游在美国市场的渗透率 3.5%,美国有 21% 的人口参与过邮轮旅游;澳洲 3.4%;在欧洲市场的渗透率为 1.3%(德国 2%,英国 2.6%);2014 年日本渗透率为 0.9%,新加坡为 3%。2014 年我国邮轮旅游人数渗透率不到 0.05%,空间非常大。

2006 年至 2014 年,我国邮轮出入境人次从 16 万人次增长到 172.34 万人次,其中国内游客占比由 2009 年的 40% 以下增长到 2013 年的 85.5%。2014 年,70 万中国游客参加了邮轮旅游,与 2012 年相比年增幅达到 79%。交通运输部预计 2020 年中国邮轮旅客数量将达 450 万人次;2030 年沿海邮轮旅客吞吐量将达到 3000 万人次左右。

(二)邮轮旅游者消费内容的特征分析

1.邮轮旅游天数

邮轮游客对于天数的需求主要集中在 5~6 天的航线上,相较于 10 天以上的航线,绝大多数游客选择了短期(小于 10 天)的航线。由于邮轮旅游大部分处于海上旅游,对于游客来讲,长期的邮轮旅游可能会导致他们不适应海上的生活方式,并且因海上景色较为单一,很有可能产生焦虑厌烦的心情,同时绝大多数邮轮旅游消费者并不能够拥有较长期的空闲时间来进行邮轮旅游。

2.邮轮旅游时间段

邮轮游客对于出游月份的需求也较为分散,但北半球 5 月份~10 月份需求较高,主要原因是气候比较适合,不会过热或者过冷。总体来讲,夏、秋季的需求较春、冬季相比更多。

3.邮轮大小选择

邮轮旅游者对邮轮大小的选择中,大部分觉得越大越好,对于旅游者来说,邮轮越大,代表他们活动的区域和享受的水平也就越高,同时,邮轮的吨位越大,船也就越平稳,受海浪影响也就较小,就会越安全。近年来,大船时代的到来,使得越来越多的消费者减少了邮轮旅游决策时的限制性因素。

4.邮轮旅游价格的接受程度

邮轮旅游者的航线价位选择大部分集中在 3000~5000 元和 5000~10000 元,对于旅游消费者来说,邮轮产品在质量得到保证的时候,价格越低越符合消费者的期望,但过低同样会引起消费者对于产品质量的怀疑,因此 3000 元以下的价位比率并不高。

5.邮轮旅游偏好

在娱乐活动偏好方面,各类歌舞秀表演较受欢迎;在饮食偏好方面,特色餐厅或自助餐厅较受欢迎;在岸上活动偏好方面,港口目的地的自然风光游较受欢迎。

二 购买邮轮旅游产品的常见消费障碍

(一)邮轮游属于贵族游,邮轮旅游产品价格高

通过对消费者的民意调查显示,邮轮旅游的昂贵费用是购买邮轮旅游产品的最大障碍,这是因为邮轮旅游产品大多是包价产品,旅游过程中大部分的费用全包含在内,所以标价就会很高,而且邮轮旅游产品需要提前 3~6 个月预订,而消费者可能不习惯在出发前很久就一次性购买整个旅游产品,所以 CLIA(国际邮轮协会)主张邮轮旅游产品代理商应该为顾客做一个邮轮旅游与传统旅游的价格对比分析,让顾客了解到邮轮旅游的实惠度。

(二)担心晕船

某些游客对车上移动即时产生不适感,在长江三峡内河乘船旅游,不会有这种不适感,现代原油油轮的稳定一致以及其他设计特点,可使该问题降低到最低程度,邮轮往往在受保护的水域航行,产生颠覆的可能性较小。同时还可以通过晕船药丸等方法,非常有效。

(三)邮轮的海上安全问题

由于电影《泰坦尼克号》的影子仍在人们的脑海当中挥之不去,很多游客担心海上邮轮旅游不安全。但是,泰坦尼克号式的灾难在今天几乎不可能再发生了,因为现代邮轮配备了更加安全的雷达操作系统和救生设施。现代邮轮会有足够的救生设施,不会发生泰坦尼克号当时选人登救生艇的事。而且,每一位游客上船时都要进行救生演习,邮轮工作人员会刷卡进行一一确认,以防万一事故发生时游客找不到救生站。

邮轮上最可怕的潜在灾难,其实是火灾。船上也曾发生过火灾,但火灾情况极为罕见,且易于控制。尽管四面都是水,这些水却不能用来救火。所以,有抽烟习惯的游客仅被允许在甲板和有阳台的房间外抽烟,其余地方均禁烟,如被发现,将会处以巨额罚款。

(四)不适应新兴的旅游方式

邮轮旅游虽然很热,但也有部分游客对此出行方式表示有点不适应。原因是,邮轮即是旅游目的地,虽然邮轮档次高,设施齐备,歌舞厅、露天泳池、儿童游乐园、电影院、酒吧,甚至免税店都具备,但喜欢逛景点的游客可能不适合邮轮旅游,容易产生"心理落差"。

因邮轮在港口停留时间极少超过 12 个小时,而游客在参加邮轮旅游的目的之一就是体验该地区的历史文化、风土人情。因此,游客在港口上岸参观,游览时间显得匆忙。为了满足那些希望增加港口停泊时间的游客,现在一些邮轮公司调整时间,增加在港口停泊时间或建造速度更快的邮轮,从而增加邮轮在港停留时间。

此外,对于享受服务需要给客舱乘务员、餐厅服务员、餐厅助理支付小费的方式,很多中国人感到都不太适应。他们认为工作人员提供服务理所应当,不应该再支付额外的费用。因此,绝大部分的邮轮对中国游客实行小费一价制,统一从旅游费用中扣除。

(五)语言障碍

虽然来华邮轮上已经配备了大量的会说普通话的工作人员,但大部分的邮轮上仍然有相当多的人是来自不同国家,都依靠英语交流。而前往邮轮的大部分游客年龄偏大,不会说英语,沟通交流存在一定障碍,一定程度上降低了邮轮旅游的满意度。

(六)着装规范有要求

邮轮旅游在很大程度上是一种随意而轻松的旅行,但是在某些远洋邮轮上的主餐厅吃晚餐时,的确有一定的着装规范,正式的礼服在高档豪华的邮轮旅游中更常见,但在经济游、探险游和国内长江三峡游中却很少见,甚至没有着装规范,高档游轮旅游的典型着装有不同要求。游客上船前会被告知要携带正装、休闲装、运动装、晚宴礼服之类的服装。

除此之外,人们购买邮轮旅游产品的障碍,还有可能因为游轮上的饮食过量而致肥胖、到达港口的飞行距离过远、被迫与人交往、对邮轮旅游不够了解等等。总之要使邮轮旅游顾客满意的关键,是邮轮旅游产品代理商熟悉邮轮旅游产品,了解顾客需求,以便更好地为顾客推荐产品,消除顾客购买障碍。

项目实训

一、选择题

1.在邮轮上,游客无论何时进入晚宴餐厅不宜穿着(　　)。

A 西装　　　　　　　　　　B 拖鞋

C 无领 T 恤衫　　　　　　　D 牛仔裤

2.根据 CLIA(国际邮轮组织协会)研究报告,与非邮轮旅游者相比,以下不符合邮轮旅游者呈现出的特点的是(　　)。

A 高龄化、高学历、高收入、退休人数占较大比重

B 邮轮旅游追求高档舒适的旅行宗旨,长时间的浪漫旅程

C 比起普通旅行,邮轮旅游费用更昂贵

D 邮轮旅游者更喜欢快节奏的旅行生活,且邮轮旅游者的满意度和重游率相对一般旅游者而言都较高

3.下面哪项不符合邮轮旅游者的心理动机(　　)。

A 享受高自由度、高品质生活　　　B 探索新奇

C 学习异国文化　　　　　　　　　D 追求独自旅行的快乐

二、思考题

1.何为邮轮旅游者?

2.旅游动机在人们做出邮轮旅游决定的过程中起何作用?

3.从人口统计学特征分析,邮轮旅游者有何特征?

4.旅游者在购买邮轮旅游产品时,常见的阻碍因素有哪些?

项目七
邮轮旅游产品及销售

◇ 知识目标

1. 了解邮轮旅游产品。
2. 掌握邮轮旅游产品的分类、特征及表现形式。

◇ 能力目标

1. 能设计邮轮旅游产品。
2. 能对客进行邮轮旅游产品销售。

◇ 素质目标

1. 提高学生对邮轮旅游产品的认知。
2. 激发学生对邮轮工作的兴趣。
3. 培养学生的探索及创新精神。

工作任务一　邮轮旅游产品

 任务导入

李雷实习一段时间后已经熟悉了公司现有邮轮产品,他的新的工作任务是利用市场调查对公司现有的日本邮轮旅游产品提出改进建议,李雷该如何顺利地完成任务呢?

歌诗达邮轮日本航线旅游产品

产品一:【歌诗达—新浪漫号】厦门—宫古—厦门　4晚5天游
产品二:【歌诗达—赛琳娜号】天津—长崎—福冈—青岛　5晚6天游
产品三:【歌诗达—威尼斯号】上海—长崎—上海　4晚5天游

任务解析

改进的新产品是邮轮市场上比较常见的,是在原有产品的基础上不进行重大改革,而只是在具体形式上改变,使得原有的产品性能更丰富,更能满足消费者需要。主要可以分为以下几步走。

1. 首先,应对现有航线进行评价总结,将航线进行目的地、时间、船只等多方位对比。
2. 其次,查找网络资源,将市面上现有的日本旅游航线进行资料汇总收集。
3. 再次,将年度报告内容与邮轮产品内涵、特征结合,找出现有市场游客最需要的邮轮产品。
4. 最后,综合以上信息对现有产品提出改进建议。

任务拓展

任选一家邮轮公司收集其一年以来的邮轮产品设计形成报告。

相关知识

一 邮轮旅游产品的内涵与特征

(一)邮轮产品的内涵与构成

1. 邮轮旅游产品的内涵

邮轮旅游产品与其他旅游产品一样都是满足游客需要而提供的产品与服务的合集。邮轮旅游产品是一个明确界定的组合产品,包含港口之间的航行、行程安排、船上的服务与设施以及各种其他需要额外付费的服务等。

一项完整的邮轮旅游产品主要由基本产品、期望产品、延伸产品和潜在产品四个层面构成。

(1)基本产品,是游客购买邮轮旅游产品时所获得的基本利益,是开展邮轮旅游的先决条件和吸引游客选择邮轮的重要因素,是能够满足游客需求的实实在在的产品。邮轮旅游基本产品既包括邮轮所提供的客舱住宿、餐厅饮食以及各种休闲娱乐项目,还包括邮轮旅游过程中所欣赏到的自然风光与人文景观。

(2)期望产品,是游客在购买过程时必然产生的种种期望,诸如舒适度、安全感、受人尊重以及良好的服务等。游客在参加邮轮旅游的过程中,除了消耗有形物质产品外,主要是对邮轮所提供的各种服务的消费。邮轮在满足游客参观、游览、住宿、用餐等基本产品的同时,还应满足游客的主观愿望,诸如便利、愉悦与放松等期望。

(3)延伸产品,是指邮轮产品与期望产品的延伸和进一步完善。这些产品往往不属于必须提供的产品项目,但能够使之与其他邮轮产品区别开来,从而在激烈的市场竞争中获得优势。在为游客提供基本产品并使其期望得到满足的同时,可以进行邮轮旅游产品创新,比如"MSC辉煌"号邮轮推出的"AC米兰"主题航次。

(4)潜在产品,是指在现有邮轮旅游产品可能的演变趋势和前景,通常超越游客的期望和预料,是为满足个别游客的特殊需要而提供的特殊性、临时性的服务。

邮轮旅游产品的四个层面相互独立、各具特点又紧密相连。在这四个层面上,确保基本产品和期望产品的质量,是使客人满意的前提条件;延伸产品和潜在产品是邮轮旅游产品灵活性的具体表现,同时也是基本产品在现有价值之外的附加价值。这四个层面的全部意义在于提供一个具有质量保证、具有一定灵活性和竞争优势的邮轮旅游产品。

2.邮轮旅游产品的构成

邮轮旅游者是邮轮旅游产品的最终购买者,从旅游者角度邮轮旅游产品一般包含以下六大要素。

1)邮轮设施

邮轮的设施是指邮轮规模大小及邮轮上各类客舱、餐厅、娱乐活动设施等。不同邮轮的设施不同,一般而言,大型邮轮拥有更宽敞的客舱、更多种类的餐饮等;小型邮轮则常常更具有设计感。

2)邮轮旅游航线

邮轮公司为邮轮旅游者设计并开通的,通过邮轮作为实施工具,将始发港、海上航程、中途停靠港、目的地港等空间部分串联起来的完整的海上旅游线路。邮轮旅游航线是游客选择邮轮旅游时的主要因素,是邮轮吸引客源的很大影响方面。

3)邮轮服务

邮轮服务是指邮轮上的服务内容、方式、态度等。邮轮服务项目的宽度和深度是邮轮间竞争的重要环节,也是邮轮公司树立良好品牌、提升形象的有力手段。

4)邮轮气氛

邮轮气氛是游客对于邮轮的感知,一方面取决于邮轮的空间布局、设施设备及内外装饰装潢,另一方面取决于邮轮上服务人员的仪表、服务态度、服务特点和水平等。

5)邮轮形象

邮轮形象是游客对于邮轮的综合看法,涉及邮轮历史、知名度、经营思想、设计风格、品牌定位等诸多因素。

6)邮轮航次价格

邮轮航次价格在一定程度上反映了邮轮旅游产品的质量,游客常常通过邮轮航次的价格来选择邮轮。一般邮轮的价格,包含住宿费、船上免费娱乐活动、设施、每日基本餐费及饮料费;不包含岸上精华游费用、保险费及其他额外消费,如购物、酒类、饮品、付费餐厅、水疗服务等。另外,乘坐邮轮涉及的港务费用、签证费、上岸费用及自费项目和所在地往返起航地机票或车票则视具体情况而定。

总之,邮轮旅游产品六大要素相互关联,是邮轮旅游的旅游者在选择邮轮时会综合考虑的因素,但不同游客在选择邮轮时,对每个因素的重视程度会有所不同。

(二)邮轮旅游产品的特征

相较于传统的旅游产品而言,邮轮旅游产品具有以下几大特征。

1.特殊性

与其他旅游产品不同,邮轮旅游产品的特殊性主要体现在旅游载体的特殊性,它借助的服务设施是航行的邮轮。海上温泉、海上高尔夫球、海上看夜景等,游客希望体验到的服务都必须借助邮轮这个载体才能得以实现。

2.综合性

邮轮旅游产品往往表现出高度的综合性。邮轮既具有水上运输的功能,又具有旅游酒店、旅行社等旅游企业为游客提供旅游组织、食、住、行、游、购、娱等综合服务的多功能性,因此邮轮旅游者在旅游活动中的各种需要获得满足,既可以尽情享受船上丰富的饮食、娱乐设施和服务,又可以保证充裕的观光、购物以及遍尝美食。

3.体验性

邮轮旅游产品是一个让人十分享受的产品,游客参与邮轮旅游享受有形产品和无形产品。当游客在邮轮上时可以充分观赏无数的景观,也可充分地享受,细细地、慢悠悠地观看邮轮上的表演。它不仅可以减少旅途劳顿,最重要的是取代了那些走马观花的旅游线路。

4.娱乐性

邮轮旅游产品是具有娱乐性质的服务产品。邮轮通常是夜里航行,白天停泊,停靠的多是历史名城或旅游度假胜地,既充当"行"的交通工具,也充当"游"的目的地;游客白天不用携带任何行李便可轻松上岸观光旅游,夜晚回到船上,可以参加精彩纷呈的活动,如参加晚宴、观看演出等,尽情享受旅途中的每分每秒,娱乐每一天。

5.文化性

邮轮旅游产品同样具有文化性的特征,邮轮文化是一种国际交往及国际礼仪文化。邮轮上的乘客及工作人员一般来自不同的国家,因此具有不同文化,而邮轮旅游起源于贵族的休闲传统文化,其所有的相关的服务、娱乐等都表现奢华的特点,因此从业人员和游客都需要了解相关国际交往和礼仪知识。

6.无弹性

邮轮旅游产品不像一般的货品销售不出去还能继续存储一直到销售出去为止,它一旦销售不出去,就只能作废。邮轮旅游产品的固定成本高,运营成本低,其价值不能被保留或储存。会随着邮轮的起航而消失,所以及时且最大限度地将邮轮旅游产品销售出去是邮轮公司的头等大事。

二 邮轮旅游产品的类型

(一)根据不同消费目的设计的邮轮产品

1.邮轮观光旅游产品

邮轮观光旅游产品是以满足旅游者乘坐邮轮观赏海洋、江河、湖泊及其沿途自然风光、城乡风光、民族风情、名胜古迹、建设成就等为主要目的的旅游产品。目前,在我国旅游观光产品认识邮轮产品的主要组成部分。各类邮轮旅游公司为了更好地满足市场多元化的需求而竞相开放设计新的邮轮观光产品,在单纯的观光产品基础上,注入更多丰富的文化内涵,如主体性观光、参与体验性观光等。

2.邮轮休闲度假旅游产品

邮轮休闲度假旅游产品是指旅游者利用假期乘坐邮轮休闲和娱乐消遣的旅游产品。世界范围内,很多地区因为拥有阳光、沙滩、大海,终年气候温暖,这些地方便成为理想的邮轮活动区域,为游客提供满足其休闲娱乐度假需求的服务,而成为休闲度假旅游者的选择。

3.邮轮文化旅游产品

邮轮文化旅游产品是满足旅游者了解邮轮航行区域及其腹地文化需求的邮轮旅游产品。这种旅游产品具有较为深刻和丰富的文化内涵,其对象一般具有较高的文化修养。

4.邮轮会展旅游产品

邮轮会展旅游产品是指人们利用邮轮举行各种会议、展览而购买旅游产品和服务的综合消费。这种产品形式针对公司、企业举行会议,针对个人开放展会、婚礼等,这是一种新型的旅游产品。

5.邮轮探险旅游产品

邮轮探险旅游产品是指利用邮轮将游客带到只有科考人员、专家才能抵达的目的地,以满足人们对大自然探索和冒险的需求。目前这类产品属于高端产品,一般配备专业探险队,包括环境学家、海洋生物学家、地质学家、历史学家等,由这些专家来规划和带领,其对象除具有一定经济实力外,对游客个人素质也有一定的要求。

未来的邮轮旅游产品必将成为一个以邮轮观光、休闲为主,集会展、文化交流、运动探险等为一体的多样化邮轮旅游产品系列。

(二)根据不同营业区域设计的邮轮产品

根据不同营业区域设计的邮轮产品主要包括北美加勒比地区、欧洲地中海地区、澳洲地区、北冰洋地区、远东太平洋地区等。

1.远洋型邮轮旅游

远洋型邮轮是指多用于跨越大洋的航线,是海上客运交通工具,是具有固定的航线和航期的大型客运轮船。它起源于20世纪60年代,替代了原有的远洋客轮。

长时间的海上航行容易给游客乏味的感觉,所以其内部奢华,性能优越,从豪华餐厅到迷你高尔夫球场,一应俱全,同时远洋油轮以豪华邮轮居多,邮轮达到某一港口后,游客即到港口城市游玩。因此,邮轮对港口选择有一定的要求,港口的硬件设施要比较完善,并且补给充足的生活必需品,而城市又是很好的旅游型城市。

2.近岸型邮轮旅游

近岸型邮轮也称作港口邮轮,是停泊在港口的豪华邮轮,供游客上传参观游玩,可以体验豪华游轮的各种生活设施,但不承载游客出海行驶。

近岸型邮轮在世界各国发展非常迅速,其中具有代表性的有德国的莱茵河观光游、埃及的尼罗河漫游、中国的长江三峡游等等。这类产品的特点是船上吃住,在岸上游览,是一种复合型的产品。其规模中等,功能较多,定位是中高端旅游产品,产品以中短程为主,颇具特色。

3.河湖型观光游船旅游

这种游船以观光为主题功能,属于短程旅游产品,单体规模小,所对应大众化市场。

三 邮轮旅游产品的设计与开发

(一)邮轮旅游产品设计

邮轮旅游产品设计主要包含邮轮航线设计、邮轮旅游活动设计。

1.邮轮航线设计

从邮轮产品开发的过程来看,邮轮航线设计的总体思路首先需要考虑目标市场的选择以及邮轮产品的定位,瞄准特定细分市场,以产品的差异化为基础设计航线。航线设计包括旅游目的地选择、行程计划安排等内容,都需要根据顾客的偏好做出决策。通过市场调研,从现实和潜在的顾客中收集数据,并利用数据解释顾客行为,预测其对新航线的反应,从而进一步修正产品定位以及使新航邮轮航线设计具有整体性,需要采用多维和系统的方法以保证策划方案长期有效。

设置邮轮航线时不仅要考虑港口条件、季节气候、停靠港口国的政策法规等因素,还要考虑岸上观光景点、游客可接受的旅行时间和费用、海上航行与上岸观光的行程搭配等。

1)旅游目的地选择

旅游目的地的选择要考虑以下4个要素,吸引物、可进入性、便利设施、辅助服务等。

(1)吸引物,目的地吸引物包括人造工程和赛事活动等。

(2)可进入性,可进入性主要是指交通便利、方便,采用包括公路、铁路、机场、港口及不同交通方式的合理组合。

(3)便利设施,对于邮轮乘客来说,购物广场、有声望的餐厅等本身就具有一定的吸引力。此外,便利设施还包括一些当地的基本服务设施。

(4)辅助服务,作为协调、开发和营销旅游目的地的机构或主体,如游客咨询处、城市旅游部门、旅游会议中心等。

2)航行水域、停靠港口条件

明确航行水域的地理因素及季节性的风、浪、流、雾、冰等水文气象条件是保证船舶海上航行安全的基本前提。停靠港口条件包括港口的水深、避风条件、水文气象条件、便捷的游客通道、专业化的先进设施设备及其安全性、舒适性等,港口建筑设计本身也具有一定的吸引力。

3)避免游客和工作人员感染疫病

在一些国家,外来旅游者更容易感染由细菌、蚊子或其他昆虫传播的疾病,在恶劣的卫生条件下食物被污染引起的疾病以及当地供水污染等造成的疾病。邮轮公司应提前告知游客和员工疾病的危险性,如有疑问或感觉不适应及时联系邮轮上的医生寻求帮助。

4)港口国的法规、制度、政策

港口国的法规、制度、政策涉及人员、物品及资本流动、卫生安全、环境保护、消费者权益保护、航运等多个方面。就人员、物品及资本流动等方面而言,邮轮公司将会面临应对边境管制的可能。当游客到达目的地或从目的地离开时,会产生涉及护照和签证管制、海关、货币兑换、邮轮游客通行许可等问题。到达国外港口的船舶须进行抵达报关,乘客方能登陆上岸。这一常规手续因所实行的规定以及船舶注册国的不同而有所不同。

5)航行、靠岸时间和岸上观光

邮轮公司首先根据燃料和航行时间等后勤因素设计行程,接着根据游客岸上观光的需求调整船舶海上航行时间,形成一个海上航行与岸上观光相平衡的航线计划。旅行经营商与岸上旅游部门合作,设计岸上观光计划,编制旅游手册。编制计划时应考虑的因素包括邮轮乘客的数量和类型,在港口的停留时间,汽车、火车、飞机等交通方式的便利性和质量。避免与多艘邮轮同一天到达港口,以免形成拥堵,浪费游客岸上观光的时间。编制的旅游手册需根据不同类型游客的喜好设计不同选择。

2.邮轮旅游活动设计

乘坐邮轮往返于航线的各个目的地之间,沿途欣赏风光、上岸参观游览、船上品尝美食、参与甲板活动等,都是邮轮旅游产品开发和设计的内容。

1)船上活动设计

船上邮轮旅游活动主要包括船舱住宿、餐饮、娱乐活动、购物活动等设计。

2)岸上活动设计

邮轮公司因多种原因提供岸上观光或者旅游。这些活动能给邮轮公司带来收入,而岸上活动完全是任选项目,因此,邮轮公司要尽可能设计出能够满足游客需求的岸上观光活动,以求为公司带来更好的效益,大致有以下几类。

(1)观光类活动。

游客在码头乘坐大巴到达岸上风景点,游览当地自然、人文景观等;可以乘坐水上交通工具去海岛观光;可以乘坐水上飞机从天空游览;也可以步行游览城市市容等(见图7-1)。

图 7-1　观光游览

（图片来源：公主邮轮官网。）

（2）购物类活动。

游客在港口城市的商业街、免税店逛街或者品尝美食（见图 7-2）。

图 7-2　品尝美食

（图片来源：公主邮轮官网。）

（3）亲水类活动。

参加潜水游，感受充满奇趣的美丽海底世界（见图 7-3）。

（4）文化类活动。

体验当地文化活动，如走访博物馆、欣赏乐队等活动表演（见图 7-4）。

（5）探险类活动。

体验狂野与野生历险，感受神秘丛林、星空等鲜活之旅（见图 7-5）。

图 7-3　潜水游

（图片来源：公主邮轮官网。）

图 7-4　体验当地文化活动

（图片来源：公主邮轮官网。）

（6）会展类活动。

除了会议、展览等，海上婚礼也成为一种新的活动（见图 7-6）。

3）主题活动设计

在邮轮旅游市场上，一些邮轮公司还创新性地推出一些主题邮轮旅游产品。一般常见的有新闻发布会、庆典活动、青少年夏令营主题、夕阳红主题等。

图 7-5 探险类活动

(图片来源:公主邮轮官网。)

图 7-6 海上婚礼

(图片来源:公主邮轮官网。)

(二)邮轮旅游新产品开发

1.邮轮旅游新产品开发的定义及类型

邮轮旅游新产品开发是指邮轮对新产品的研究、构思、设计、生产和推广,其目的在于扩大邮轮产品品种,进一步诱导和满足邮轮旅游市场的需要。所有的邮轮公司都非常重视邮轮新产品的开发,在一定意义上,他们开发的产品甚至超出了游客的预期。

2.邮轮旅游新产品的类型

邮轮旅游新产品在其形式上可以分为完全创新的新产品和改进的新产品两种类型。

1)完全创新的新产品

完全创新的新产品对于整个邮轮市场而言是一个全新产品。例如,海洋量子号——高科技与奢华的创新结合,升于海面之上的北极星让游客将大海和量子之景一览无遗;甲板跳伞让游客体验飞翔的感觉;机器人调酒师;极度震撼的观景厅;海上碰碰车;海上复式套房等,都让游客叹为观止。

2)改进的新产品

改进的新产品是邮轮市场上比较常见的,在原有产品的基础上不进行重大改革,而只在具体形式上改变,使得原有的产品性能更丰富,更能满足消费者需要。例如,为迎合中国游客的消费习惯,不少国际邮轮都将酒吧拆掉改为餐厅,船上又增设消夜,供应火锅,还不断在内地拓展邮轮新航线。公主邮轮(Princess Cruises)提供包含中式火锅、海上日出太极等服务;在以天津为母港的黄金公主号邮轮上,聘请来自中国北方的主厨,推出一系列针对北方客人口味的餐食。而针对中国游客并不十分喜欢酒吧和 SPA,不少邮轮已缩减这些设施的比例,改建成购物中心、餐饮和娱乐设施。

3.邮轮旅游新产品开发的原则

邮轮旅游新产品开发应该遵循以下几个原则。

1)市场原则

市场原则即在调查的基础上,考虑不同目标消费者的特征及需求,进行有针对性的产品设计。

2)经济原则

经济原则也称作效益原则,邮轮经营的重要目的之一是获取利润,设计和开发邮轮新产品的目的都是获取利润,因此应对停靠港、运营成本、预期收益等进行可行性研究从而保证开发效益。

3)特色原则

特色原则也称为独特原则。特色是卖点、创新点,是邮轮旅游产品具有吸引力的根本所在,因此邮轮旅游产品要精心设计、特色鲜明,对旅游者具有吸引力。

4)合理原则

邮轮产品设计应该合理,充分考虑产品推出的季节性、沿线港口的区位性、景点观赏性和水域适航性等,以此保证邮轮旅游产品的科学合理性。

工作任务二　邮轮旅游产品销售

任务导入

暑假来临，不少邮轮代理公司开始暑期邮轮旅游产品销售（即工作任务一中的邮轮旅游产品销售），市场竞争激烈。为了做好暑期邮轮旅游市场，公司开始进行大规模的暑期邮轮产品销售，由于市场部人手不够，李雷被抽调到门市进行邮轮旅游产品销售，李雷该怎样完成这份工作呢？

任务解析

李雷完成此项工作，可以分步走，具体如下。

1. 进入门市后，首先要注意着装、礼仪等，因为门市代表着公司形象。

2. 熟悉产品内容。邮轮旅游产品的销售就是完成资源和需求的对接，李雷首先必须全面深入地了解邮轮资源的内容。邮轮产品的特点因不同公司、不同邮轮和不同航线而异。因此销售人员一定要着重把握每个产品的核心要素。

3. 创造亲切热情的开始。游客进店后用微笑建立桥梁。

4. 深入了解客户需求进行匹配销售。在与客户接洽中，要根据客户的言语了解游客的人群特点和季节特点。例如，老年游客对价格敏感，季节性不敏感，节假日无需求，因此淡季邮轮产品、中短线旅游产品适合这类人群。而家庭夏日出行则对时间的要求严格，暑期还涉及带小孩的三人舱问题，通常大型邮轮、中长线邮轮较为合适。

5. 告知预订政策。邮轮预订政策是非常重要的产品特征，其复杂性由于不同邮轮公司甚至不同季节的预订政策可能有所不同。销售人员要根据各邮轮公司的政策制定自己的预订政策，并准确地告知游客。还要做好风险的控制和掌控，建议产品政策要严于邮轮公司政策，以避免运营风险。

6. 完成邮轮旅游产品预订。成功的销售人员会在游客提出预订申请的时候将预订信息、表格准备妥当，高效率地完成邮轮产品预订。

7. 购后服务和致谢送客。店员应进行跟进服务，协助顾客交付订金，填写游客资料，解释购后服务，帮助游客选择岸上服务等配套产品的选择和购买。适当地赞美顾客，并向顾客致以诚挚的感谢。图7-7所示为一般门市服务人员销售产品流程。

任务拓展

现在新媒体已经成为邮轮旅游产品销售不可或缺的平台，请你为李雷的公司设计一份新媒体销售平台搭建计划。

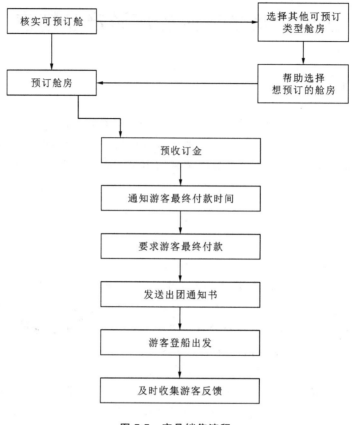

图 7-7 产品销售流程

(资料来源:国际邮轮协会。)

相关知识

一、邮轮旅游产品销售渠道

(一)邮轮旅游代理商的定义

邮轮旅游代理商是邮轮产品重要的分销渠道,是邮轮旅游产品从邮轮公司到达顾客手中的途径。邮轮旅游代理商作为邮轮公司和顾客双方的桥梁,能够向邮轮公司和顾客提供市场与产品服务等双方感兴趣的信息,促进邮轮公司与顾客之间的沟通与了解。

邮轮切舱,是指邮轮分销商从邮轮公司或包船商手中买断一些舱位来销售。在邮轮分销环节,分销的层级很多,从一级(包船商)到二级(分销商),分销商下面还有很多低一级的分销商,比如很多规模小的旅行社因为采购量小,就向三级分销商采购。而同一层级之间,因为船期、航次的不同,要提高产品的丰富度,也会在同业间采购,所以不同层级之间、同层级之间都会有邮轮舱位的交易需求。

包船是指代理或客人将邮轮公司某一个航次上的可以售卖的全部或部分舱位提前买断，并由自己主导销售的模式。中国邮轮业根据其发展的特点，实行的主要是"零售包船模式"，即从邮轮船票销售和提供岸上观光服务中直接谋取利润的包船模式。中国邮轮旅游包船模式的基本流程是：邮轮公司制定出次年乃至后年的航线航期表以及大致期望价格，并向各邮轮代理公布——邮轮代理挑选确定自己心仪的航次，上报邮轮公司竞标和谈判——确认并签订正式包船合同——邮轮代理支付第一笔款项及后续款项——邮轮代理制订销售计划并开始销售——邮轮代理于规定时间前输入游客信息至邮轮公司系统，并付清所有款项。此外，如果邮轮代理最后招徕到的客人没有达到邮轮公司要求的最低上客人数，将向邮轮公司交付一定的罚金。而如果邮轮代理自行安排游客在目的地的岸上观光，邮轮公司也将收取一定的团队管理费。

（二）邮轮旅游代理商的选择

常见的邮轮旅游代理商包括旅行社、旅游批发商以及行业协会等。

1.旅行社

目前，全球邮轮旅游中大约有90%以上的客舱是经过旅行社销售的。旅行社通过邮轮公司提供的专业途径了解邮轮旅游产品的内容，包含最新的宣传资料等，有的时候还会派代表访问邮轮公司，或在重点城市承办研讨会，或前往邮轮参观等。同时，邮轮公司也会为旅行社提供游玩的方便，允许旅行社工作人员以很低的价格亲自乘船旅游，使其获得关于邮轮旅游产品的亲身感受和一手资料，以便更好地向顾客进行邮轮产品的销售。

2.旅游批发商

旅游批发商主要从事组织和批发包价旅游业务，它同样也是邮轮公司重要的代理商。旅游批发商通过与邮轮公司直接接洽，安排与组织各种时间、线路和价格的包价邮轮旅游产品。旅游批发商需要具备一定的管理能力和宣传能力，必须能够预见邮轮旅游安排中的一系列细节及其可能的变化，并且根据市场需要制订相应的营销计划和策略等。

3.行业协会

行业协会是旅游业为了共同的利益而联合成立的组织。扩大市场影响力及产品销售常常是行业协会的初衷。行业协会使邮轮行业的销售覆盖区域越来越广泛，很多协会成员使用协会预订系统进行销售，从而获得更广泛的客源。邮轮行业比较有影响力的行业协会是国际邮轮协会。

邮轮公司在选择了销售渠道之后，为了更好地实现经营目标，促进与旅游代理商之间的良好合作，还必须采取各种措施对他们进行激励，注重对代理商的扶持和培育，以此来调动代理商经销邮轮旅游产品的积极性。针对旅游代理商所覆盖客源市场区域的不同，激励方式也有所不同。随着邮轮公司与代理商之间合作领域不断扩大、接触面不断扩大，邮轮公司对代理商的影响力也就随之扩大，最终与旅游代理商之间建立起长期的、良好的合作关系。

二 邮轮旅游产品常见的销售方式及技巧

(一)线上销售

当前,互联网的应用使得邮轮旅游产品的销售更为高效、便捷。邮轮旅游代理商纷纷使用线上销售渠道,邮轮产品网上预订额逐年飞速增长。

1.电子邮件销售

电子邮件销售是指在用户实现许可的前提下,通过电子邮件的方式对目标用户传递价值信息的一种网络销售方式。有三个基本因素:用户许可、电子邮件传递信息、信息对用户有价值。三个因素缺少一个,都不能称之为有效的电子邮件销售。电子邮件销售是利用电子邮件与受众客户进行商业交流的一种直销方式,在使用时应注意以下几点。

1)不要不分时间段狂轰滥炸发送邮件

在正式群发邮件之前,可以先测试一下每隔多长时间发送邮件效果最好。例如,网店站长可以测试不同的时间段(一周、两周、三周等)给用户发送邮件,试验哪个时间段间隔用户的点击率最高,这样在实际操作时就采用这样的发送频率,效果远好于不经思考乱发一通的。

2)分众发送邮件

通过以往发送邮件的经验,测试哪些用户对哪种促销最感兴趣,再适当地调整你的邮件营销策略。如果那些喜欢购买物美价廉商品的消费者,你一味地给他们发奢侈品的广告无疑是事倍功半的。

3)抓住20%的黄金用户

经过长时间的分析和实验,邮件销售也有二八定律,大部分的收件人对不同的广告其实反应都差不多,只有20%的用户才会对定制的邮件反应敏感。因此不用特别花精力在设计独特的邮件上面,监测用户的点击率,抓住20%的黄金人群会对下一步的策略调整起重要的作用。

4)邮件未经测试不要轻易发出

邮件的设计最好是简洁明了,开门见山,另外得仔细检查邮件内容,如果有图像,确保打开邮件时图像可以显示,如果有链接,确保是已经加了超链接的格式。

5)保证邮件的到达率

鉴于全球严峻的反垃圾邮件趋势,导致很多正常邮件也被错杀。记得和业界领先的E-mail服务商合作,确保绝大多数用户能够收到你的邮件。

6)设计有价值的邮件内容

发送的邮件尽量做到有价值,是对用户有意义的内容,让用户看后不觉得后悔,所以标题、首段以及正文每个地方都要再三斟酌,这样做是有效果的。

7)后期数据分析

运用平台将邮件发送之后,要对客户的反应进行追踪,查看营销效果。通过对追踪结果的分析,监测邮件列表的注册转化率、退订率,邮件的到达率、打开率、阅读率以及链接点击率等,通过这些监测手段,可以改进选择受众和发送邮件的技巧。

评估电子邮件营销效果基本指标关于营销邮件的效果分析,可以从四个基本指标分析入手,分别是到达率、打开率、点击率、转化率。

(1)到达率。到达率显示邮件已进入用户邮箱的比例,是成功完成最终转化的第一步,是根本性的指标。到达率公式为:实际到达用户收件箱/发送数量 ×100%。不能到达有以下两个原因:一是用户邮箱已满,接收邮件受限,二是用户邮件是无效的。

(2)打开率。打开率是转化的关键。收件人会在看到一封邮件后,在5秒钟内甚至更少时间来判断是否立即打开、稍后打开、不打开或者删除。发件人姓名、发件人邮件地址、标题、上一次收到发件人邮件是主要影响因素。微妙的情况就此发生,品牌价值和认知度这时候会起决定性作用,高度认知的品牌将帮助广告主提高打开率。同样,清晰,具有煽动性、号召力的标题也有助于促使用户打开邮件。根据美国的研究发现,70%的下单用户是在打开邮件后3个小时内立即购买的。

(3)点击率。点击率的统计可以通过跟踪用户点击行为来实现。点击率的高低,取决于整体设计风格、用户需求,当然还有促销或者主旨内容、号召性元素是否起到作用。电子邮件的点击率是更为精准的测量营销效果的指标。

(4)转化率。转化是邮件发送最后的目标。在线零售网站转化目标是订单,售卖软件的公司的转化目标是下载,培训机构的转化目标是提交表单。当然也可以自定义其他特定目标,比如浏览某个特定页面——节日活动的公告或者某个特定的行为如上传照片、投票、留言等。

2.邮轮网站销售

整个世界因为互联网拉近彼此竞争的距离,网站作为品牌形象的重要载体已经越来越受到重视,用设计满足顾客期待,是稳定品牌的核心竞争力。邮轮销售主页是向游客展示邮轮产品的窗口,也是进行广告宣传的最佳途径。邮轮公司通常会在自己的公司网站上建立网上预订系统,方便游客选择和购买邮轮行程。图7-8所示为皇家加勒比邮轮官网预订页面截图。

图 7-8　皇家加勒比邮轮官网预订页面截图

(图片来源:皇家加勒比邮轮官网。)

常见的技巧如下。

(1)提供多种邮轮产品供游客选择。提供多种选择主要的目的是让游客以最简单、最经济的方式购买邮轮旅游产品。

(2)网页注册会员简单且有回报。这里的回报是指注册会员可以得到会员专属信息、价格等,并且会员信息可用于未来的电子邮件和直销。

(3)强调网站的互动性。例如,可以在网站上设置邮轮旅游知识测试等与游客进行互动。

(4)网页设计简洁美观。图文并茂,运用易于阅读的字体,高效地使用具有启发意义的照片或图片,注重色调搭配。

(5)注重功能性设计。很多访问者都习惯从上到下、从左到右的浏览顺序去观看,因此根据我们大多数访问者的习惯,很多设计师都会按照这样的喜好来安排一定的功能性模块。

(6)风格明显。很多网站都是按照不同的行业,以及相应不同的属性来设计自家网站的主题风格的。

(7)用户的体感功能。应该按照我们受众群体的要求以及市场相应的协调,来满足页面的设计。在页面的设计中,我们也可以与用户进行良好的沟通,按照不同人群、不同的反馈来设计出更好、更适用户的页面。图7-9所示为踏破铁鞋邮轮网官网首页截图。

图7-9 踏破铁鞋邮轮网官网首页截图

(图片来源:踏破铁鞋邮轮网官网。)

3.新媒体营销

新媒体是新的技术支撑体系下出现的媒体形态,旅游业新媒体营销是旅游行业与新媒体技术、互联网技术高度结合的产物,与传统营销手段不同,将极大地促进当今旅游业营销模式的变革。通过新媒体营销,旅游业的产品信息以新媒体的形式生动展现,让消费者在享受全新的视听效果的同时,接收信息、反馈信息,信息传播方向为双向传播,信息的传播速度、深度和广度比传统营销模式有很大的优势。以互联网和手机为代表的新媒体为邮轮产品的宣传促销提供了更为广阔的平台。

1)微博营销

微博营销是指通过微博平台为商家、个人等创造价值而执行的一种营销方式。邮轮公司或者邮轮旅游代理商一般是以盈利为目的的,运用微博往往是想通过微博来增加自己的知名度,最后能够将自己的产品卖出去,企业微博营销往往要难上许多,因为知名度有限,短短的微博不能给消费者一个直观的理解,而且微博更新速度快、信息量大,顾客感知有限。图 7-10 所示为皇家加勒比国际邮轮和携程邮轮的企业微博。

图 7-10 皇家加勒比国际邮轮和携程邮轮的企业微博

邮轮旅游企业微博运营技巧如下。

(1)确定做微博的目的及转化路径。

做微博的目的:品牌推广、销售转化、用户维系,应根据自身业务需要确定。

转化路径:在设置好目标之后,需要清楚地知道要达到这个目标,它的转化路径是什么,通过何种路径可以循序渐进地达到这样的效果。

(2)微博运营的内容规划。

了解用户的范围:年龄、收入、性别、用户特点以及用户普遍关心的问题,同类产品中用户常常选择的是什么,为什么等(视产品而定)。

了解用户的途径:垂直论坛、竞品微博、1V1 沟通等(视产品而定)。

最后将微博个性定位找到关键词为企业打标签。

(3)根据定位确定内容的构成和分类。

将定位细化为内容栏目,例如,品牌推广内容可以是邮轮产品的相关内容推广;用户维系内容可以是用户关心的邮轮旅游相关问题、互动微博、有奖活动/互动等;销售转化内容是邮轮旅游产品的打折促销活动等。

(4)发布技巧。

发布间隔:两条微博之间间隔至少在半小时。

发布格式:必须是微博的核心意思,它可以是标题也可以导语,最佳格式为标题+摘要+图片。

发布时间:和网友上网的高峰时段保持一致,这样可以有很好的关注度和转发率。

话题设置:尽可能设置合理的话题、标签。

2)微信营销

微信营销是网络经济时代邮轮企业营销的一种方式。微信营销主要体现在以安卓系统、苹果系统的手机或者平板电脑中的移动客户端进行的区域定位营销,商家通过微信公众平台,结合转介率微信会员管理系统展示商家微官网、微会员、微推送、微支付、微活动,已经形成了一种主流的线上线下微信互动销售方式。

越来越多的邮轮代理商建立自己的微信公众号,通过公众号进行邮轮旅游产品的销售,如图 7-11 所示为同程邮轮和七海邮轮代理商。

	同程邮轮		七海邮轮
	微信号: tcyoulun		微信号: sea7sea
功能介绍	同程邮轮为您提供全套的豪华游轮度假信息,提供歌诗达邮轮,皇家加勒比邮轮,地中海邮轮,丽星邮轮,公主邮轮等优惠预订,专业的邮轮旅游服务团队,体验邮轮魅力之旅尽在同程旅游。客服工作时间是08:30-22:00,建议您在工作时段咨询。	功能介绍	七海邮轮旅游网是全球各大主要邮轮公司的专业代理商,集中了邮轮信息,邮轮航线,邮轮资讯,邮轮攻略的展示,提供全球邮轮航线的预订及相关产品介绍和咨询。更多资讯和产品请登录七海邮轮旅游网:www.7sea.com.cn
账号主体	同程国际旅行社有限公司	账号主体	北京七海假期国际旅行社有限公司
客服电话	400×××××××	客服电话	400×××××××

图 7-11 同程邮轮和七海邮轮

微信公众号运营常见运用技巧如下。

(1)微信二次开发。

想通过微信给客户提供更多的便利功能,只能通过二次开发来实现,如游客查询邮轮产品信息,或是跟客户 CRM 系统对应,提醒游客登船时间等。

(2)每次推送微信时不要超过 3 条图文消息。

如果推送的信息过多,就会失去重点。推送中的图片不能过多,3 张以内比较合适,图片大小要控制在 50K 以下,图文信息打开速度影响用户阅读率。微信营销关键在内容的质量。高质量的内容会得到众人的分享。

(3)微信互动是关键。

邮轮旅游企业通过微信公众号进行推广、销售,常常会遇到"掉粉"情况,要通过有效互动保留旧客户,增加新客户。

(4)善用微信中的"数据统计"。

通过数据统计,可以清晰了解到粉丝量,每天新关注人数、掉粉数量;通过"用户属性"看到订阅用户性别、省份;通过"图文分析"了解每次信息推送情况,如送达人数、图文页阅读人数、原文页阅读人数、分享转发人数。

(5)分组管理客户。

群发图文图片时,可以针对性别、地区、客户组别。

3）App 营销

App 营销是通过特制手机、社区、SNS 等平台上运行的应用程序来展开营销活动。App 是英文 Application 的缩写，由于智能手机的流行，App 指智能手机的第三方应用程序。企业 App 的开展具有成本低、用户使用持续性较好、信息展示全面、服务及时、精准营销、空间限制小、互动性强等特点。

（1）研究竞争对手。

在制订研究计划之前，应该仔细研究所有的内容。如应用程序与类似的应用程序有什么不同、觉得什么地方超过了竞争对手等。要准备如何向外界展现应用程序的亮点，并思考如何让它脱颖而出。

（2）准备工作完善。

关于营销不要错失时机，在上架 App 后的第一时间里，你的营销策略必须同步展开。

（3）设置发布日期。

一般来说，App 上架之前相关营销便已初步展开，这个过程是产品预热的过程。要注意的一点是，在预热过程中，应该明确设置一个产品发布日期或倒计时才能启动，因为需要告诉潜在用户他需要等待多长时间，才能下载到产品。时间跨度不要太长，三天或一星期为宜，在这段时间里，是产品预热的过程，同样也让你有时间进行 Beta 测试与寻找产品的各种问题。

（4）上架不宜太早。

许多的开发者都犯过这样一个错误，即直接在应用商店发布应用的测试版，这导致很快收集到了负面评价，虽然这种方法可以让开发者发现产品的各种问题，但也严重影响了产品的口碑。建议利用营销时要用到的用户电子邮箱列表，选择一部分的用户（或邀请）参与产品的体验。通过这种方法，一般开发者能收集到自己所需要的反馈，而且还不会影响产品整体的口碑建设。

越来越多的邮轮公司开始定制自己的 App，如：iCosta 智能应用是由意大利歌诗达邮轮公司与麦兔旅行网（www.myto.cc）联合推出的国内首个中文邮轮旅行主题智能应用，包含权威资讯、便捷预订、旅行助手、精彩互动等功能。

（二）线下销售

1.门市销售

门市销售指零售企业在门市销售商品的一种形式。一般，门店销售的流程包含了 5 个步骤：欢迎与接待、了解与鉴定需求、推介与介绍产品、建议购买和促成成交、购后服务与致谢送客。

1）欢迎与接待

迎宾是门店销售的第一步，也是门店销售变被动为主动的较佳方式之一，优秀的迎宾工作可直观地增加顾客进店人数。

影响顾客进店购买或参观的关键因素有购买欲望、新奇性、好奇心等，所以在迎宾时必须向顾客传达店内的促销活动、新品等有效信息，让顾客产生兴趣，从而进店购买或参观。因此，要充分做好迎宾的准备工作，顾客进店后，要为其提供良好的自由挑选的环境和热情周到的服务。表 7-1 所示为顾客喜欢的店员及其应具备的能力。

表 7-1　顾客喜欢的店员及其应具备的能力

顾客喜欢的店员	应具备的能力
外表：整洁、雅观	良好的职业形象
态度：礼貌、亲切、热情、友好、自信	顾客服务意识
行为：微笑、目光关注、举止得体	良好的销售职业训练
正确理解顾客的要求	聆听和理解顾客的问题和需求的能力
提供准确的信息	对产品、品牌、企业的认识和认同
给予建设性建议	在理解顾客需要的基础上推介和介绍的能力
帮助做出正确的选择	帮助顾客排除购买干扰的能力
热情周到的服务	细致、快速、善解人意的购买帮助

2）了解与鉴定需求

通过询问、聆听和观察顾客表述和表现出来的愿望，总结需求信息，通过双向交流核实顾客的需要。是否能鉴定顾客乘坐邮轮的具体需求是专业的重要依据。在不了解需求的情况下，盲目地介绍邮轮旅游产品很可能得不到顾客的信任，介绍的产品不被顾客接收。门店销售要在弄清楚顾客的要求和需求，确定顾客对自己有一定程度的好感和信任感后，有针对性地向顾客介绍相应的邮轮产品。这样可以准确地推介顾客想要的产品和想了解的信息，减少销售过程中出现的顾客反对意见，为顾客提供专业的顾问式服务。

3）推介与介绍产品

顾客关注的不是产品或者服务，而是购买这项产品或服务能带来的利益。店员向顾客介绍邮轮旅游产品时要根据顾客的需求推荐邮轮产品的"卖点"，即产品能最大限度地满足顾客需求的"特点"，以及与其他产品相比更能满足顾客需求的"优势"。产品推荐语介绍的结果应该是让顾客感受到物超所值。高效的产品介绍和推介包含以下内容：陈述顾客需求；着重对一两个主要需求"踩卖点"；总结邮轮产品对顾客带来的利益；根据情况向顾客推介相应的配套产品，如岸上旅游产品。

4）建议购买和促成成交

顾客在做购买决定的时候常常希望能得到他人的支持和推动，因此，销售人员在机会成熟的时候应该给予顾客心理上的帮助，促成购买。建议购买的步骤包含以下几个方面。

(1)推介产品后核查顾客是否有反对意见或其他要求。

(2)如有反对意见，用提问方式弄清楚后给予解释；如有其他要求，告知可满足的程度。

(3)介绍有关的优惠政策、促销政策。

(4)当顾客感到满意时，尝试用一次成交技巧。

(5)如顾客有反应，主动做购买服务；如顾客无反应，了解原因回到需求阶段。

促成交易的方法有以下几种。

(1)故事成交法，营业员为了促成销售常常自己事先设计、编辑一些与销售有关的故事排除顾客异议促成销售。

(2)让步成交法，给顾客适当的价格折扣、赠品，或者提供附加价值的服务，以达成顾客快速购买。

(3)选择成交法,选择成交法就是直接向顾客提出若干购买的方案,并要求顾客选择其中之一的方法。向顾客提出选择时,尽量避免向顾客提供太多的方案,最好的方案是二选一,最多不要超过三项,否则不能达到尽快成交的目的。选择成交法的要点就是使顾客回避"要"还是"不要"的问题,让顾客从中做出一种肯定的回答,而不要让顾客认为有拒绝的机会。

(4)从众成交法,就是利用顾客的从众心理,大家都买了,你还不买吗?这是一种最简单、最直接的方法,从众成交法可以减轻顾客担心的风险,尤其是新顾客,大家都买了,自己也买,可以增加顾客的信心。

(5)设想成交法,就是指营业员在假定顾客已经接受销售建议,在同意购买的基础上,通过提出一些具体的成交问题,直接要求客户购买商品的一种促成方法。

5)购后服务和致谢送客

顾客做出购买决定后,店员应进行跟进服务,协助顾客交付订金,填写游客资料,解释购后服务,帮助游客选择岸上服务等配套产品的选择和购买。适当地赞美顾客,并向顾客致以诚挚的感谢。购后服务的三个原则:周到,细节处理上处处为顾客着想;有序,优化购买手续,提高效率;专业,介绍顾客需要的信息,提供顾问式服务。

2.电话销售

电话销售,通常为打电话进行主动销售的模式,但邮轮旅游产品的电话销售主要是指用户拨打电话至邮轮旅游代理,接线员对其进行邮轮产品推介及销售。

1)了解目标客户的真正需求

每一个类型的客户因为工作行业、性质、职位、年龄、所在城市,甚至当时心情等的不同都会影响到其需求,所以需要对客户进行比较深入的了解,从行业、地域、年龄、性别等多方面去考虑不同客户的不同需求,只有了解了客户的需求,才知道如何用"感性"的方式告知他们我们如何可以满足他们的需求,然后通过"理性"的方式告知他们我们如何可以使他们用最少的付出获得最大的回报。

2)熟悉产品和服务,以及和客户需求的切合点

一定要了解自己的产品的优点和缺点,知道市场中同类产品的状况,知道自己的产品在市场上处于什么样的地位,和其在客户心目中的地位是什么样的,知道自己如何去弥补和提升自己品牌的美誉度。了解客户的详细需求和自己产品的切合点,知道在和客户沟通中能提炼哪些内容可以吸引客户。

3)产品推介的时机

(1)当客户有明确的需求,并且销售人员对这一需求有清楚、完整的认识,让客户清楚这一需求时。

(2)销售人员了解到可以满足客户的需求,有办法帮助客户解决问题时。

(3)客户乐于与销售人员进行交流,这时候销售人员应当机立断与客户推荐产品。

4)产品推介的步骤

(1)表示了解客户的需求。

(2)将需求与你的产品的特征、利益或你的卖点及好处相结合。在表示了解了客户的需求,将其根本需求表达出来之后,要注意将客户的需求和自己的卖点及对客户的好处结合起来。

（3）确认客户是否认同。在电话销售中，一个非常重要的沟通技巧就是要确认客户是否认同。问题就在于打电话中你不可能看到对方，不知道当他讲了这句话以后的面部表情如何，所以一定还得再用语言来确认。例如："您觉得这样适合吗，这样安排可以吗？"

项目实训

一、选择题

1.（　　）是邮轮旅游者购买的基本对象。
A 核心产品　　　　　　　　B 有形产品
C 扩展产品　　　　　　　　D 延伸产品

2.邮轮的价格不包含（　　）。
A 住宿费　　　　　　　　　B 船上免费娱乐活动
C 上岸费用　　　　　　　　D 每日基本餐费及饮料费

3.中国邮轮业根据其发展的特点，实行的主要是（　　）。
A 零售切仓模式　　　　　　B 零售包船模式
C 分销切仓模式　　　　　　D 分销包船模式

4.（　　）是邮件发送最后的目标。
A 到达率　　　　　　　　　B 点击率
C 打开率　　　　　　　　　D 转化率

5.新媒体营销不包含（　　）。
A 微信营销　　　　　　　　B 微博营销
C App 营销　　　　　　　　D 报纸营销

二、思考题

1.简述邮轮旅游产品的概念及其主要特征。
2.简要论述邮轮旅游整体产品观念的四个层次。
3.邮轮旅游活动设计包括哪些方面？简要论述设计项目。

项目八
了解邮轮旅游工作岗位及海乘人员招聘

◇知识目标

1. 了解目前邮轮旅游公司主营业务。
2. 了解目前邮轮公司常设工作岗位及职责。
3. 理解邮轮行业对从业人员的招聘流程。
4. 掌握邮轮从业面试基础知识。
5. 掌握邮轮从业面试技巧。

◇能力目标

1. 能辨别邮轮旅游公司的主营业务。
2. 能阐述邮轮各个工作岗位的特征及要求。
3. 能针对邮轮旅游公司的招聘流程做好准备工作。
4. 能针对自身邮轮岗位制作面试简历。
5. 能用英语应答各邮轮公司面试官提出的常见问题。

◇素质目标

1. 培养邮轮从业职业能力。
2. 培养成功通过邮轮面试所需的各项素质。

工作任务一　　了解邮轮工作岗位及职责

任务导入

李雷是皇家加勒比邮轮公司的人事部经理,因近期公司业务发展,拓宽了中国市场。故计划在与中国合作的学校内开展校园招聘。他需要为校园招聘宣讲会做准备,除提供自己本公司的岗位需求及职责要求外,他还计划向全国的大学生分析邮轮公司的整体业务及需求。

请问,李雷该怎样做准备?

任务解析

1.为了吸引更多的同学来面试皇家加勒比邮轮公司,作为人事经理在进行校园招聘的过程中,其首先要对公司的基本情况做出介绍,比如公司的总部,以及邮轮公司的组织结构设置,为了给学生以职业规划指引及吸引,可以介绍一个高层在加勒比长期工作的职业生涯。

2.为了帮助前来面试的学生对未来的工作有初步了解,讲解邮轮各个岗位工作可以注重以下几个方面的问题:岗位的名称(各个邮轮公司对于相似职位有不同表述方式,以选定的目标公司为例)及所归属的部门、岗位的职责、岗位的工作时间、岗位的薪资待遇、岗位的发展前景等。

3.各大邮轮公司的招聘方法各有不同,了解各个邮轮公司的招聘方式及招聘渠道,如何辨别正规和非正规的招聘渠道,理清邮轮招聘中介与劳务派遣公司的关系,最后应当与所有应届毕业生分享如何在首次应聘时,避免被非正规招聘中介收取巨额中介费。

任务拓展

根据网络资料及其提供的相关信息,提前练习面试题,了解面试技巧,并对邮轮工作有所了解。

信息1:美国嘉年华/皇家加勒比邮轮公司面试常用问题。

参考网址:https://www.douban.com/note/481302520/.

信息2:豪华游轮按七星级酒店的标准建造,在餐饮与娱乐等部门需要大批海乘人员。

信息3:豪华游轮由于其体积大,操控复杂,邮轮安全事故常有发生。

相关知识

邮轮作为一座"海上移动的城市",为游客提供各种服务项目的同时,也为从事邮轮工作的人员提供了上百种的就业岗位。然而,邮轮从业人员或计划从事邮轮工作的人员,必须根据自身的专长和邮轮公司的业务及岗位需求确立并选择合适的工作岗位。

一 邮轮公司组织结构设置

组织是一个合作系统,通过组织,人们可以完成只凭个人之力无法完成的工作或达到个人之力无法达到的目标,还可以实现比同样数量单独工作的个人达到更高的工作效率。一个邮轮公司就是一个组织,首先需要科学合理的组织结构,即邮轮公司全体员工为实现经营目标,在各项工作中进行分工协作,在职责范围、责任、权利等方面所形成的结构体系。

从全球范围看,各大邮轮公司规模大小不同,组织结构也略有不同。目前一般分为两种:一种是传统的以单船公司为主的组织结构,日本的邮轮公司多以这种模式为主;一种是集团公司为主的运营结构。以北美典型的大型邮轮公司为例,其组织结构设置一般为董事会(董事长)之下的总裁负责制,另外还包括执行总裁、执行副总裁等。邮轮公司根据管理的需要,执行副总裁一般都设有若干名。邮轮公司组织结构主要如下(见图8-1)。

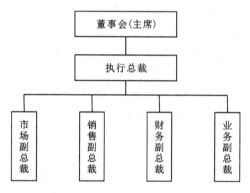

图 8-1　邮轮公司组织结构图

(一)董事会主席

位于管理层的最顶端,是邮轮公司的法人代表,可能是邮轮公司的主要或唯一所有人,对股东负责。他被称为首席执行官(CEO),但有时候 CEO 是总裁而非董事会主席。他负责邮轮公司建设和发展等重大问题的决策及高层人事安排。

(二)执行总裁

负责向董事会主席和董事会汇报,总体负责公司销售、市场、业务和财政等,而向总裁汇报的则可能是1至2名执行总裁或高级副总裁。

(三)执行副总裁

根据公司需要,一般分为市场副总裁、销售副总裁、财务副总裁、业务副总裁。市场副总裁负责组织协调邮轮公司的产品调研、开发、宣传和后续实务。销售副总裁负责监督邮轮公司产品的实际销售。邮轮集团公司一般在客源地都设有地区销售代表,销售副总裁必须与各地区销售代表及时沟通,及时掌握公司的销售信息,同时其也是邮轮公司在各行业展示会上的代言人。财务副总裁负责掌管和处理公司的所有财务问题。业务副总裁负责船上与岸上的活动安排、协调和指导。这项工作有时又被分为:酒店业务副总裁管理邮轮酒店业务,海上业务副总裁管理航行和靠港时的技术问题,团队旅游副总裁负责所有团队游的销售、营销和业务活动。

二 邮轮公司工作岗位设置

邮轮公司根据业务内容的不同,将工作岗位主要分为船上业务岗位和岸上业务岗位。

(一)船上业务岗位设置及要求标准

邮轮船上业务岗位主要分为航海部、轮机部、酒店部以及医疗部等四个部门。船长(Captain)是邮轮上的最高指挥官,有的邮轮上还设有神职人员(Chaplain)和环境官员(Environmental Officer)。

1.航海部(Deck Department)

航海部门的主要职责是在船长的领导下,负责船舶营运和船舶驾驶、船舶保养、船舶停泊安全以及主管救生、消防、堵漏工作及设备器材。

在我国,船长是依法取得船员资格以及船员适任证书、受船舶所有人雇佣或聘用,主管船上行政和技术事务的人。要求有5~8年的航海经验、扎实的计算机和电子设备技能、国际海事部门认可的航海大学毕业、能说流利的英语等。在欧美国家,邮轮船长被称为是"聚光灯下的人物",担任邮轮上的船长至少需要具有20年的航海经验,入职时必须通过各种考核和在岗培训,熟悉航洋、航海等相关安全规程,而作为邮轮上的最高指挥官,船长在船上也拥有绝对的权力,有权对船舶、员工、顾客等相关问题采取相应措施,在游客登上邮轮后,船长也会出席船上的社交活动,对游客表示最直接的欢迎。

(1)船长助理(Assistant Captain),也可称副指挥,监督日常经营管理,协助船长。要求有证书和所有海事机构颁发的相关证书,有五至八年的航行经验、扎实的计算机和电子设备技能,国际海事部门认可的航海大学毕业,能说流利的英语,可以晋升船长。

(2)副船长(Staff Captain),是船长工作繁忙时航海部的主要负责人,监督邮轮的安全航行以及安全保障系统,监管内外维护、安全和纪律工作。根据邮轮的大小和等级不同,航海部还设有大副(Chief Officer)、二副(2nd Officer)、三副(3rd Officer)等,都能制定航行线路。大副要求有丰富的航海经验,要求有三至五年的航行经验、扎实的计算机和电子设备技能,国际海事部门认可的航海大学毕业,能说流利的英语,可以晋升船长助理。二副要求有丰富的航海经验,要求有二至三年的航行经验、扎实的计算机和电子设备技能,国际海事部门认可的航海大学毕业,能说流利的英语,可以晋升大副。三副要求有丰富的航海经验,要求有二至三年的航行经验、扎实的计算机和电子设备技能,国际海事部门认可的航海大学毕业,能说流利的英语,可以晋升二副。

(3)无线电报务长(Radio Officer),负责船舶到岸呼叫以及船上所有的通信系统。保安部经理(Chief Security Officer)负责安全疏散、防火以及身份查验等安全工作。还有保安主任(Chief Security),负责处理船上的船舶安全、严查违禁物品等,要求有海事机构颁发的相关证书,在安全和枪械操作方面有丰富经验,军方背景的优先考虑,能说流利的英语。保安人员(Security Guard)负责处理船上所有人员的安全,服从保安主任的安排,要求在安全和机械操作方面有丰富经验,军方背景的优先考虑。安全经理(Safety Manager)负责乘客和机组人员的安全演练、逃生演习、船员安全知识培训、船舶安全监督,要求有一至二年的工作经验,有海事机构颁发的相关证书,能说流利的英语。

以上工作职位均需取得相关海事部门颁发的船员适任等任职资格证书,属于高级船员的范畴。

2.轮机部(Engine Department)

轮机部门的主要职责是监管所有的邮轮机械运行、电力保障、废物处理以及燃料、维护和保养工作等。

轮机长(Chief Engineer)是轮机部的最高管理者,此外还设置有大管轮(1st Engineer)、二管轮(2nd Engineer)、三管轮(3rd Engineer)、首席空调设备工程师(Chief Air-conditioning Technician)、电气工程师(Electronic Engineer)、制冷工程师(Refrigeration Engineer)等岗位。其任职条件同航海部门一样,应取得船员适任证书等资质,属于该船员范畴。

水手长(Bosun)一般指派负责监督站,协助招标作业人员的安全。要求:在船上有一到两年的工作经验,有良好的英语技能。

3.酒店部(Hotel Department)

酒店部门是邮轮上的对客服务部门,其工作岗位与服务职责和陆地上的酒店、度假村类似,在员工数量上也占据主导地位。酒店副总裁或经理(Hotel Director)必须具有专业化的航游知识和酒店管理知识,从而领导其专业团队为邮轮旅游者提供高水平的服务。

酒店部常见的工作岗位有前台经理、餐厅经理、酒吧经理、行政总厨、客舱经理、赌场经理、娱乐经理以及其各自下属的职位等。

(1)前台经理(Front Deck Manager),管理前台接待员(Receptionist)为游客办理住宿期间的入住退房手续,核查游客入住客舱期间的账单,同时受理顾客投诉、行李遗失。

(2)餐厅经理(Restaurant /F&B Manager),负责为游客提供各式食物和饮品,同时进行餐厅的收支核算。餐厅经理领导的主要员工有餐厅服务员领班(Dining Room Head Waiter)、餐厅服务员(Dining Room Wait Staff)、咖啡厅服务员(Cafe Wait Staff)、自助餐服务员(Buffet Steward)、洗碗工(Dishwasher)、餐厅勤杂工(Busboy)等。这些员工的薪水与高级职员相比较低,但获得小费的机会比较多。

(3)酒吧经理(Bar Manager),带领酒吧服务员(Bar Waiter/Waitress)、鸡尾酒服务员(Cocktail Waiter/Waitress)、调酒师(Bartender)以及侍酒师(Wine Steward)、酒吧会计(Bar Accountant)等为游客提供各类酒水与服务。

(4)行政总厨(Chef),负责管理整个船上的厨房部门运营与管理,监督食物的准备过程,确保离开厨房的所有食品的品质。在邮轮上的厨房,行政总厨带领副厨师长(Sous Chef)、一级厨师(1st Cook)、二级厨师(2nd Cook)、三级厨师(3rd Cook)、西式糕点主厨(Pastry Chef)、厨房领班(Chef de Partie)、面包师(Baker)、屠宰员(Butcher)等为游客准备美味可口的食物。

(5)客舱经理(Housekeeping Manager),需要良好的组织管理能力和沟通能力,从而更好地协调客舱服务员领班(Head Room Steward)、客舱服务员(Cabin Stewardess)、洗衣房主管(Laundry Supervisor)、洗衣房员工(Laundry Staff)、行李员(Bell Man)以及甲板保洁员(Deck Steward)等员工的工作。

（6）赌场经理(Casino Staff)，需要丰富的赌场从业经验，并且掌握至少两种赌博游戏。赌场员工主要有发牌员(Casino Dealer)、收银员(Casino Cashier)、老虎机技师(Slot Machine Technician)等。赌场在邮轮停靠港口的时候就会关闭，这也给了赌场员工们更多上岸观光的机会。

（7）娱乐经理(Recreation Director)，协调邮轮上的所有娱乐活动，乐于社交，殷勤有礼，负责主持游客登船欢迎会和船长招待会，是邮轮员工和游客之间的沟通纽带。娱乐部员工主要包括活动协调员(Activity Coordinator)、潜水教练(Dive Instructor)、音乐主持人(Disc Jockey/DJ)、音响助理(Asst. Sound Editors)、艺人(Entertainer)、嘉宾艺人(Guest Entertainer)、喜剧演员(Comedian)、歌手(Singer)、舞蹈演员(Dancer)、乐师(Musician)、演说家(Lecturer)、乐队(Band)、声光及技术员(Light-Sound Technician)、健身教练(Fitness Instructor)等。

4.医疗部(Medical Department)

邮轮上的医疗部主要负责为邮轮上的游客和船员提供多种医疗服务。医疗部的首席医生(Chef Doctor)领导着医生(Doctor)、护士(Nurse)、药剂师(Pharmacist)、理疗师(Therapist)和牙医(Dentist)等职员。如果游客或船员在海上遇到意外轻微损伤、不便之处和紧急情况，医生会给予帮助。不过邮轮上的医疗服务不是免费的，账单的处理方式与陆地上的医院和诊所一样。一些邮轮公司也将医疗人员安排在酒店部门以创造收益。

（二）岸上业务岗位设计及要求标准

邮轮公司岸上业务工作岗位主要涉及管理、预订、市场、销售、客户服务、技术和人力资源等领域。主要有行政事务部、销售部、岸上观光部等。通常有些邮轮公司将岸上观光部分归属到酒店部。

1.行政事务部

主要落实经理办公会各项决定的督办、协调，承担公司的日常事务，企业管理工作，制定职能处室的责任目标及组织实施考核等。

2.岸上观光部

邮轮公司为获得更大的收益或者更大限度地满足游客，一般会设置岸上观光部，负责为船上客人定制岸上观光行程及负责组织岸上行程安排及讲解等。部门员工主要有岸上观光经理、岸上观光助理、岸上观光导游或旅游顾问及岸上观光业务员(后勤、文员和仓管)等。要求有一定的外语基础，组织能力和推销能力强的人较有优势。

3.销售部

主要负责组织客源，营销网络的建立和管理，旅游客运计划制订并下达，产品开发及市场发展策划等。邮轮公司的销售部一般与邮轮旅游代理商即旅行社关系密切。

工作任务二　掌握邮轮海乘人员的招聘与面试

任务导入

李雷经过慎重选择，决定毕业后选择应聘美国皇家加勒比邮轮公司助理服务生一职，但是在应聘之前，李雷向指导老师咨询：邮轮公司招聘都有哪些流程？应聘海乘人员，上船工作需要准备哪些证件？参加面试需要掌握哪些理论知识和技能知识？有什么面试技巧？希望指导老师能够根据经验给出意见和建议。

任务解析

1.应聘是用人单位向求职者发出聘用要求，求职者根据自身的需要，对用人单位的聘用要求进行回应的一种行为。应聘前应做好各种心理准备，包括社会需求、职业选择、薪金等。李雷去邮轮公司应聘则需了解清楚邮轮公司的招聘流程、招聘的岗位及自己适合的岗位、岗位条件及职责等。

2.作为一名应届毕业生，由于缺少实际的工作经验，要在简历中更好地展示自己的特长使得面试官觉察其优势，包括为工作准备的各种资格证书及服务技能的展示。

3.邮轮行业属于第三产业，作为一名服务行业人员应具备基本的素质、服务意识及行业所需的礼仪知识等。

4.面对面试，应届毕业生应调整自身心理素质并掌握面试及应聘技巧。

任务拓展

通过搜索一些简历样本制作自己的简历，了解登船前需要做的准备工作，海乘培训内容。

信息1：基本安全是取得海员证必须学习的课程，通过上网搜索信息了解基本安全这一部分。
信息2：简历模板。
可上网搜索各种模板，作为参考。

相关知识

在国外，国际邮轮公司海乘人员的培养早期主要通过各个教育院校的酒店、旅游等专业的教学或通过培训机构来实现。随后，国内外有一些大专院校相继开设有邮轮专业，如2003年开始，英国普林斯顿大学设立了邮轮经营管理学专业，我国的上海海事大学、上海工程技术大学、大连海事大学、天津海运职业学院等也都相继开设邮轮相关专业。随着国际邮轮业的发展，更多的邮轮公司为了培养适合本公司的邮轮服务与经营管理人才，采取先招募再由邮轮公司直接培训的方式，来培养国际海乘人员。

一 邮轮公司招聘流程

（一）招聘及工作流程

（1）咨询解释：确定你想去的邮轮公司及职位后，选择有境外劳务外派资质的中介报名。在我国主要有北京中远对外劳务合作公司、厦门华洋海事有限公司、天津锦航远洋企业管理有限公司、天津坤宏海事企业管理有限公司等中介机构。

（2）登记报名：填写登记表格。

（3）参加初试：备注中文名字＋电话号码，一般是口语测试。

（4）船东面试：一般是邮轮公司的面试官面试。

（5）海事体检：患有各种疾病及情况特殊者禁止上船。

（6）海事培训：获取四小证、客滚证等。

（7）确定船期：不同职位船期会不一样。

（8）申请签证：依据登船港口而定。

（9）准备登船资料：包括船东指定医院体检的健康证、海事证书、出境证明等。

（10）上船。

（二）相关证件及条件

1.海员证（Seaman's Book）

《中华人民共和国海员证》由中华人民共和国海事局或其授权的海事机关颁发。在境外的延期和补发，由中国驻外的外交代表机关、领事机关或者外交部授权的其他驻外机关办理。在航行国际航线的中国籍船舶上工作的中国海员或由国内有关部门派往外国籍船舶上工作的中国海员可以获得海员证。其法律依据是交通部颁布的《中华人民共和国海员证管理办法》。申请人为具有海员证申办资格的单位（个人申请海事局不受理）。

1）海员证的学习及培训

公民如要学习培训船员、办理证书，可到船务公司报名学习。公民到船务公司报名学习船员，船务公司安排至国家定点海员培训基地学习培训，学习期满考试合格后，由船务公司代为其办理专业培训合格证书、白皮适任证书、船员服务簿、海员证。

海员上船实习根据国家海事局规定，公民在学习培训合格取得所有海员证件后，必须上船实习六个月，由船长、船务公司及海事局和边防派出所盖章后将所有证件交付公司，由公司为船员办理适任证书正本。正式船员公民在具备了正本的专业培训合格证书、适任证书、船员服务簿、海员证后，具备正式海员资格，其资格及证书国际认可。上船公民在具备海员资格后，由船务公司为其办理上船工作事宜，上船时由船东与船员签订正规的《船员劳务合同》，明确相关责任及义务，并填写保证书。

公司内部合同的签订船员根据自身条件可与船务公司签订五年、十年的管理合同。合同签订后，海员必须将所有海员证件存放于公司内部，统一备案管理。在管理期间，船员必须服从公司分配，听从公司调遣，不得从事违法、犯罪的行为。海员证件年审根据海事局规定海员证每三年年审一次，适任证书每五年年审一次，不得拖延，否则原证件失效。晋升制度根据国家海事局规定,2008年以前,凡具备高中以上学历的海员(机工、水手)可以在具备一定海历的基础上考试依次晋升为三管(三副)、二管(二副)、大管(大副)、轮机长(船长),高中以下学历无资格晋升,2008年以后,海员必须具备大专以上文凭才可参加考试晋升,大专以上学历最高可晋升到船长或轮机长。

2)海员证的申请条件

(1)年满18周岁并享有中华人民共和国国籍的公民。

(2)已依法取得《中华人民共和国船员服务簿》。

(3)经体检符合交通部公布的船员体检标准(渔船船员按照农业部公布的体检标准)。

(4)已取得国际航行船舶的船员适任资格。

(5)有确定的海员出境任务。

(6)无海员证管理规定中禁止或者限制办理海员证的情形。

(7)无法律、行政法规规定的禁止公民出境的情形。

3)签发对象

海员证签发给在中国籍国际航线船舶和在外国籍船舶工作的中国海员。

4)有效期

长期海员证:5年。

中期海员证:2年或3年。

短期海员证:18个月、12个月、6个月、3个月。

5)提交材料

《海员证申请表》;办理海员证批件;船员服务簿及其复印件(必要时);有效身份证件及复印件(仅初次申请时);海员健康证明(仅初次申请时);合法有效的劳动合同或管理协议及其复印件;政审批件或公安机关出具的无法律、行政法规规定的禁止公民出境的情形的证明;适任证书或证明文件及其复印件(必要时);提供规定规格的数码照片;委托证明及委托人和被委托人身份证明及其复印件(委托时)。

6)海员证的收回及注销

海员更换服务单位时,应由其原劳动或人事关系所在单位或排除单位在办理其调离时收回海员证,并在3个月内交给办海员证的海事局注销。

2.登船体检表

《中华人民共和国海船船员健康证书管理办法》和《海船船员健康检查要求》已相继于2012年4月1日、2012年10月1日起施行。为满足以上规定要求,有效实施国内规则和相关管理办法,从2012年10月1日起,海船船员申请注册和办理证书时,其健康条件需符合《海船船员健康检查要求》的规定要求,并使用新的《海船船员体检表》。

1)体检须知

(1)体检应在海事管理机构认可的海船船员健康体检机构进行。

(2)体检者应携带有效的身份证件。

(3)体检前两天禁止饮酒,体检前一天晚上8点后禁止饮食。

(4)海船船员健康检查必须按照本表所列项目进行,不得减项。主检医师填写检查结果要规范,结论栏要如实写明"合格"、"不合格";如有限制,请列明;如不合格,简要说明原因。

(5)血常规、尿常规、肝功能、血糖、血型、胸部 X 线检查、心电图为基本检查项目,体检医师根据实际健康检查情况可增加特殊检查。

(6)超声波检查仅限于有症状或病史者,或者年满 40 岁的男性和年满 35 岁的女性。

(7)有船员职业限制和禁忌证症状的须进行相关检查。

(8)腹部超声波检查项目包括肝、胆、胰、脾、双肾,妇科超声波检查项目包括子宫、双侧附件。

(9)健康检查表应附血常规、尿常规、肝功能、血糖、血型、胸部 X 光检查、心电图、超声波检查、听力检查报告,餐饮服务船员还应附大便细菌培养检验报告;"主检医师签名"栏内必须经相应的医师签名,船员健康体检机构必须盖公章,否则无效。

(10)海船船员健康体检机构、船员服务机构、船员用人单位、海事管理机构应对船员医学隐私予以保护。

(11)船员应向海船船员健康体检机构提供真实的医学信息。

2)海船船员职业限制和禁忌证

有心脏疾病、血管系统疾病、呼吸系统疾病、消化系统疾病、泌尿系统疾病、血液系统疾病、内分泌代谢系统疾病、神经系统疾病、精神系统疾病、恶性肿瘤、运动系统疾病、耳疾病、鼻疾病、喉疾病、眼科疾病和其他(诸如妊娠七个月以上或异常妊娠者;严重的语言障碍者;严重的胸廓畸形者;疝气有嵌顿危险者;硬皮病、严重银屑病、红皮病、脓疱疮者)等禁止上船工作。

3.护照

护照是一个国家的公民出入本国国境和到国外旅行或居留时,由本国发给的一种证明该公民国籍和身份的合法证件。护照一词在英文中是口岸通行证的意思。也就是说,护照是公民旅行通过各国国际口岸的一种通行证明。所以,世界上一些国家通常也颁发代替护照的通行证件。

注意:护照要求在合约期满的至少三个月后仍有效,或者说,从上船之日算起有一年的有效期。

4.签证

签证是一个国家的主权机关在本国或外国公民所持的护照或其他旅行证件上的签注、盖印,以表示允许其出入本国国境或者经过国境的手续,也可以说是颁发给他们的一项签注式的证明。

概括来说,签证是一个国家的出入境管理机构(例如移民局或其驻外使领馆),对外国公民表示批准入境所签发的一种文件。

注意:海员及海乘人员应根据各自所参与航线的情况办理船只所到国家的签证。

5.船员上船协议

1)上船协议的订立与解除

根据《2006 年海事劳工公约》标准 A2.1,船东或者船东代表应当与上船工作或者实习、见习的船员订立书面上船协议。这里,上船协议指船员与船员用人单位建立劳动关系后,船员上船工作前与船东或者船东代表签订的协议。

船员的上船（就业）协议应在确保船员有机会对协议中的条款和条件进行审阅和征求意见，并自由接受的前提下，由船东与船员协商一致，并经双方在协议文本上签字或者盖章生效。协议文本原件由双方各执一份。上船协议和适用的集体合同应具有中英文文本，其正本或者复印件应当随船备查。船东使用船员服务机构为船舶提供船员配员服务的，应当将船员服务机构许可证复印件、配员协议和配员名单随船备查。

船东与船员协商一致，可以提前解除上船协议，但应当至少提前7天以书面形式通知对方。

2）上船协议的内容

根据《2006年海事劳工公约》标准A2.1.4，上船协议应当至少包括以下内容：船员的姓名、出生日期及出生地；船东的名称和地址；签署的地点及日期；船员服务的船舶名称及在船上担任的职务；船员的工资总额或者计算公式、工资构成以及支付方式；带薪年休假的天数或者计算公式；上船协议终止的条件；社会保险；依据国家法律、法规规定可以从船员工资中代扣的费用；遣返的权利和义务；违约责任；适用的集体合同。

二 国际海乘人员的面试要求及技巧

（一）基本素质要求

1. 身体素质

一般欧美航线的邮轮对海乘的要求比较严格：要求从事国际邮轮服务工作的海乘人员必须年满21周岁，掌握熟练的英语口语，大专以上学历；身高一般要求男生在1.70米以上，女生在1.60米以上；双手无明显标志（如纹身）和疤痕等；而亚洲航线的国际邮轮对海乘的要求稍微低些：年龄在18~26岁，高中或中专以上学历；身高要求男生在1.70米以上，女生在1.60米以上。

2. 心理素质

虽说邮轮安全系数是所有交通工具里最高的，不过有时海上突遇的坏天气，还是会让在邮轮上工作的人员无所适从；同时邮轮上的生活环境也如同一个小联合国，它有来自全球各地的工作人员，员工要能适应多变和多样的自然和人文环境。所以，海乘人员必须具备良好的、过硬的心理素质。

3. 专业素质

国际邮轮海乘人员需要较强的外语表达能力、过硬的专业技能及较强的服务意识，集中表现为熟练的外语、职业技能、服从意识、服务意识、跨文化交流能力、适应能力等。海乘人员除掌握一般的旅游、酒店知识外，还得学习相关的海事法规、邮轮服务、海乘专业英语知识，接受游泳、跳水、海上急救等训练。

(二)面试准备及技巧

1.收集相关资料

通过报纸、网络、图书馆或者相关联的人员等途径,尽可能地多了解应聘的邮轮公司和主试者的情况。

2.熟悉"自己"

要对自己的所有应聘资料包括学历、简历、各种证书、证明资料、地址等熟悉,还要清楚自己的特长、个性、爱好及优缺点等。

3.相应的礼仪及技能知识准备

面试中的穿着、行为、举止、谈吐等是给面试官的第一印象;同时与所应聘公司或岗位相关的技能,诸如餐饮、客舱、英语等都需掌握熟练。

4.常见英语面试问题

主要从个人信息及爱好、教育背景、学习经历、工作经历及家乡环境等方面进行问答。表 8-1 所示为常见的英语面试问题。

表 8-1 常见的英语面试问题

序 号	中 英 对 照
1	How do you do? How are you? / How are you doing? 你好吗? Nice to meet you. / Glad to see you. 很高兴见到你。
2	Can you introduce yourself? / Can you say something about yourself in English? 你能用英语介绍下你自己吗?
3	Could you tell me your name? / May I have your name? / Who named you? Do you have an English name? / Who gave you the English name? 你叫什么名字?你有英文名字吗,谁帮你取的英文名字?
4	How old are you? What is your age? When/where were you born? Could you tell me your date of birth? 你多大了?你的生日是什么时候,你的出生地在哪里?
5	How tall are you? What is your weight/height? 你多高呢?你多重呢?
6	Are you married or single? Have you got married? 你结婚了吗?你是单身吗?

续表

序号	中英对照
7	What's your nationality? 你的国籍是什么呢?
8	What's your health condition? / How is your health? Did you have any infected diseases before? Are you seasick? 你的健康状况怎么样呢? 有传染病史吗?
9	What about your eye sight? Are you wearing contact lenses? Are you short sighted or color blind? 你的视力好吗? 你佩戴隐形眼镜吗? 你有色盲吗?
10	Are you sweaty hands? / Are you sweaty palm? 你出汗了吗?
11	What's the date today? / What day is it today? What is the weather like today? / How is the weather today? 今天是几号? 今天星期几? 今天天气怎么样?
12	Where do you live? / Where are you from? / What's your address? / Where is your hometown? 你住在哪里呢? 你来自哪里? 你的住址是哪里? 你的家乡在哪里?
13	How long does it take you from your hometown to here by bus/train? / How far is it from here to your hometown? 从你家到这里坐火车/汽车要花多长时间呢? 你家距离这里有多远呢?
14	Is there any interesting place in your hometown? Could you introduce some interesting places in your hometown? Can you tell me the most famous local food/snacks in your hometown? 在你的家乡有什么好玩的地方吗? 你能给我介绍下你的家乡有什么特色小吃吗?
15	What's your favorite color? Could you tell me the reason? Which season do you like best, why? 你最喜欢的颜色是什么,为什么? /你最喜欢的季节是什么,为什么?
16	What did you do in your free time / spare time / leisure time? 你闲暇时会做什么呢?
17	Who is your favorite star? / Why do you like him/ her? 你最崇拜的明星是谁,为什么呢?
18	What kind of film do you prefer? / Could you introduce it to me? 你最喜欢看的电影是什么,能给我介绍一下吗?

续表

序 号	中英对照
19	Are you interested in any TV program? 你喜欢看电视节目吗?
20	Do you like music? What kind of music do you like best, why do you like it? 你喜欢音乐吗? 你喜欢哪种类型的音乐呢? 为什么?
21	Do you like traveling? Have you ever been to any place before? 你喜欢旅游吗? 你都去过哪些地方呢?
22	Do you like sports? Tell me more about it. 你喜欢运动吗? 向我们详细地介绍一下。
23	How many persons/people/ family members are there in your family? 你家里有几口人呢?
24	Do you have any brothers or sisters? / How old is he/ she? What is your brother or sister doing? 你家里有兄弟姐妹吗? 你有几个兄弟姐妹呢? 他们多大,是做什么工作的呢?
25	Would you tell me your parents' age? What is your father/mother doing? / What's the occupation of your parents? / What are your parents' jobs? / What kind of job do they have? 能告诉我你父母的年纪吗,他们是做什么工作的呢?
26	Who will take care of / look after your parents when you are abroad? 要是你出国工作了,谁来照顾你的父母呢?
27	Have you told you parents that you want to work for us? What's their idea? Do they agree/ disagree with you? 你有没有跟你的父母讨论过你要出国工作的事情呢? 他们有什么看法呢? 他们同意吗?
28	If your parents do not allow/object / disagree with you to work on ship, What will you do? 要是你的父母反对你在船上工作,你要怎么办呢?
29	Which school did you graduate from? When/where did you graduate from? What's your major? 你是哪个学校毕业的,是什么时候毕业的,哪个专业的呢?
30	Do you have a bachelor degree or a diploma? / What degree do you get? 你是本科文凭还是大专文凭呢?
31	What subjects did you learn at school? / Which course did you study? What did you learn/ study in the school? 你在学校都学了哪些课程呢?

续表

序号	中英对照
32	What's your favorite class/subject at school, why? 你在学校读书期间最喜欢的科目是什么,为什么呢?
33	Do you like English? Why? / Why do you think English is important? How many years/ How long have you learned English? / How to improve your English? 你喜欢学英语吗?你觉得学英语重要吗?为什么呢?你学了几年英语了?你觉得应该如何提高英语水平呢?
34	Can you speak other foreign languages except English? Can you speak Cantonese? 除了英语,你还能说其他外语吗?你会说广东话吗?
35	Can you operate / use computer? What programs can you use? 你会操作电脑吗?你都会操作哪些程序呢?
36	Which position are you applying for? Why? What job are you interested in? Why? 你想申请什么岗位呢,为什么呢?
37	Do you have any knowledge about Star Cruise? / Do you know something about our company? 你了解有关丽星邮轮的知识吗?你对我们的公司有所了解吗?
38	Why do you want to work with Star Cruise? For what reason you want to join us? How many years do you plan to work for us? 你为什么想要为我们公司工作呢?你想在这工作多久?
39	Why do you want to work abroad / on board? 你为什么想要去国外工作呢?
40	Do you have any registration of disciplinary violation? Did you ever breach country law? 你曾经有触犯过法律吗?
41	If you work on board, will you be homesick? / will you miss your family? 如果你在海上工作,你会想家吗?
42	Do you think it is dangerous / safe to work in ship? 你觉得在船上工作危险吗,为什么呢?
43	Can you work on board? / Can you work overtime? / Can you work for long time standing? 你可以在船上工作吗?你可以加班吗?你能长时间站立工作吗?
44	Are you confident to take this job? Do you have confidence to work on board? Do you think you are qualified / suitable for this job? 你有信心做好这份工作吗?你有信心去船上工作吗?

续表

序号	中英对照
45	What's your expected salary? / What's your salary expectation? Are you satisfied with the salary we offer? Why? 你期望的薪水是多少呢？你是否满意我们提供给你的薪水呢？
46	Why should we offer / provide you this position? Why should we hire / employ you? 我们为什么要提供这份岗位给你呢？
47	If we offer you a position in the casino, will you accept it? 如果我们提供一个在赌场的工作岗位给你，你会愿意接受吗？
48	How much is five plus seven? / How much is ten minus five? / How much is six times three? / How much is twelve divided by four? 7加5等于多少？10减5等于多少？6乘以3等于多少？12除以4等于多少？
49	Do you have any work experience? / What's your working experience background? / Can you describe your working experience? 你有相关的工作经验吗？/你能跟我描述下你有什么样的工作经验吗？
50	What's your duty? / What did you do for this job? Would you please state your duty and responsibility? 请阐述下你的工作职责？
51	Do you like your last / previous job? / Why did you quit / resign from /leave your previous job? 你喜欢你以前的工作吗？你为什么要辞职呢？
52	How much did you get / earn per month? / What's your salary? 你每个月的薪水是多少呢？
53	How did you deal with / handle the customers' complaint? Have you got any complaint from the guests? If the guest complains to you, what do you do? 你有遇到过客户的投诉和抱怨吗？你怎么处理他们的抱怨呢？
54	What do you think is the most important thing in this job? What did you learn from this job? 你觉得这份工作最重要的是什么呢？你从这份工作中学到了什么呢？
55	Do you have any questions for this job or our company? Do you have any questions? / Do you want to know more about us? 你还有什么疑问吗？

续表

序号	中英对照
56	Do you prefer to work independently or in a team? Do you prefer to work alone or work with others? 你是更倾向于独立完成工作呢还是团队合作呢？
57	Are you a leader or a follower? 你是一个领导者呢还是一个跟随者呢？
58	What's your advantage / strength / strong points? What's your weakness / disadvantage? 你觉得你的优点是什么，缺点呢？
59	Do you think smiling is very important when you are working? Why? 你觉得在工作中微笑是否很重要，为什么？
60	Is this the first time you take interview? Why are you so nervous? 这是你第一次参加面试吗？你紧张吗？
61	If you cannot be recruited by Carnival / Royal Caribbean International this time, what will you do? 如果你这次没有被我们公司录用的话，你会怎么做呢？
62	Are there many foreigners live to your hotel? Where are they come from? 你工作的酒店有很多外国人入住吗？他们来自哪里呢？

5.简历制作

为了能给面试官留有深刻且积极的印象，简历制作十分重要。下面介绍几点简历制作的注意事项。

第一，简洁明了。要在30秒内吸引人事的眼球，要简明，让人事抓到亮点，页数最好在一页之内。

第二，先主后次。把主要的放在前面，次要的放在后面。比如工作经验、应聘职位、待遇要求需写在前面，自我介绍、兴趣爱好等写在后面。

第三，语言得体。不要使用长句，一般都用短句或短语，在写相关技能的时候最好使用专业词汇，这样可以让人事的印象更深刻。

第四，内容要全。意思是该有的都得有，比如个人信息、岗位意向、工作经验、教育背景、证书信息、技能信息、兴趣爱好等。

第五，要有针对性。比如应聘的是服务员，那你的简历里的求职意向就别写和服务员不相干的，而且工作经验里的岗位最好和服务员接近。表8-2所示为简历Resume范本。

表 8-2 Resume

General Information				
Name	Yuan ××	Gender	Male	
Date of birth Example	Aug 25th, 1996	Birth Place	Liaoning Province	
Height	185 cm	Major	International Cruise service	
E-mail	13704290×× @163.com	Cell phone	(86)1370-429-××××	
Position	Assistant waiter	ID	2114021996××××××××	
Address	No.8 Yashen Road, Haihe Education Park, Jinnan District, Tianjin, China			
Self evaluation	Confident, outgoing, friendly. Getting along well with others, good team player.			

Professional Experience
Jul, 2016—Aug, 2016　　　HaiShangHai Restaurant　　　waiter Jun20th, 2016—Jun28th, 2016　"Summer Davos Forum"　　　waiter Apr20th, 2017—Now　　　　Seven-Eleven Supermarket　　Cashier
Education Background
Sept, 2015-Present Tianjin Maritime College
Skills
Computer: Basic Language: Fluent Professional Skills: Setting table; Folding napkins
Hobbies
Playing basketball, singing, Learning Japanese

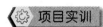 项目实训

一、思考题

1.邮轮海乘人员在国际航线的邮轮上工作,必备的证件有哪些?

2.邮轮公司招聘的基本程序有哪些?

二、翻译题

1.中翻英:你的国籍是什么呢?

2.中翻英:今天是几号?今天星期几?

3.中翻英:今天天气怎么样?

4.英翻中:How long does it take you from your hometown to here by bus/train?

项目九
邮轮旅游相关立法及海事问题

◇ **知识目标**

1. 了解邮轮海事立法。
2. 理解海事问题的常规处理办法。
3. 掌握邮轮安全知识。
4. 分析安全事故的处理方法。
5. 掌握邮轮安全演习要求及安全事故的预防对策。

◇ **能力目标**

1. 能列举常用的邮轮海事法。
2. 能分析海事问题出现的原因和阐述正确的处理方法。
3. 能归纳邮轮安全知识并熟练运用。
4. 能对具体的邮轮安全事故进行处理步骤解析,完全按照标准流程处理安全事故。
5. 能在演习中完成自身的职责并对预防对策熟记于心。

◇ **素质目标**

1. 培养学生运用各项海事立法保护自身权益并守护海上秩序的能力。
2. 培养学生对海上安全职责的责任心与使命感。

工作任务一　邮轮相关海事问题及立法

任务导入

李雷正要参加海事服务部门工作人员的面试,面试不仅有海事立法知识问答环节还包括海事问题情境分析论述环节,以及在最终环节设计由面试者阐述海事立法的发展趋势问题。

任务解析

1.举办竞赛以查验学生海事立法知识掌握程度及海事问题处理能力目标,学生应当将海事立法的相关知识,包括历史、主要立法、主要条款按照逻辑顺序进行归纳总结。

2.未处理海事问题情景分析类题目,必须将各个主要的国际海事立法所涉及的内容进行区分理解,才能做到面对情景题时对于知识的准确运用和对于海事立法的准确引用。

3.准确地把握现阶段我国海事立法的现状和各法律条例对海事相关的问题的阐述才能对海事立法的发展趋势展开论述。

任务拓展

根据网络资料及其提供的相关信息,进行邮轮问题的情景分析和法律运用练习。

信息1:科斯塔·康科迪亚号是由意大利芬坎蒂尼船厂耗资5.7亿美元建造的超豪华邮轮,船身长290米,排水量11.4万吨,2005年建成,2006年投入使用,2012年1月13日,在吉利奥岛附近海域发生触礁事故搁浅倾覆,2013年5月被打捞扶正,并最终被拖曳到热那亚(也是其建造地)拆解。

信息2:海娜号邮轮是中国海航旅业控股集团有限公司旗下的豪华邮轮,2011年底从美国嘉年华邮轮集团引入,2013年初在三亚凤凰岛国际邮轮港首航。该船全长223米,船身最宽处31米,容积总吨为4.7万吨,最大航行速度可达每小时19海里;设有739间客房,最多可容纳1965名游客。2013年9月13日,海娜号驶离韩国济州港时遭当地一家法院扣押,船上2300多人,包括1659名游客滞留船上。

相关知识

无规矩不成方圆,海事法就是所有选择浩瀚大海作为自己职场背景,投身到邮轮行业的工作人员应当遵守的规矩,海事法是底线,是守则,也是海乘海员们保护自己的有力武器,因此我们要了解什么是海事法及其演变过程,中国的海事立法进程及中国和国际上的海事立法相关知识。

一 海事法的演变过程

"海事法"是指调整船舶在海上或其他可航水域发生的事故造成的船舶、其他财产损失和(或)人员伤亡的损害赔偿、损失分摊等的特定社会关系的法律规范的总称。"海事法"是广义的"海商法"的重要组成部分,而不是一个独立的法律部门。根据"海事法"的这一概念,我们把属于"海商法"调整范围中的船舶碰撞、海难救助、船舶残骸清除、船舶污染海洋环境、共同海损、海上人身伤亡损害赔偿、海事索赔责任限制界定为"海事法"的范围。同时,国家海事主管机关对海损事故的行政调查和处理,与这些海损事故产生的民事法律制度有着密切的联系,因而有必要纳入海事法范畴加以分析和研究。

在英国,有学者将海商法(Maritime Law)的组成分为海上运输法(Law of carriage by sea)、海上保险法(Law of marine insurance)和海事法(Admiralty Law)。按照这种区分方法,海事法是海商法中除海上运输法和海上保险法之外的其他内容的总称。

在美国,admiralty,admiralty law 与 maritime law 通常作为同义词使用,是指"制约海商和海上航行、海上人员和财产运输,以及一般意义上的海上事务的法律的整体;制约水上商务中产生的合同、侵权和工人赔偿请求的规则"。但也有观点认为,maritime 一词是指"海的或者与海有关的",maritime law 是指"有关海洋资源的利用、海上商务和航行的法律、规则、法律概念和程序的整体";admiralty law 的含义一方面比 maritime law 窄,因为它仅指海上航行与航运的私法,另一方面又比 maritime law 的含义宽,因为它既适用于海域,又适用于内陆水域。

在我国,也有学者认为,"海事法"是"海商法"的同名词,并认为在当代,"海事法"称谓比"海商法"更确切。这是因为,"海商法"一词形成于航运发展早期商航一体,又称"船货一家"的年代,即船舶所有人在装货港购买商品,作为货物装于其自有的船舶上,运输至卸货港销售,以赚取商品买卖的商业利润,船舶只是其实现商品买卖的运输工具,即船舶所有人从事的是商业活动。自18世纪末至19世纪初,西欧完成了产业革命,推动了国际贸易和航运的发展,"商航一体"逐渐解体,出现了"商航分家",又称"船货分家",即船舶所有人不再从事商品流通领域的货物买卖,其船舶运输他人的货物,赚取的是运费而非商品买卖的商业利润。至此,船舶所有人实现的只是商品在流通领域中的位移,这种活动被认为是生产活动,或者说是生产过程在流通过程内的继续。从而,"海商法"一词的"商"字已不能适应船舶所有人从事的活动的性质从商业活动到生产活动的转化。因此,有学者认为,现代海商法已不再调整商业性活动,"海商法"的名称也应正名为"海事法"。

二 国际上的海事立法

(一)《2006年海事劳工公约》

国际劳工组织于2006年出台了一部《2006年海事劳工公约》(Maritime Labour Convention,2006),并于2013年8月20日正式生效。该公约的目的是为海员争取更好的工作环境,被称作海员的"权利法案",并与 SOLAS 公约、STCW 公约和 MARPOL 公约合称国际海运业的"四大支柱"。

《2006年海事劳工公约》在第94届国际劳工大会上获高票通过，其目的是实现海员体面工作与生活，被称为海上劳动者的"权利法案"。目前，共有80个国际劳工组织成员国批准了《2006年海事劳工公约》，其中已经有71个国家正式生效。中国于2015年8月的十二届全国人大常委会第十六次会议表决通过决定，批准加入《2006年海事劳工公约》，并在2016年11月12日对中国正式生效。同时声明，根据《2006年海事劳工公约》标准A4.5第十款规定，中华人民共和国适用的社会保险类别为：养老保险、医疗保险、工伤保险、失业保险和生育保险。在中华人民共和国政府另行通知前，《2006年海事劳工公约》暂不适用于中华人民共和国香港特别行政区和澳门特别行政区。

（二）SOLAS公约（《国际海上人命安全公约》）

SOLAS公约是International Convention for Safety of Life at Sea的缩写，即国际海上人命安全公约。公约由国际海事组织（IMO）于1974年11月1日召开的国际海上人命安全公约会议通过，并于1980年5月25日生效。主要内容是规定船舶的安全和防污染。

该公约经两次议定书修正：一是1978年2月17日国际油船安全和防污染会议通过的议定书（1978年SOLAS议定书），于1981年5月1日生效；二是1988年11月11日国际检验与发证协调系统会议通过的议定书（1988年SOLAS议定书），于2000年2月3日生效，并在1988年SOLAS议定书缔约国之间替代并废除1978年SOLAS议定书。

新的SOLAS保安修正案在立法上表现为以下三个特点：一是，在缔约政府、海事和（或）港口主管机关、航运业、货主和相关的国际组织之间形成紧密的国际合作框架；二是，将海上保安这一特殊的法律范畴用修正SOLAS的方式来实现，大大加快了保安立法进程，为有效实施保安措施提供了更为快捷的途径；三是，使SOLAS公约的法律性质发生了变化，即在纯技术和管理性的国际公约中加入了包含政治妥协的管理措施。

我国是SOLAS公约的缔约国，在加强海上保安措施的修正案生效后，为了更好地履行公约，交通部先后制定了《中华人民共和国港口设施保安规则》和《中华人民共和国国际船舶保安规则》（以下简称《规则》）这两个政府部门规章，细化了执行国际公约的强制要求，并且规定由水运司和海事局分别负责这两个《规则》的实施工作。

（三）STCW公约（《海员培训、发证和值班标准国际公约》）

STCW公约（International Convention on Standards of Training, Certification and Watchkeeping for Seafarers）是国际海事组织（IMO）约50个公约中重要的公约之一。最初通过时间为1978年7月7日，生效日期为1984年4月28日，公约从通过至生效历经近六年的时间。

随着海运业的发展，船舶科技水平的提高，船舶配员的多国化，各国对海上安全和海洋环境的严重关注，以及一段时期内全球范围内发生几次比较重大的海难事故，和通过对事故的统计分析，得出事故的发生有80%左右是人为因素所造成的。所以IMO在对其他公约进行不断修改的同时，也对STCW公约进行修改。1993年IMO着手对STCW公约进行全面的修改，在STCW公约签字日十七周年的1995年7月7日，通过了1995年STCW公约修正案和STCW规则，即目前的《经1995年修正的1978年海员培训、发证和值班标准国际公约》，简称为《STCW78/95公约》，其生效日期为1997年2月1日，过渡期为5年；对于我国的生效日期为1998年8月1日，过渡期至2002年2月1日。该公约除正文条款外，其他内容都作了全面的修改,并新增设了与公约和附则相对应的更为具体的《海员培训、发证和值班规则》(Seafares' Training, Certification and Watchkeeping Code, 即 STCW Code, STCW 规则)。

(四) MARPOL 公约

MARPOL 公约即国际防止船舶造成污染公约,最初于 1973 年 2 月 17 日签订,但并未生效,现行的公约包括 1973 年公约及 1978 年议定书的内容,于 1983 年 10 月 2 日生效。截至 2005 年 12 月 31 日,该公约已有 136 个缔约国,缔约国海运吨位总量占世界海运吨位总量的 98%。

MARPOL 73/78 公约是世界上重要的国际海事环境公约之一。该公约旨在将向海洋倾倒污染物、排放油类以及向大气中排放有害气体等污染降至最低的水平。它的设定目标是:通过彻底消除向海洋中排放油类和其他有害物质而造成的污染来保持海洋的环境,并将意外排放此类物质所造成的污染降至最低。

所有悬挂缔约国国旗的船舶,无论其在何海域航行都需执行 MARPOL 公约的相关要求,各缔约国对在本国登记入级的船舶负有责任。

三 中国海事相关法律法规

(一) 海事相关法律法规列表

表 9-1 所示为海事相关法律法规列表。

表 9-1 海事相关法律法规列表

序号	中文	英文
1	中华人民共和国民法通则	General Principles of Civil Law of the People's Republic of China
2	中华人民共和国海商法	Maritime Law of the People's Republic of China
3	中华人民共和国合同法	Contract Law of the People's Republic of China
4	中华人民共和国侵权责任法	Tort Liability Law of the People's Republic of China
5	中华人民共和国保险法	Insurance Law of the People's Republic of China
6	中华人民共和国物权法	Property Law of the People's Republic of China
7	中华人民共和国民事诉讼法	Civil Procedure Law of the People's Republic of China
8	中华人民共和国海事诉讼特别程序法	Special Maritime Procedure Law of the People's Republic of China
9	中华人民共和国船舶登记条例	Ordinance on Ship Registration of the People's Republic of China
10	中华人民共和国港口法	Port Law of the People's Republic of China
11	中华人民共和国海关法	Customs Law of the People's Republic of China

续表

序号	中　　文	英　　文
12	中华人民共和国涉外民事关系法律适用法	Law of the People's Republic of China Governing the Application of Laws on Foreign-related Civil Relations
13	中华人民共和国海运条例	International Shipping Regulations of the People's Republic of China
14	中华人民共和国海运条例实施细则	Detailed Rules for the Implementation of the International Shipping Regulations of the People's Republic of China
15	国内水路货物运输规则	Rules on Carriage of Goods by Waterways within China
16	最高人民法院关于审理船舶碰撞纠纷案件若干问题的规定	Stipulations of the Supreme People's Court on Several Issues in the Trail of Cases Concerning Dispute over Ship Collision
17	最高人民法院关于审理海上保险纠纷案件若干问题的规定	Stipulations of the Supreme People's Court on Several Issues in the Trail of Cases Concerning Dispute over Maritime Insurance
18	最高人民法院关于审理海事责任限制相关纠纷案件的若干问题的规定	Stipulations of the Supreme People's Court on Several Issues in the Trail of Cases Concerning Dispute over Limitation of Lability for Maritime Claims
19	最高人民法院关于审理无正本提单交付货物案件适用法律若干问题的规定	Stipulations of the the Supreme People's Court on Several Law Application Issues in the Trail of Cases Concerning Delivery of Goods without Original Bills of Leading
20	最高人民法院关于审理人身损害赔偿案件适用法律若干问题的解释	Interpretations of the Supreme People's Court on Several Law Application Issues in the Trail of Cases Concerning Compensation for Personal Damage
21	最高人民法院关于审理涉外人身伤亡赔偿的具体规定（试行）	Detailed Stipulations of the Supreme People's Court on Damage Awarding in the Trail of Foreign-related Maritime Personal Injury or Death Cases(trail version)
22	最高人民法院关于适用《中华人民共和国海事诉讼特别程序法》若干问题的解释	Interpretations of the Supreme People's Court on the Application of the Special Maritime Procedure Law of the People's Republic of China
23	最高人民法院关于审理涉外民事或商事合同纠纷案件适用若干问题的规定	Stipulations of the Supreme People's Court on Several Law Application Issues in the Trail of Cases Concerning Foreign-related Civil or Commercial Contract Disputes

续表

序　号	中　文	英　文
24	关于不满300总吨船舶及沿海运输、沿海作业船舶海事赔偿责任限额的规定	Regulations on Limitation of Liability for Maritime Claims against Ships of Less than 300 GRT, and Ships engaged in Coastal Transportation or Work

(二)《中国船员集体协议》

《中国船员集体协议》是由中国海员建设工会代表海员、中国船东协会代表中国航运企业,经过双方集体协商签订的协议。它是依据我国国内法律法规和《海事劳动公约》的规定和标准,结合我国海运业和海员队伍的实际制定的。包括:船员就业,劳动合同及管理,劳动报酬、社会保险及福利,船舶配员及值班,职业安全和医疗,食品、居室、寝具和娱乐,船员服务于战区、疫区等危险区域,伤亡保赔,遣返,解除和终止合同,船员投诉及劳动争议,船员教育和培训,及船员最低工资标准等内容,该协议系统、全面地确定了中国船员的各项劳动标准和劳动条件。

《中国船员集体协议》是中国第一份全国性产业集体协议,也是一份对船员劳动标准、劳动条件、工资福利待遇、生命健康权利等全方位进行保障的集体协议。是中国海员建设工会与中国船东协会在航运领域共同推动"以人为本"方针的落实,"体面劳动"的实施的一次共同行动,是促进船员权益保障机制建设的重要举措。

(三)中国关于邮轮经营的相关政策法规

表9-2所示为中国关于邮轮经营的相关政策法规。

表9-2　中国关于邮轮经营的相关政策法规

序　号	名　称	制定部门及时间
1	关于促进我国邮轮业发展的指导意见	国家发改委2008
2	邮轮出入境边防检查管理办法	公安部2009
3	国际航行邮轮群体性疾病突发事件应急处置技术方案	国家质量监督检验检疫总局2009
4	国际邮轮口岸旅游服务规范	国家旅游局2011
5	外国籍邮轮在华开展多点挂靠业务	交通运输部2014
6	关于促进我国邮轮运输业持续健康发展的指导意见	交通运输部2014
7	中国邮轮旅游发展总体规划	文化和旅游部2016
8	关于促进交通运输与旅游融合发展的若干意见	交通运输部2017
9	港口岸电布局方案	交通运输部2017
10	船舶工业神话结构调整加快转型升级行动计划(2016—2020年)	工业和信息化部2017

四 海事组织

随着邮轮产业及邮轮旅游发展,众多民间或政府的相关组织机构也已形成,且对行业发展有一定的影响力。下面主要介绍一些相关的海事组织。

(一)国际海事组织(IMO)

国际海事组织英文全称为 International Maritime Organization,简称 IMO,是联合国负责海上航行安全和防止船舶造成海洋污染的一个专门机构,总部设在英国伦敦。该组织最早成立于 1959 年 1 月 6 日,原名政府间海事协商组织。1982 年 5 月更名为国际海事组织,截止至 2012 年 9 月,已有 171 位正式成员。它的作用是创建一个监管公平和有效的航运业框架,普遍采用实施。涵盖船舶设计、施工、设备、人员配备、操作和处理等方面,确保这些方面的安全、环保、节能、安全。它的标语是"安全、可靠、高效地航行于清洁海域之上"。

"世界海事日"是国际海事组织的重要活动,最早出现在 1978 年。1978 年 3 月 17 日正值《国际海事组织公约》生效二十周年。1977 年 11 月的国际海事组织第十届大会通过决议,决定今后每年 3 月 17 日为"世界海事日",则 1978 年 3 月 17 日成为第一个世界海事日。1979 年 11 月,国际海事组织第十一届大会对此决议做出修改,考虑 9 月的气候较适宜海事活动,后经由国际海事组织确定,"世界海事日"定在每年 9 月的最后一周,由各国政府自选一日举行庆祝活动,以引起人们对船只安全、海洋环境和国际海事组织的重视。每年海洋日国际海事组织秘书长均准备一份特别文告,提出需要特别注意的主题。

2005 年 4 月 25 日,国务院批准决定自 2005 年起,每年 7 月 11 日为中国"航海日",同时也作为"世界海事日"在我国的实施日期,"航海日"自此成为政府主导、全民参加、全国性的法定活动日。至 2013 年,航海日已分别在上海、山东青岛、江苏太仓举办了三届的航海日纪念活动。

(二)船级社

船级社,英文全称为 Classification Society,或称验船协会,有时统称为验船机构,是一个建立和维护船舶和离岸设施的建造和操作的相关技术标准的机构,通常为民间组织。世界上最早的船级社是 1760 年成立的英国劳氏船级社。此后一些国家相继成立了船级社,如美国船级社、法国船级社、挪威船级社、德国船级社和日本海事协会等。船级社的主要业务是对新造船舶进行技术检验,合格者给予船舶的各项安全设施并授给相应证书;根据检验业务的需要,制定相应的技术规范和标准;受本国或他国政府委托,代表其参与海事活动。有的船级社也接受陆上工程设施的检验业务。船级社也检验邮轮是否遵守国际安全条约,包括 SOLAS 公约、STCW 公约以及 MARPOL 公约。

(三)国际邮轮协会(CLIA)

国际邮轮协会英文全称为 Cruise Lines International Association,简称 CLIA,是世界上最大的邮轮行业联合会,覆盖北美、南美、欧洲、亚洲和澳大利亚。CLIA 成立于 1975 年,首先代表了邮轮行业和旅游代理的利益,其次才是监管者和立法政策制定者。CLIA 同时还兼及旅游代理培训研究以及营销沟通,向上千家旅游代理以及旅游代理成员推广邮轮度假的价值和愿望。

全球范围内,CLIA 北美由 63 家邮轮公司以及代表 50000 名个体旅游代理的 135000 家代理商组成。另外,CLIA 的执行合作伙伴项目(Executive Partner Program)由 120 家最创新的物品和服务供应商组成。

(四)中国交通运输协会邮轮游艇分会(CCYIA)

中国交通运输协会邮轮游艇分会英文全称为 China Cruise & Yacht Industry Association,简称 CCYIA,经国家发改委、民政部批准于 2006 年 10 月 22 日在上海虹口成立,总部设在北京,是隶属于中国交通运输协会(China Communications and Transportation Association,CCTA)的二级机构,由来自全球邮轮和游艇的设计制造商、邮轮和游艇公司、游艇俱乐部、旅游服务商、供应商和港航界有关单位及个人自愿结成的行业性、国际性、非营利性国家级社会团体,受中国政府委托促进邮轮和游艇两大新兴产业的发展。

工作任务二 邮轮海上旅游安全事故处理及防范

任务导入

李雷正在进行一家邮轮公司邮轮乘务人员的最终面试,这家邮轮公司对于招聘员工的海上安全知识考察非常严格,面试官对李雷提出了一系列关于邮轮安全的相关问题:什么是邮轮安全演习?为什么要有邮轮安全演习?海上安全事故常见的都有哪几种?针对火灾安全事故应当如何处理和防范?在海难发生面对弃船信号时如何开展自救?

任务解析

1.首先作为一名海乘人员要正确面对海上安全事故,并了解海上安全的现状,应对海上突发事件展示出足够的信心和良好的心理素质。

2.邮轮火灾在所有邮轮安全事故中出现最为频繁,危害巨大,要透彻认识火灾的发生原因、预防方法和应对措施。

3.邮轮发生海难的概率极低,但是当海难发生时沉着的心理素质、熟练的处理技巧及正确的自救方法可以为游客赢得活下来的机会。

任务拓展

体现对邮轮安全的责任心及使命感需展示出自己对安全知识的了解以及面对邮轮事故时稳定的心理素质,先通过视频及网络资讯拓展自己的邮轮安全知识。

信息 1:2017 年 1 月底,马来西亚突然传来邮轮失联,船上约 25 名中国游客下落不明的消息,一时间牵动了不少人的心弦,虽然后来这些游客得到救助,但是邮轮旅游却又蒙上一层不安全的灰色阴影。请回顾一下,历史上著名的邮轮事故,提醒各位出行时务必注意安全。

信息2:救生衣又称救生背心,是一种救护生命的服装,设计类似背心,采用尼龙面料或氯丁橡胶、浮力材料或可充气的材料、反光材料等制作而成。一般使用年限为5~7年,是船上、飞机上的救生设备之一。

相关知识

浩瀚无垠的大海总是变幻莫测,邮轮在大海中航行,可能存在各种危害船体及人员安全的因素。因此重视邮轮安全管理及安全常识的普及尤为重要,一方面要尽可能减少船舶航行事故的发生;另一方面要能在紧急情况下运用应急常识快速展开自救,以争取宝贵的救援时间。

一 现代邮轮安全管理

(一)邮轮安全管理的定义

邮轮安全是指邮轮在航行过程中所涉及的人、船、物等没有危险、没有威胁、没有事故的状态。邮轮安全管理是为了保障邮轮安全而进行的一系列计划、组织、协调和控制等活动的总称。

(二)邮轮安全管理的要素

基于安全科学理论基础,邮轮安全管理的基本要素是"人-机-环境-控制"系统。

1. 人

人是邮轮安全管理过程中最能动的要素,在邮轮航行过程中涉及船员与乘客两个部分。在邮轮公司管理规章体系和邮轮航次任务确定后,船员的素质和行为直接关系到能否安全、优质、经济、高效地完成航次任务。在乘客治安管理过程中,邮轮安保人员也需要随时保持警惕。

2. 机

邮轮本身的安全管理涉及船舶设计、制造、材料、机电设备、安全设备、技术性能等。

以现在世界上较大邮轮之一的"海洋绿洲号"为例,船体被设计得非常宽大,即使在恶劣天气中也能保持稳定。船身装备了六台体积似校车大小的引擎,引擎被安置在两个不同的舱室,可以独立运行,即使其中一个引擎出现故障,船仍然能正常航行。船身拥有18个水密舱室和720个水密间隔,机舱通过双层壳体保护,保证船身不会入水。另外船上设有11个集合站,如果紧急情况发生,乘客可以快速分散地到达集合地领取救生衣,所有集合站均会统计人数,加强撤离监控。船上配备的救生艇还有GPS、窗户、卫生设施等,危急时可以直接从船身垂直放入水面,快速脱离船体。

一百多年来,经历了邮轮建造技术的发展,邮轮的安全程度已经大幅上升。同时邮轮全球卫星定位、天气监测等高新技术的突飞猛进,让气候因素对邮轮的影响降到了最低。可以说,现代邮轮失事的可能性要远远低于飞机、汽车等其他交通工具。

3.环境

环境要素是邮轮航行所处的自然和人工环境,既包括海洋气候条件等难以抗衡的自然因素,又包括以水上运输为目的所设置的船舶航道与港口环境。加强对环境的监控及各类危险因素的防范,可以将邮轮的各类安全损失减小到最低。

在对外部环境的监测上,现代邮轮均配备了兼具卫星导航与自动避碰的全球自动定位系统,并加装水下平衡翼装置,可以预防强风巨浪和保持船舶平稳。海上台风几乎不可能掀翻数十万吨的邮轮,为了安全,邮轮也会根据海面监控情况绕开台风行驶。

由泰坦尼克号事件催生的"国际冰区巡逻队"从1913年开始运行,借助空中巡逻和雷达系统来确定冰山危险的界限,并每天发布公告,可以避免邮轮与冰山相撞的惨剧再次发生。

4.控制

据统计,海上事故的80%都是人为因素造成,邮轮公司需要加强对船上和岸上工作进行管控。

二 邮轮乘客安全演习

《SOLAS公约》修正案III/19规定:初次登船的乘客应在船舶离港前或离港后立即集合演习,这一新要求于2015年1月1日生效。《SOLAS公约》修正案同时生效的还包括封闭处所的进入、营救演习和认可组织规则。

(一)集合演习

《SOLAS公约》修正案III/19规定提出的背景是由于歌诗达协和号事故,以确保乘客参与安全演习,包括船舶离港前或者离港后立即在艇甲板集合演习。之前要求乘客在登轮后24小时内举行即可。

(二)封闭处所的进入和营救演习

《SOLAS公约》修正案III/19在应急训练和演习方面对实施封闭处所的进入和营救演习做了强制性要求,要求承担相关职责的船员至少每两个月举行一次封闭处所的进入和营救演习。

同时修正的还有《国际高速船安全规则》(HSC Code)、《海上移动式钻井平台构造和设备规则》(MODU Code)和《动力支承船安全规则》(DSC Code)。

目的在于减少一旦没有经过足够训练或保护的船员进入封闭处所,所可能引起的死亡事故。

三 邮轮常见安全问题及其防范

(一)邮轮火灾的预防及处理

1.客船火灾的特点

船舶火灾具有扑救难、危险大、损失大、影响大等特点,而客船的特点则更显突出,主要表现为以下几个方面:①船舶空间狭窄,火灾发生率高;②热传导性强,扑救难度大;③可燃物多,蔓延速度快;④旅客众多,事故影响大。

2.船舶消防方针

船舶消防工作应贯彻"预防为主,防消结合"的方针。"防"与"消"是一个问题的两个方面,是相辅相成、有机结合的整体。"防"可以减少火灾的发生,避免火灾的危害,而"消"则可以减少火灾所造成的损失和伤亡。

3.防火领导与组织

为落实船舶消防方针,必须建立防火领导小组。防火领导小组人员按照船舶 MS 要求,实施公司的有关防火制度,监督船上各部位的防火工作。

客船防火领导小组的基本组成模式为:组长,即船长——防火责任人(总指挥);组员,即各部门负责人(包括大副、轮机长、客运主任)以及船员代表。船员代表可由船员大会选举产生,至少有两年以上的海上资历,并具有高度的责任心和良好的安全意识;代表应覆盖各部门,如水手长、机匠长、大厨等,人数根据船舶大小不同确定,并将他们的名字记入有关的 SMS 文件中。

4.控制船员的不安全行为

形成船舶火灾、爆炸事故,主要是由船员的不安全行为、船舶不安全状态、操作技术上有缺陷这"三要素"相互作用、连锁反应的结果。其中,船舶和技术都是被动因素,而船员才是主要的因素,因为船舶不安全状态和操作技术的缺陷可以通过有安全意识和行为的船员去控制。管理人员应根据船员的心理和行为规律,采取相应的对策,控制船员的不安全行为。

主要从以下几个方面入手:①从船员实际状况出发,结合船员本身特点予以关注;②严格执行船舶安全操作制度,严禁违章作业;③提高船员的防火防爆意识,消除侥幸心理;④善于发现船员的不安全行为并予以及时制止。

5.防火有关的安全制度

遵守公司和船上制定的防火安全制度,是防止船舶火灾的必备条件,也是每个船员的职责。在船长的领导下,各部门负责人应积极配合,全体成员恪尽职守,共同担负船舶防火的任务,落实各项防火措施,消除安全隐患。

防火安全制度包括明火作业制度、吸烟管理制度、客区防火管理制度、厨房防火管理制度、机舱防火管理制度、易燃易爆化学品管理制度、蓄电池室管理制度、电气焊设备使用保管制度、电气设备使用管理制度、防火巡回检查制度等。

6.消防培训与演习

(1)船员消防培训。对船员进行培训,应考虑结合本船状况、设备、航区进行。

(2)船员消防常识。进行有关消防知识和技能考核,检查船员的掌握情况。

(3)消防演习。定期举行消防演习,使船员熟悉应变部署、个人职责和行动。尤其注意车辆舱和机舱的防火灭火是客船的点重点项目,应予以高度重视。为了很好地完成这项任务,必须注意:①演习一周一次,间隔日期不等,不论天气好坏,停泊、航行都应进行,并记入航海日志中;②加强对进入汽车舱内探火和灭火人员正确穿戴消防装备(包括内戴储压式呼吸器)进行探火、灭火等方面的训练。

(二)邮轮搁浅、碰撞事故及防范

1.邮轮搁浅、碰撞等事故即海难

海难,船舶在海上遭遇自然灾害或其他意外事故所造成的危难。海难可给生命、财产造成巨大损失。造成海难的事故种类很多,大致有船舶搁浅、触礁、碰撞、火灾、爆炸、船舶失踪,以及船舶主机和设备损坏而无法自修以致船舶失控等。发生海难事故的原因是多方面的,如天气条件、船舶技术状态、船员技术水平和工作责任心、港口设施和管理水平等。尽管自然条件或客观原因很多,有些是属于突然性或非人力所能控制的,但人为因素还是主要的。大多数事故是由于驾驶人员的疏忽和过失造成的。不同国家和不同行业的海难统计标准不尽一样,如在海上保险业务上把扣船、窃贼、船员不法行为等也视为海难事故。

2.海难预防措施

为保障海上船舶和人命安全,国际海事组织和各国政府针对发生海难的各种原因采取了一些有力的预防措施和解决办法。如制定一系列国际公约和法规,主要有:《国际海上人命安全公约》、《1978年海员培训、发证和值班标准国际公约》、《1966年国际船舶载重线公约》、《1972年国际海上避碰规则》、《1973年国际防止船舶造成污染公约》等。各航运国家也制定了有关法规,如中国的海上交通安全法,日本的船舶安全法、船员法等。其他有效措施有:长、中、短期天气与海况预报;建立世界性航行警告系统;加强交通管理和航道整治,使港湾设施现代化;增加和改善航标的设置;实施船舶定线通航;在一些险要水域和港口实施强迫引航;举办短期船员培训班和要求船员通过考试领取救生艇操练、海上求生、消防、医疗等四种合格证书;追究职责过失的法律责任和承运人的赔偿责任。

3.海难自救(弃船)

海难自救守则10条。

(1)一定要保持冷静,听从邮轮广播的统一指挥,迅速到达指定的集合地点。

(2)尽可能多地穿上暖和的衣服,注意要护住头部、颈部、手和脚,一定不能脱掉鞋子。如果有保暖救生衣,要穿在外面,没有保暖救生衣,要穿上普通的漂浮救生衣,救生衣不仅助你浮在水面上，打开上面的指示灯还能指引救生船发现你。

(3) 如果有条件，服用预防晕船的药物，最好随身带上救生圈。

(4) 迅速并且有秩序地进入救生艇或救生筏。尽可能不要直接跳入海里，突然跳入冷水极易呛水，并且会导致迅速死亡。当必须直接跳入冷水时，应该将两肘紧贴身体，一手捂住鼻子和嘴，一手紧握另一手肘或者手腕。

(5) 一旦落入水中，应该镇定下来，在冷水中人体热传导速度比空气中快得多，要努力寻找大船、救生艇、救生筏、救生圈或者水面上其他漂浮物，让自己身上的部位尽可能少地接触到冷水。若猛烈地发抖，感到剧痛，这是人体的本能反应，没有危险。应该迅速采取行动，如扣好衣服、抓住漂浮物、找出救生衣上的口哨、开启信号灯等。

(6) 浮在冷水中，尽量不要游动，除非是为了接近附近的小船、遇险的同伴、可依靠或可攀附的漂浮物。不必要的游动，会将身体和衣服之间的温水"排出"，因而增加体热消耗速度。另外，无意义的游动会将温暖的血液从人体内部加速输送到表层，导致体热迅速丧失。而体热丧失会很快使人死亡。

(7) 浮在冷水中时，要尽量将身体缩成一团，即两腿并拢、两肘紧贴身体、两臂交叉放在胸前，尽可能不动地浮着，可有效地减少身体表面和冷水的接触面积，延长存活时间。尽量使头部和颈部伸出水面，人体的能量有大约50％是从头部散失的，因此在冷水中保持头部浮出水面特别重要。当穿着的救生衣妨碍你保持完全团身的姿势时，这时哪怕只是保持部分团身姿势也有助于减缓热量快速散失，达到延长存活时间的目的。另外，如果附近有几个人，那么大家抱成一团，也特别有助于保持体热，如果有儿童，要把儿童放在中央，这样借助大人的体热可以延长孩子的存活时间。

(8) 要尽快登上救生艇、筏，或者其他的救生浮具和漂浮物。上了救生艇要设法用舱盖布、防水帆布、无人穿的衣服等来挡风，以避免出现风冷效应将人冻死。

(9) 逃生采取游泳自救还是等待救援取决于多方面的因素。大多数人在低温的冷水中连100米也游不到。而在水上观测的距离也是极不准确的。一般情况下，最好是留在沉船的附近，因为这样更容易被救援者发现。除非是在绝对没有被救出的可能，或者你对自己的游泳能力有绝对的把握的情况下，否则尽量不要采取游泳自救的办法。如果决定游泳自救，也一定要记住穿上漂浮救生衣或者使用能用的辅助漂浮物。

(10) 必须坚持要活下去和获救有望的积极思想状态，这样做会增加延长生存时间的可能性。有没有坚强的求生意志，有时会产生完全不同的救生效果。

项目实训

一、选择题

1. 海上人命安全方面最古老、最重要的公约是（　　）。
A《STCW78/95 公约》　　　　　　B《SOLAS》公约
C《IHR 卫生条例》　　　　　　　D《MARPOL 公约》

2. 邮轮船舶应急时"连续发出三长声"的报警信号是（　　）。
A 消防　　　　　　　　　　　　B 落水
C 堵漏　　　　　　　　　　　　D 弃船

二、思考题

1.邮轮如要弃船,需要考虑哪些问题?

2.常见的船舶海损事故有哪些? 如何防范及应对?

3.请谈一谈如何应对邮轮旅游带来的海洋污染问题。

参考文献

[1] 谭晓楠,张言庆,高洪云.全球邮轮船型特征及发展趋势分析[J].世界海运管理,2016(2).

[2] 董观志.邮轮经济空间的系统研究[D].广州:中山大学,2006.

[3] 杨杰.邮轮运营实务[M].北京:对外经济贸易大学出版社,2012.

[4] 程爵浩.全球邮船旅游发展状况初步研究[J].上海海事大学学报,2006(3).

[5] 刘军.规制视角的中国邮轮(旅游)母港发展研究[D].上海:复旦大学,2011.

[6] 李倩铭.邮轮旅游空间组织演变及其驱动机制研究[D].上海:上海师范大学,2014.

[7] 张言庆,马波,范英杰.邮轮旅游产业经济特征、发展趋势及对中国的启示[J].北京第二外国语学院学报,2010(7).

[8] 杨建明.邮轮旅游研究的回顾与前瞻——基于国外英文期刊论文的评述[J].世界地理研究,2015(1).

[9] 谭晓楠.基于产业演进视角的国际邮轮公司成长模式探究[D].青岛:青岛大学,2016.

[10] 殷翔宇.全球三大邮轮公司运营特点[J].中国船检,2016(6).

[11] 陈文杰.皇家加勒比邮轮公司在华营销策略研究[D].上海:上海外国语大学,2014.

[12] 王冠兰.嘉年华邮轮公司市场布局与经营效益研究[D].上海:华东师范大学,2009.

[13] 张向辉.客船安全规则升级[J].中国船检,2016(6).

[14] 周晶晶,王晓.基于DEA模型的我国邮轮母港的综合评价[J].水运工程,2012(4).

[15] 汪斌.大连国际邮轮母港区概念规划的探索[D].大连:大连理工大学,2013.

[16] 栾航.邮轮港口对区域经济带动量研究[D].大连:大连海事大学,2008.

[17] 沈世伟.Mondou Véronique 地中海区域邮轮港口发展研究[J].宁波大学学报,2014(9).

[18] 陈紫华.港口城市邮轮旅游业竞争力评价研究——基于中国港口城市的分析[D].厦门:厦门大学,2008.

[19] 吕威,麦宇雄,覃杰.关于邮轮港口定位、选址技术要求及建设规模的探讨[J].中国水运,2016(4).

[20] 胡明星.国际邮轮母港的选择标准及吸引力研究[D].上海:上海师范大学,2015.

[21] 蔡二兵,史健勇.基于因子分析法的国内四大邮轮母港竞争力比较[J].上海工程技术大学学报,2014(6).

[22] 李涛涛.基于游客感知的吴淞口邮轮港服务[D].上海:上海工程技术大学,2015.

[23] 陈杰,白帆.揭秘中国邮轮港口规划方案[J].北京商报,2015(5).

[24] 蔡二兵.我国邮轮港口经营模式研究——以吴淞口国际邮轮港为例[D].上海:上海工程技术大学,2015.

[25] 王婧.邮轮母港区位选择研究[D].天津:天津财经大学,2010.

[26] 吴慧,王道平,张茜,张志东.基于云模型的国际邮轮港口竞争力评价与比较研究[J].中国软科学,2015(2).

[27] 李华.邮轮旅游地理[M].北京:旅游教育出版社,2016.

[28] 海鑫国际高等职业教育研发中心.国际邮轮管理(第二版)[M].武汉:长江出版社,2014.

[29] 苏枫.邮轮概论[M].上海:上海交通大学出版社,2014.

[30] 焦芳芳,谢燮.邮轮航线设计及我国邮轮母港航线拓展建议[J].水运管理,2014(11).

[31] 孙晓东,武晓荣,冯学钢.邮轮航线设置的基本特征与规划要素研究[J].旅游学刊,2015(11).

[32] 王迪,张璟.邮轮旅游航线设定[J].水运管理,2012(12).

[33] 陈有文,赵彬彬.世界邮轮旅游产业发展概况与空间结构特征研究[J].水运工程,2015(2).

[34] 鄢红叶.邮轮航线规划研究[D].大连:大连海事大学,2012.

[35] 徐朱玲.上海邮轮母港航线优化研究[D].上海:上海工程技术大学,2015.

[36] 张伟强,骆泽顺.国外邮轮旅游研究进展[J].湖南商学院学报,2011(5).

[37] 张维亚,俞世海,严伟.基于MOA理论的邮轮旅游者消费决策研究[J].消费经济,2013(6).

[38] 吴春艳.我国邮轮旅游者购买决策影响因素研究[D].大连:东北财经大学,2012.

[39] 周慧芬.我国邮轮旅游者消费行为研究[D].上海:上海工程技术大学,2015.

[40] 陈梅,刘晶晶,等.邮轮旅游者未来价值评估与潜类分析模型[J].人文地理,2017(2).

[41] 黄梅.中国邮轮旅游包船模式分析与展望[J].青岛远洋船员职业学院学报,2016.

[42] 刘艳.中国邮轮休闲旅游市场产品开发问题研究[J].经济研究导刊,2014(9).

[43] 苏枫,钟志峰.试论国际邮轮从业人员的心理调适策略[J].管理纵横,2014(5).

[44] 钱茜露.中国邮轮旅游从业人员职业技能研究[J].旅游管理研究,2016(2).

主要参考网站

[1] 同程旅游网:http://www.ly.com/? RefId=48255274.
[2] 环世邮轮网:http://www.66cruises.com/qq.html.
[3] 爱上邮轮网:http://www.i3youlun.com/.
[4] 最邮轮:http://www.zyoulun.com/.
[5] 皇家加勒比国际邮轮公司官网:http://www.rcclchina.com.cn/.
[6] 歌诗达邮轮公司官网:https://www.costachina.com/.
[7] 公主邮轮官网:http://www.princesschina.com/.
[8] 吴淞口国际邮轮港官网:http://www.wskict.com/.
[9] 中文互联网数据研究资讯中心:http://www.199it.com/.

教学支持说明

一流高职院校旅游大类创新型人才培养"十三五"规划教材。

为了改善教学效果,提高教材的使用效率,满足高校授课教师的教学需求,本套教材备有与纸质教材配套的教学课件(PPT电子教案)和拓展资源(案例库、习题库、视频等)。

为保证本教学课件及相关教学资料仅为教材使用者所得,我们将向使用本套教材的高校授课教师免费赠送教学课件或者相关教学资料,烦请授课教师通过电话、邮件或加入旅游专家俱乐部QQ群等方式与我们联系,获取"教学课件资源申请表"文档并认真准确填写后发给我们,我们的联系方式如下:

地址:湖北省武汉市东湖新技术开发区华工科技园华工园六路

邮编:430223

电话:027-81321911

传真:027-81321917

E-mail:lyzjjlb@163.com

旅游专家俱乐部QQ群号:306110199

旅游专家俱乐部QQ群二维码:

群名称:旅游专家俱乐部
群　号:306110199

教学课件资源申请表

填表时间：_____年___月___日

1. 以下内容请教师按实际情况填写，★为必填项。
2. 学生根据个人情况如实填写，相关内容可以酌情调整提交。

★姓名		★性别	□男 □女	出生年月		★职务	
						★职称	□教授 □副教授 □讲师 □助教

★学校		★院/系	
★教研室		★专业	
★办公电话		家庭电话		★移动电话	
★E-mail（请填写清晰）				★QQ号/微信号	
★联系地址				★邮编	

★现在主授课程情况	学生人数	教材所属出版社	教材满意度
课程一			□满意 □一般 □不满意
课程二			□满意 □一般 □不满意
课程三			□满意 □一般 □不满意
其他			□满意 □一般 □不满意

教材出版信息						
方向一		□准备写	□写作中	□已成稿	□已出版待修订	□有讲义
方向二		□准备写	□写作中	□已成稿	□已出版待修订	□有讲义
方向三		□准备写	□写作中	□已成稿	□已出版待修订	□有讲义

请教师认真填写表格下列内容，提供索取课件配套教材的相关信息，我社根据每位教师/学生填表信息的完整性、授课情况与索取课件的相关性，以及教材使用的情况赠送教材的配套课件及相关教学资源。

ISBN（书号）	书名	作者	索取课件简要说明	学生人数（如选作教材）
			□教学 □参考	
			□教学 □参考	

★您对与课件配套的纸质教材的意见和建议，希望提供哪些配套教学资源：